L 1264.
G.49.d.7.

COLLECTION
DES MÉMOIRES

RELATIFS

A L'HISTOIRE DE FRANCE.

―――

VIE DE BOUCHARD, COMTE DE MELUN. — FRAGMENS DE L'HISTOIRE DES FRANÇAIS. — CHRONIQUE DE HUGUES DE FLEURY. — PROCÈS-VERBAL DU SACRE DE PHILIPPE I*er*. — HISTOIRE DU MONASTERE DE VÉZELAI, PAR HUGUES DE POITIERS.

PARIS, IMPRIMERIE DE LEBEL,
Imprimeur du Roi, rue d'Erfurth, n. 1.

COLLECTION
DES MÉMOIRES

RELATIFS

A L'HISTOIRE DE FRANCE,

DEPUIS LA FONDATION DE LA MONARCHIE FRANÇAISE JUSQU'AU 13ᵉ SIÈCLE;

AVEC UNE INTRODUCTION, DES SUPPLÉMENS, DES NOTICES
ET DES NOTES;

PAR M. GUIZOT,

PROFESSEUR D'HISTOIRE MODERNE A L'ACADÉMIE DE PARIS.

A PARIS,

CHEZ J.-L.-J.-BRIÈRE, LIBRAIRE,
RUE SAINT-ANDRÉ-DES-ARCS, N° 68.

1825.

NOTICE.

Rien n'est plus difficile que de rassembler, sur les règnes des premiers Capétiens, Hugues Capet, Robert, Henri Ier, et Philippe Ier, des documens originaux où les faits soient racontés avec quelque ordre et quelque étendue. C'est l'époque où le royaume de France et la nation française n'ont existé, à vrai dire, que de nom. Partagée entre une multitude de princes indépendans, isolés, souverains dans leurs domaines, n'entretenant guère de relations qu'avec leurs voisins, et à peine liés par quelques souvenirs de vassalité à celui d'entre eux qui portait le titre de roi, la France du XIe siècle n'a point d'histoire; la Normandie, la Bretagne, la Bourgogne, l'Aquitaine, le Poitou, l'Anjou, la Flandre, le Nivernois, cent autres principautés grandes et petites, ont chacune la sienne; en sorte que pour savoir ce qui s'est passé sur le territoire français, il faudrait mettre bout à bout je ne sais combien de chroniques locales dont le rapprochement offrirait bien moins d'unité et d'ensemble que n'en présente aujourd'hui la vie des nations de notre continent. Un seul événement, la croisade, a réuni, vers la fin de ce siècle, dans une pensée et une action communes, ces souverains et ces peuples épars. Il a ses historiens spéciaux qui occupent une grande place dans cette Collection. Quant aux premiers successeurs de Hugues Capet, considérés isolément, ils ont exercé si peu de puissance, et avec si peu d'éclat, que les chroniques particulières de leurs domaines sont plus rares et moins intéressantes que beaucoup d'autres; elles nous donnent même sur leur règne moins de détails que celles de quelques princes leurs voisins, avec lesquels ils étaient sans cesse en guerre. On en pourra juger lorsque nous publierons les principaux chroniqueurs normands que nous avons choisis entre tous ces historiens locaux, pour les insérer dans notre Recueil, parce que leurs récits sont à la fois les plus curieux en eux-mêmes, et ceux qui se rattachent de plus près aux destinées de la monarchie.

Dans cette disette de documens directs et détaillés, nous publions ici quatre fragmens qui seuls nous ont paru offrir, soit un intérêt particulier, soit l'exposition la moins incomplète et la moins inexacte des événemens de ces quatre règnes.

Le premier est la *Vie de Bouchard* (Burckhardt), *comte de Melun*, par Odon ou Eudes, moine de l'abbaye de Saint-Maur-des-Fossés, près Paris. Le comte Bouchard vivait sous Hugues Capet et Robert; Eudes écrivit sa vie vers l'an 1058. A proprement parler, c'est moins une histoire qu'un éloge, et les faits généraux de l'époque y tiennent peu de place; mais on y trouve sur les mœurs du temps, sur les intérêts et les travaux qui pouvaient remplir la vie de l'un des principaux vassaux du roi Robert, quelques détails curieux et racontés avec assez de naïveté. Sébastien Rouillard a inséré dans son *Histoire de Melun*[1], une traduction de ce petit ouvrage, mais pleine d'omissions et de contre-sens.

Le *Fragment de l'histoire des Français*, qui suit la *Vie du comte Bouchard*, est une chronique anonyme, que les Bénédictins ont insérée, en la morcelant, dans divers volumes de leur Recueil. André Duchesne l'avait tirée d'un parchemin du monastère de Fleury. L'auteur vivait en 1108, et son récit, quoiqu'on y rencontre de nombreuses erreurs, est plus méthodique que beaucoup d'autres. Nous avons traduit la portion qui se rapporte aux premiers rois de la troisième race, depuis l'avénement de Hugues Capet jusqu'à la mort de Philippe 1er.

La *Chronique de Hugues, moine de Fleury*, est

[1] Paris, 1623; in-4°.

un morceau assez semblable au précédent, et qui contient seulement quelques faits de plus. Le fragment que nous avons traduit est celui qu'on trouve inséré à la fin du tome XII du Recueil des Bénédictins, et dont le manuscrit avait été découvert, peu avant la publication de ce volume, dans l'abbaye de Saint-Tron. Il a pour titre spécial : *Des rois modernes de France*. Nous y avons joint la dédicace de Hugues à l'impératrice Mathilde, fille du roi d'Angleterre, Henri 1er. Hugues a écrit aussi un petit traité de *la puissance royale et sacerdotale*, qui ne renferme rien d'historique, mais n'est pas sans intérêt.

Enfin le *Procès-Verbal du sacre de Philippe Ier*, âgé de sept ans, le 23 mai 1059, et sous le règne de son père Henri, nous a paru une pièce d'autant plus curieuse, qu'elle a probablement été écrite par l'archevêque de Rheims lui-même, et que c'est le premier monument de cette cérémonie que nous rencontrions sous les rois Capétiens.

F. G.

VIE

DE BOUCHARD,

COMTE DE MELUN ET DE CORBEIL.

PROLOGUE.

Nous estimons raisonnable et très-juste de transmettre à la postérité les faits et gestes des hommes religieux, et la vie de ceux qui ont fidèlement travaillé à se rendre agréables à Dieu; car les générations humaines passent, et l'oubli s'empare des actions des fidèles, à moins qu'il n'arrive par hasard de confier à quelque parchemin le souvenir de ce qu'ils ont fait de bien durant leur vie. Ainsi donc que les anciens pères nous ont laissé par écrit plusieurs des choses arrivées de leur temps, de même, instruits par leur exemple et surtout par celui du bienheureux Grégoire, souverain apostolique de la ville de Rome, lequel, dans ses dialogues et ses homélies, a discouru des actions de plusieurs saints, je me suis appliqué à consigner, pour l'usage des frères de l'église des Fossés, quelques faits concernant le vénérable comte Bouchard et son fils, l'évêque Renaud, et comment, conduits par le Saint-Esprit, ils ont glorifié ce monastère en lui conférant des priviléges et des propriétés, et ensuite, à l'approche de leur mort, en y prenant l'habit de religion. Et quoique de nos jours l'oubli ait effacé déjà plusieurs de leurs bonnes œuvres, j'ai entrepris de retracer, pour en perpétuer la mémoire, le petit nombre de celles dont on peut encore avoir connaissance, et que m'ont apprises les hommes nés avant moi. Et comme, ainsi que l'a dit le Seigneur, lorsque l'iniquité abonde et que la charité se refroidit, la persécution afflige ceux qui veulent vivre dans la piété, ce monastère étant prêt de tomber dans les dernières extrémités de la misère, je me vois forcé, avant qu'il aille tout-à-fait en ruines, de quitter cette terre où, par la volonté du Christ, fut élevée mon enfance. Pressé de nombreuses tribulations, battu, mis en déroute par les traîtres qui me poursuivent, j'ai formé le dessein d'aller chercher les nations étrangères, ignorant, comme le dit l'Apôtre de lui-même, ce qui doit arriver de moi; et je ne crains pas en agissant ainsi de transgresser les ordres du Seigneur, car il a ordonné à ses fidèles de fuir de ville en ville pour échapper à la fureur de la persécution; je le prie cependant que, par le bienfait de sa sainte miséricorde, après m'avoir racheté de l'effusion de son sacré sang, il me protége et m'arrache aux attaques de mes ennemis, tant visibles qu'invisibles. Avant donc de me livrer aux fatigues du voyage et du changement de lieux, j'ai pris le soin de laisser cet écrit à ladite église des Fossés, pour que ses doctes religieux, lorsqu'ils y recueilleront le discours d'un homme sans doctrine, témoignant la tendresse du zèle et de la sainte dilection qu'ils me portent, fassent mémoire du pêcheur Eudes, afin que, par leurs saintes prières, je mérite de parvenir, après la mort de ma chair, à la couronne d'une éternelle félicité.

VIE
DE BOUCHARD,

COMTE DE MELUN ET DE CORBEIL.

L'ILLUSTRE Bouchard, né de noble race[1], ayant été régénéré par le saint baptême, fut noblement instruit, dans la religion catholique, aux exercices de la chevalerie, car, dès qu'il eut passé le temps de l'enfance, ses parens, selon la coutume des seigneurs français, le mirent en la cour du roi de France où, déjà puissant aux œuvres du chrétien, il s'enrichit en tout savoir de prudence et de bienséance; car à la cour du glorieux Hugues, roi de France, il était façonné à toutes les choses, tant du ciel que de la guerre. Lorsqu'il eut atteint les années de l'adolescence et de la jeunesse, par un bienfait de la providence du Seigneur, qui se préparait en lui un champion, le roi s'attacha à lui de grand amour, tellement qu'il paraissait l'emporter sur tous les jeunes gens de son âge, car il était aimé de chacun et grandement honoré de tous les seigneurs français. L'illustre roi, l'honorant également, lui donna beaucoup d'or et d'argent,

---

[1] Il était fils de Foulques le Bon, comte d'Anjou, de l'an 938 à l'an 958.

des châteaux et des terres, et le fit son très-fidèle conseiller. Il arriva qu'en ce temps, par l'ordre et l'arrêt de Dieu, Aymon, comte du château de Corbeil, partit pour aller à Rome faire ses oraisons au tombeau des saints apôtres Pierre et Paul, et trouva dans ce voyage la fin de ses jours. Lorsqu'il fut mort, Bouchard, damoisel d'une vigoureuse jeunesse, fut admonesté par le roi et les autres grands de la cour de prendre en mariage la femme dudit comte; à quoi convié aussi par sa jeunesse et les besoins de l'humaine nature, il obéit volontiers aux ordres du roi. Ayant donc reçu du roi la femme dudit comte Aymon, nommée Élisabeth, et issue de noble race, il s'unit à elle dans la couche nuptiale, afin que, selon l'ordre du Seigneur, ils pussent se réjouir par la suite dans une postérité chérie. Le roi Hugues donna en mariage à son fidèle chevalier le château de Melun et le susdit château de Corbeil, ainsi que la comté de la ville de Paris, en sorte qu'il fut fait comte du roi. Ainsi élevé aux grandeurs temporelles il gouvernait la terre qui lui était confiée conformément aux volontés du Seigneur, car il était grand défenseur des églises situées dans le domaine du royaume des Français, libéral en aumônes, consolateur des malheureux, très-pieux appui des moines, des clercs, des veuves et des vierges, qui combattaient dans le cloître pour la cause de Dieu.

Comme donc il s'efforçait ainsi de se rendre agréable à Dieu par ces vertus et beaucoup d'autres encore, lui étant homme du siècle, adonné aux armes et mêlé dans toutes les affaires du monde, il ne se put que cette fidèle dévotion de son ame envers le Roi des rois demeurât aucunement cachée, car la lumière ne devait pas rester plus long-temps obscurément enfermée sous le boisseau, mais il fallait qu'elle fût placée sur le chandelier afin que le brillant éclat de cette lampe ardente pût reluire aux yeux de tous ceux qui entraient dans la sainte église. Or l'abbaye des moines des Fossés, autrefois noblement enrichie par les anciens rois, était, au temps du roi, tombée en grand désordre et dépourvue de toutes choses nécessaires à la vie; et la cause en était, partie absence de justice, partie négligence de ceux qui en avaient eu le gouvernement. Elle était en ces jours-là régie par Maynard, homme noble et de race très-illustre, selon les dignités de ce siècle périssable. Il ne se conformait point à la règle de notre père Benoît, mais, entièrement adonné au siècle, négligeait le bien des ames et des corps. Son plaisir était la chasse des animaux sauvages, soit aux chiens, soit à l'oiseau; et lorsqu'il sortait pour aller quelque part, il quittait ses vêtemens de moine, se parait d'habits, de fourrures précieuses, et, à la place de l'humble capuchon, couvrait sa tête d'un riche camail. Ceux qui étaient sous son gouvernement le suivaient en ceci de leur mieux; et que ce ne soit point de fâcheuse apparence pour les moines de cette abbaye, car tous ceux du royaume agissaient en la même façon. Cependant un de ces religieux, nommé Adic, affligé de voir ces choses et beaucoup d'autres encore, pensait en lui-même et méditait assidûment de quelle manière il les pourrait expulser du sanctuaire de Dieu. A l'insu donc de tout le monde, et aussi de l'abbé, il alla trouver le comte, répandit devant lui l'entier desir de son cœur, le

conjurant, avec toutes sortes de prières, que, pour le bien de son ame, il voulût rétablir le monastère dans son premier état. Ledit comte ayant tourné tout ceci en son esprit, lui promit de faire droit à ses prières. Étant donc allé en la présence du roi, il commença d'un cœur et d'une voix humble, à lui dire : « Glo-
« rieux roi des Français, quoique ta royale majesté
« m'ait fait plus riche que tous les autres de ta cour
« en châteaux et nombreux biens de terres, je re-
« quiers encore un don de ta bénignité, et veuille
« bien savoir que par dessus toutes prières je te con-
« jure de ne pas me refuser celle-ci. » A quoi le roi répondit : « Qu'y a-t-il en notre royaume, ô très-
« cher, qui te puisse être refusé ? » A quoi le vénérable comte : « C'est chose, selon moi, non pas haute
« et grande dont je te requiers, mais plutôt petite. Je
« te prie que tu daignes me concéder et faire passer
« l'abbaye des moines des Fossés, qui appartient au
« domaine royal, et relève de ton fisc. » Le roi lui dit :
« Tous savent qu'aux temps de nos prédécesseurs cette
« abbaye était abbaye royale, comment donc pour-
« rions-nous la séparer de notre couronne ? Si nous en
« agissions ainsi, il arriverait peut-être qu'après ta mort
« en ce monde tes héritiers ou successeurs en dissipe-
« raient les biens en débauche, et comme il n'y aurait
« moyen d'y pourvoir par justice, les religieux qui
« l'habitent en souffriraient d'infinis dommages, et la
« coulpe s'en répandrait sur nous, au préjudice de
« notre ame. » Le comte lui fit alors cette réponse :
« Puisque je ne puis obtenir que cette abbaye me
« soit concédée en don perpétuel, que ceci du moins
« me soit octroyé pour le salut de nos ames, que

« tu me la donnes à amender et à restaurer, car ce
« me sera grande délectation de tenir ce précieux
« monastère pour l'amender, et, avec votre se-
« cours, je compte, si Dieu m'accompagne en cette
« vie, l'avantager de plusieurs biens et possessions,
« et le rétablir en son primitif état. J'espère aussi,
« avec la permission de Dieu, pour le salut de mon
« ame et en atténuation de mes crimes et péchés,
« obtenir à ce lieu d'abondantes aumônes, et après
« la fin de ma course en ce siècle périssable, j'y veux
« faire ensevelir les membres de ce corps fragile. »
Le roi donc reconnaissant la volonté de Dieu en la
requête de cet homme éminent, remit, comme il
l'en priait, l'abbaye à ses soins pour l'amender et bé-
néficier, afin qu'il se rendît l'appui des fidèles et le
défenseur de l'abbaye contre la méchanceté de ses
ennemis et de ceux qui envahissaient ses terres. Ce
qu'acceptant plein de joie et d'allégresse de cœur, il
en rendit des actions de grâces à Dieu et à son roi sur
la terre.

En ces jours toute la Gaule célébrait la renommée
du vénérable Mayeul, abbé de Cluny. Le comte ayant
pris congé du roi se rendit vers ce saint homme. Il en fut
reçu avec honneur ainsi qu'il convenait; et comme il
se prosternait contre terre, l'abbé s'enquit à lui avec
soin des causes d'un si merveilleux témoignage d'humilité et de son arrivée en contrée si lointaine [1].
Sur quoi le comte lui dit : « Il est bien à croire que,
« lorsque j'ai entrepris le travail d'un si long voyage,
« ce n'est pas pour chose légère que je suis venu vers

---

[1] L'abbaye de Cluny appartenait alors au royaume de Bourgogne, et les communications étaient rares et difficiles.

« toi, et je te supplie d'écouter ma demande afin que
« je ne me repente point de m'être fatigué par une si
« longue route et d'être venu chercher un si lointain
« pays. Monseigneur Hugues, roi des Français, m'a
« donné à amender le monastère des Fossés, et je te
« conjure de vouloir qu'il s'amende et se relève sous
« ta direction, afin que la règle de saint Benoît y soit
« religieusement observée, car je n'ai voulu en ceci
« requérir secours de personne que de toi, que je
« sais être agréable à Dieu. » A quoi le père Mayeul
émerveillé répondit : « Pour quelle raison, ayant dans
« votre royaume tant de monastères, n'y prenez-vous
« pas ce que vous venez nous demander? ce nous se-
« rait une penible entreprise que de passer en des ré-
« gions étrangères et inconnues, et de quitter nos
« terres pour aller chercher les vôtres; cela con-
« vient plutôt à vos voisins qu'à nous, inconnu et
« vivant en pays lointain. » Le comte, entendant ces
paroles, devint grandement affligé et contristé, car il
craignait d'avoir fait inutilement un si long voyage. Il
se prosterna donc encore aux pieds du saint homme,
le suppliant de se rendre à l'ardeur de son desir; en
sorte que saint Mayeul, vaincu des prières multipliées du vénérable comte, prit avec lui les plus par-
faits religieux de son monastère, et se rendit à Paris,
en la compagnie du comte. Étant débarqués à un village sur la Marne, proche du monastère des Fossés,
le comte fit commander à l'abbé et à toute la congrégation de le venir trouver de l'autre côté de la rivière. Ceux-ci, ignorans de ce qui leur allait arriver,
se rendirent de grand gré aux ordres du comte. Lorsqu'ils furent tous assemblés, il ordonna que ceux qui

voudraient demeurer dans le monastère avec l'abbé Mayeul, pour y obéir à tous ses commandemens, eussent liberté d'y retourner, et que tous ceux qui ne le voudraient pas, allassent où il leur plairait. Ceux-ci entrèrent en grande tristesse, car ils se voyaient destitués de tout secours humain ; cependant ils aimèrent mieux suivre les voies de leur propre cœur que de retourner au monastère avec un abbé et des moines qui leur étaient inconnus. Aucun d'eux n'eut permission de rien emporter de son avoir, si ce n'est les habits dont il était vêtu. Néanmoins l'abbé Maynard qui, comme nous l'avons dit, était de noble race, tenant par le sang au riche Ansoald le Parisien, fut transféré au monastère de Saint-Maur, dit de Glanfeuil, pour en gouverner les religieux. Il y demeura tant qu'il vécut ; et après sa mort, son corps fut enseveli dans l'église, au-devant du crucifix.

Saint Mayeul ayant donc pris possession du monastère avec ses moines, commença à observer rigidement toute la sévérité d'un Ordre régulier, en sorte qu'il n'était transgressé en quoi que ce soit aux règles prescrites par saint Benoît. Lors donc qu'au dedans et au dehors toutes choses se firent régulièrement, et eurent été avec soin amendées autant qu'il était possible, l'abbé vint vers le roi Hugues, et le pria, comme les serviteurs de Dieu, vivant sous son gouvernement, augmentaient en nombre, qu'il voulût ajouter par quelque aumône aux revenus qui les faisaient vivre. Le roi écouta bénignement ses prières, et à la sollicitation du comte Bouchard, accorda au monastère des Fossés, avec son église et terres adjacentes, le village dit de Maisons, situé entre la Seine et la

Marne, dans le territoire de Paris, pour en jouir aux mêmes droits que faisait le roi. Cet acte passé, il fut confirmé par le monogramme du roi, et le chancelier Renaud, fils du comte, et depuis évêque de Paris, y apposa le sceau de Sa Majesté, en l'an de l'Incarnation 989, le 20 du mois de juin. Ledit acte est conservé à perpétuité dans le monastère; et pour cette raison, le jour de la mort dudit roi Hugues y est solennellement célébré tous les ans le vingt-quatrième jour d'octobre. Tout ceci fait, le saint père Mayeul se hâta de reprendre la route de chez lui ; et confiant le soin du monastère à un dévot religieux nommé Teuton, qu'il avait amené de Cluny avec les autres, il retourna au lieu d'où il était venu.

Après un long temps, comme le saint homme Mayeul ne voulait pas revenir en France, l'illustre roi Hugues étant mort, son fils Robert, de pieuse mémoire, devenu possesseur de son royaume, donna l'abbaye à Teuton, à la sollicitation du comte, et ordonna qu'il en fût sacré abbé. Les religieux de Cluny l'apprenant en furent grandement attristés, car ils pensaient réduire ce monastère à l'obédience de Cluny. Ledit Teuton, ainsi promu aux honneurs du gouvernement, s'appliqua avec grand travail à disposer, avec un équitable tempérament, des choses qu'il avait en charge, afin d'élever au plus haut point la gloire de l'église qui lui était confiée. Une extrême vétusté avait ruiné les murs de sa cour, anciennement construits. Ce qu'ayant vu ledit père, il voulut les rétablir en meilleur état, et faisant abattre entièrement tout l'édifice, Dieu aidant, il en reconstruisit un autre d'une plus grande étendue, et remarquable par un plus séant aspect. Ensuite il fit faire en l'honneur du Seigneur deux sculptures précieuses, à l'une desquelles il mit son nom. Cet abbé, digne de Dieu, fit dans le même endroit, avec celles-ci, beaucoup d'autres bonnes œuvres. Le vénérable comte, fort soigneux du salut de son ame, par l'inspiration du Saint-Esprit, fit don à son église chérie, à sainte Marie, mère du Seigneur, à ses apôtres Pierre et Paul, et aussi au vénérable confesseur Maur, des biens à lui appartenant, et qui lui paraissaient du plus haut prix. La comtesse Elisabeth, unie à lui par le mariage, et Renaud son fils, devenu déjà évêque de Paris, consentirent à cette donation et s'associèrent à son desir. S'étant donc rendu en présence du roi, il le pria d'y donner son assentiment, selon la coutume royale; d'ordonner que l'acte fût fait de son autorité et de le revêtir de son seing, afin que ledit monastère pût jouir de ces mêmes biens dans les temps à venir, et que sa mémoire fût toujours mêlée aux prières et aux oraisons. La bonté du roi, exhortée par sa mère Adélaïde et sa femme la reine Berthe, accorda très-volontiers ce que lui demandait un si grand homme. Ledit comte Bouchard donna donc à l'église des Fossés ses propriétés à lui appartenantes, à savoir : un village appelé Neuilly, situé dans l'évêché de Paris, sur le bord de la Marne, avec la moyenne justice, l'église, l'autel, et toutes ses autres dépendances; de plus, dans le même pays, dans le comté du château de Corbeil, en un village appelé Lices, le manoir d'Algard, avec tout ce qui en dépendait; dans le Gâtinais et l'évêché de Sens, un domaine à lui appartenant, et appelé Seilles, avec la moyenne justice, l'église et toutes ses appartenances;

dans le comté de Melun, un fief appelé Courcy, avec la moyenne justice et toutes ses dépendances. Un grand nombre de Français, voyant et apprenant cette volonté de sa sainte dévotion, firent beaucoup de donations de leurs propres biens en faveur du même monastère. Parmi eux, Josselin, vicomte de Melun, pria le dévot comte qu'il daignât concéder à Dieu et à ses saints une église située dans un bourg appelé Noisy-le-Sec, et qu'il tenait de lui en fief. Le comte, rempli de joie, fit volontiers cette concession. Ce vicomte, déposant pour le Christ le baudrier de guerre, se fit dans la suite moine de ce même monastère, où, accomplissant dignement la fin de sa vie, il mourut le dix-huitième jour de mars. Le roi Robert, plus fameux qu'eux tous, ordonna que l'acte en fût fait sous son autorité, le remit entre les mains de l'abbé et des autres moines, et l'assura à ladite église par un ordre de sa munificence. Par cet acte il commandait que jusqu'à la fin du monde les cénobites dudit lieu tinssent et possédassent pleinement tous ces biens; qu'aucun roi, aucun évêque, aucun comte, aucune puissance humaine ne pût en disposer ni s'en emparer ou les céder à d'autres; mais qu'ils demeurassent constamment en la légitime possession de ces moines, à la disposition desquels ils seraient pour être employés, à leur gré, à l'avantage du monastère. Afin de rendre cette ordonnance et cette confirmation inviolable pendant tout le siècle, et de leur donner une vigueur constante, selon la coutume royale, il la consacra de sa propre main, et y fit apposer le seing de son anneau; ce qui fut dévotement fait par le chancelier Roger, élevé dans la suite, par la grâce de Dieu, dans la ville de Beauvais, à la dignité de l'épiscopat. Ces choses eurent lieu à Paris, l'an de l'incarnation du Verbe 998, la dixième année du règne de Robert, le dix-neuvième jour d'avril.

Il y avait dans ce temps un chevalier de grand renom, appelé Hermanfroi, fort illustre par sa puissance et sa richesse mondaine, vassal du vénérable comte, et lequel desirait pieusement se rendre agréable à Dieu. C'est pourquoi, effrayé de la crainte du supplice éternel, et excité à la dévotion par l'exemple dudit seigneur, il lui déclara sa grande affection pour ce lieu confié à ses soins, et son desir de l'enrichir de ses propres biens. Il le pria donc de donner à l'église des Fossés une métairie appelée Lices, et qu'il tenait de lui en fief; et il lui céda en même temps de sa propre volonté un de ses domaines appelé Ivry. Le comte, qui souhaitait que tous les chevaliers français en fissent autant, lui accorda la libre faculté de donner tout ce qui lui plairait. S'étant rendu à ce monastère, qu'il chérissait au dessus de tous, avec sa femme appelée Hermesinde, il communiqua au religieux abbé Teuton et aux autres frères le secret de son cœur. Ceux-ci rendant grâces à Dieu, admirent les deux époux à la participation de leurs prières, et ils devinrent ainsi les commensaux des serviteurs de Dieu, et après l'anéantissement de leurs corps reçurent la sépulture en ce lieu. Ils donnèrent donc, comme nous l'avons dit plus haut, le domaine d'Ivry, situé sur le bord de la Seine, à un mille et demi de distance du château de Corbeil, ainsi que son église, la moyenne justice et toutes ses dépendances. De même ils firent une donation de la métairie de Lices, déjà mentionnée, située dans ledit territoire de Corbeil, à la distance d'un mille et demi de ce château ; ils la tenaient en fief du comte Bouchard et de son fils Renaud, élevé à la dignité pontificale ; et de leur consentement et volonté, ils la donnèrent, avec sa moyenne justice et toutes ses dépendances, pour acheter la vie éternelle, pour le salut de leurs ames et de celle de Gélon, dont ils avaient hérité, et pour la rémission des péchés de leurs parens. Ils réglèrent le don de ces propriétés sur l'autel de sainte Marie et de l'apôtre saint Pierre, à condition qu'ils en recevraient tous les ans l'usufruit, et que lorsqu'ils auraient cessé de voir le jour, les religieux les posséderaient à perpétuité. Ensuite s'étant rendus en présence du roi, ils le prièrent de confirmer cette donation par l'autorité de ses lettres patentes, et de daigner les revêtir du seing de son anneau. Par le conseil de sa mère Adélaïde et de sa femme Berthe, il consentit à cette demande. L'acte ayant donc été écrit, et le monogramme du roi tracé de sa main, Franque, alors chancelier, et créé dans la suite évêque de Paris, y apposa le sceau du roi. Cela fut fait dans la susdite ville déjà nommée, l'an 1000 de l'incarnation du Christ, et la douzième année du règne fortuné de l'illustre roi Robert.

Après le récit de ces choses, il convient de revenir à notre Bouchard. Excité par l'ennemi du genre humain, le comte Eudes se montrait plein de haine et d'envie envers le vénérable comte, dont les bonnes actions, la préférence avec laquelle il le voyait traité à la cour du roi, et l'estime et l'affection dont il était partout l'objet, lui inspiraient de la jalousie. C'est pourquoi, par séduction et par trahison, il lui enleva le château de Melun. Le comte l'ayant appris, rassembla une armée de Français; et aidé par le roi, assiégea Eudes avec beaucoup de milliers de chevaliers. Eudes voyant qu'il n'était guère en sûreté dans ce château, et ne pouvait le retenir en sa possession, en sortit secrètement, et s'enfuit avec les siens. Bouchard y étant entré, reprit son château. Gautier, dont la trahison avait accompli un si grand crime, fut pendu avec sa femme sur une montagne qui domine ce château. Dans un autre temps, par les insinuations de l'ennemi de la paix et de la lumière, ces deux comtes s'appelèrent au combat à un lieu assigné dans le même pays de Melun. Étant arrivés en ce lieu, comme de part et d'autre on se préparait vivement au combat, le chevalier Hermanfroi, déjà mentionné, soumis alors à la seule domination du roi, se remit humblement en ses mains et en son pouvoir. Les Français n'avaient pas pour habitude alors, non plus qu'à présent, d'entrer dans une guerre quelconque, si leur propre seigneur n'y était présent, ou ne le leur avait permis. Le seigneur Bouchard s'étant pieusement humilié en présence de Dieu, pour qu'il lui accordât la victoire contre un superbe ennemi énorgueilli en son corps et en son nom, les combattans se joignirent dans les champs d'un petit village appelé Orsay. En étant venus aux mains, par le jugement de Dieu, les troupes d'Eudes tournèrent leurs armes contre elles-mêmes, et furent détruites avec un grand carnage. Bouchard, rempli d'une sincère confiance au Seigneur, fondit sur ses ennemis; et en ayant tué beaucoup de milliers, obtint du ciel la victoire. Eudes voyant l'extrême diminution de son armée et le grand nombre des siens étendus morts dans la plaine, songeant d'ailleurs qu'il ne pourrait en aucune façon être vainqueur ce jour-là, saisi d'une crainte épouvantable, et couvert d'une grande honte, craignait même les dangers de la retraite; il se hâta donc de prendre en secret la fuite. Après que le comte, fidèle à Dieu, eut remporté la victoire, il rendit grâces au Seigneur avec les siens, et s'en retourna chez lui rempli de gloire.

Le saint abbé Teuton, continuellement adonné aux jeûnes, aux oraisons et aux veilles, desirait pieusement se rendre toujours agréable à Dieu. Comme dans le lieu qui lui était confié, il ne pouvait nullement, selon ses desirs, mener une vie paisible, à cause des soins qu'exigeait de lui la surveillance de son troupeau, il choisit, pour y demeurer, le territoire de la ville de Rheims. Il y a dans ce pays une petite propriété que le glorieux roi Charles-le-Chauve avait donnée à l'église des Fossés et à l'abbé Godefroi, pour s'y mettre à l'abri de la persécution des Normands, et où l'on dit que le corps de saint Maur fut conservé avec vénération pendant un grand nombre d'années. Ledit abbé Teuton y demeura long-temps en grande austérité pour l'amour du Christ. Lorsqu'il s'y était rendu, voulant y rester, il avait envoyé aux frères son bâton pastoral par Gautier, son serviteur, qu'il avait élevé dans la crainte du Seigneur, et leur avait fait dire qu'ils se créassent un digne pasteur, selon la volonté du Christ. Les moines, à la nouvelle de sa retraite, en furent saisis d'une grande admiration et d'une grande tristesse, et songèrent à le faire savoir aussitôt au comte particulièrement et à son fils Renaud, évêque de Paris, qui apprirent toutes ces choses au roi. Le vénérable père Teuton demeura long-temps dans ladite métairie, et mena une vie solitaire, s'adonnant, autant qu'il est possible à un mortel, et par le secours de Dieu, aux jeûnes, aux oraisons, et à la pratique de toutes bonnes œuvres. Ensuite, desirant revoir le lieu qui avait été confié à ses soins et les frères qu'il avait quittés, il vint près du monastère, jusqu'à Nogent-sur-Marne. S'y étant arrêté, il fit savoir aux frères qu'il était là, et voulait venir vers eux. Ce qu'un grand nombre ayant appris, ils se refusèrent à ce saint desir, lui disant qu'ils avaient déjà élu un abbé en sa place, et qu'ils ne devaient pas le recevoir, puisqu'il avait entièrement abandonné le soin de leurs ames. Cette réponse ayant été rapportée au serviteur de Dieu, il en fut fort chagriné, ne sachant que faire, ni de quel côté se tourner. Enfin, après avoir médité dans son esprit, reconforté par le Seigneur qui n'abandonne pas ceux qui espèrent en lui, il prit une salutaire résolution. Il retourna aussitôt à Cluny, lieu de son monastère. Là, il survécut à deux abbés ordonnés après lui dans le lieu confié à ses soins, et persévéra dans la sainte vie qu'il avait commencée. Ni l'un ni l'autre de ces abbés ne purent vivre long-temps; et par le jugement du Seigneur, ils ne possédèrent leur charge que cinq ans. Ayant accompli le terme qu'on ne peut dépasser, Teuton mourut heureusement en ce lieu, le treizième jour de septembre. Dans la suite, beaucoup de malades, comme nous l'avons entendu dire, recouvrèrent la santé sur son tombeau.

Ces choses ainsi racontées, revenons à ce que nous

avons omis. Le roi ayant appris que le père Teuton avait ainsi quitté le monastère et les frères, commença à s'occuper avec grande sollicitude, de concert avec les vénérables hommes Bouchard et l'évêque Renaud, du soin de faire consacrer, d'après la volonté du Seigneur, un nouvel abbé dans le monastère. Ceux-ci, guidés par une prudente habileté, appelèrent vers eux Thibaut, fils du comte Aymon, frère de ce Renaud, et qui avait déjà gouverné le monastère de Cormery. Le roi lui donna l'abbaye, et le créa père de ces religieux, parce qu'il était des frères de Cluny, et avait été instruit par le saint père Mayeul. Le comte, puissant en richesses mondaines, donna un grand nombre de biens, non seulement au monastère dont il s'agit, mais encore à tous ceux du royaume de France; il s'appliqua, entre autres, à enrichir de ses dons le monastère de Saint-Pierre de Melun, que Séguin, archevêque de Sens, avait commencé à faire construire. Il y avait dans d'autres pays plusieurs châteaux, parmi lesquels il tenait en son pouvoir Vendôme, Lavardin et Montoir, sans compter les autres, dont j'ignore le nom, et qu'un grand nombre de chevaliers tenaient de lui en fief et en vasselage. Il fit un décret par lequel il accorda à ceux de ses vassaux qui voudraient donner à l'église des Fossés quelque partie de leurs terres, liberté entière de faire ce qui leur conviendrait, sans le consentement de ses successeurs; à raison de quoi quelques-uns nous firent dans la suite beaucoup de donations. Il avait donné un fief à Baudouin, son prévôt, et à deux de ses héritiers, à condition que pendant leur vie ils paieraient au couvent des Fossés le revenu de ce fief, qui se montait à soixante-douze écus; et que lorsqu'ils cesseraient de voir le jour, cette terre viendrait en la perpétuelle possession des moines. Mais ledit Baudouin étant mort, son fils, nommé Aleran, qui était le premier héritier, et dont le nom était compris dans le contrat, vint trouver Eudes, qui dans la suite commanda en ce lieu, et en ayant reçu le prix, posa ce contrat sur l'autel de sainte Marie, et remit entre les mains de l'abbé et des moines tout ce qui y était écrit. Ces biens n'étaient pas considérables; c'était fort peu de chose. Ils étaient situés dans le territoire de Paris, non loin du château de Corbeil, et dans ses environs. Ils consistaient en un domaine nommé Lices et une métairie appelée Bourguinaire, parce qu'elle avait été habitée par les Bourguignons, et dans laquelle il y avait un bois et une terre labourable; plus un moulin appelé Toulvoie, avec un demi-arpent de terre pour y bâtir, s'il en était besoin; et dans le même lieu, quelque peu de terre de saint Étienne. Les autres biens sont situés près du château de saint Exupère, dans le nouveau et l'ancien Corbeil, à Ardes, à Soisy et à Sintrie. Celui qui desirera prendre connaissance de toutes ces choses les trouvera clairement rapportées dans la charte ou l'acte du roi Robert, qui fut dressé l'an de l'Incarnation 1028, et de son règne le quarante et unième.

Dans le même temps, pendant que sous le règne du glorieux roi Robert la France jouissait d'une heureuse tranquillité; et que la paix et la concorde abondaient en l'église de Dieu, une pernicieuse révolte vint tout-à-coup troubler le royaume. Il arriva qu'un homme appelé Arnoul, puissant en la vaine noblesse

de ce monde, et illustre par le rang de comte, se révolta contre son seigneur Robert, incendia tout ce qui était soumis à sa domination, et y causa tout ce qu'il put de maux. Cette discorde augmentant, ledit Arnoul, excité par la méchanceté du diable, marcha vers le monastère de Saint-Valery, incendia tout ce qu'il put, et s'empara même du corps du confesseur du Christ. Les moines, remplis d'une grande tristesse par la perte d'un tel patron, se rendirent d'une marche rapide vers le roi de France, et le supplièrent de daigner les secourir. Le roi ne pouvant y aller en personne, pria le seigneur Bouchard de les secourir à sa place, et, par son aide, de tâcher de leur faire rendre le corps saint. Le vénérable comte Bouchard étant arrivé, et le cœur rempli de confiance en la protection de Dieu, alla trouver le comte de Flandre, lui rapporta les paroles du roi, et le pria instamment de se laisser gagner par la volonté et la miséricorde de Dieu, et de rendre à la terre à laquelle il appartenait, le corps du confesseur du Christ, qu'il avait enlevé par une indigne cupidité. Le comte de Flandre, acquiesçant à sa prière, fit la paix avec le roi et les Français, et accomplit promptement la demande d'un si grand comte. Étant venus sur les bords d'un fleuve appelé la Somme, comme ils voulaient le traverser, tout-à-coup ils virent que les eaux de la mer, ayant reflué, l'avaient fait déborder, et refusaient le passage au corps saint, au comte Bouchard et aux autres qui étaient avec lui. Alors le comte, qui portait le saint corps, dit, en présence de tous les assistans qui invoquaient Dieu de toute leur ame : « Seigneur Jésus-Christ, si ta vo-
« lonté miséricordieuse est que le corps de ton saint

« soit rendu à son propre monastère, que ta clémente
« bonté ordonne que, pour nous, le fleuve se sépare
« en deux, et ne se refuse pas à nous ouvrir un pas-
« sage, afin que ce peuple, soumis à ton nom, puisse,
« d'un cœur dévot, et dans un transport de joie, ren-
« dre à ta gloire et à l'honneur de ce saint le tribut
« de ses louanges. » Le Seigneur fut fléchi par ces
paroles du serviteur de Dieu et les prières de son
saint, et aussitôt les eaux de la mer se divisèrent de
telle sorte que ceux qui portaient le saint corps, et
tout le peuple, passèrent à pied sec et sans aucun
danger les périlleuses ondes, en louant et bénissant
le Seigneur Dieu avec une extrême dévotion. Par ce
fait, le Seigneur daigna renouveler le miracle qu'il
avait miséricordieusement opéré au milieu de la mer
par son serviteur Moïse, lors de la fuite des enfans
d'Israel. Desirant enrichir ce monastère du don d'un
grand nombre de ses domaines, le comte fit en sa
faveur, pour y perpétuer la mémoire de son nom,
beaucoup de généreuses donations. C'est pourquoi
on célèbre en ce lieu le jour de son anniversaire
avec autant de solennité que si son corps y était renfermé. Les moines affirment que, s'il leur était possi-
sible de posséder son corps, ce qui ne peut être, car
Dieu ne voudra pas l'avoir pour agréable, ils place-
raient ce corps à côté de celui de saint Valery, afin
qu'il fût honoré par le Christ dans le ciel et sur la
terre avec celui qu'il avait mis tant de zèle à honorer
sur la terre. Mais laissant cela, revenons au sujet de
notre Bouchard; et Dieu aidant, rapportons comment
il reçut les saints Ordres, et monta ensuite vers le
Christ; et que ceci soit démontré à tous ceux qui l'i-

gnorent par notre discours et l'évidence de notre récit.

Dans le temps de l'abbé dont nous avons parlé, le chevalier invincible, le dévot comte Bouchard tomba dans une maladie de langueur, car Dieu châtie le fils qu'il a reçu dans sa miséricorde. Desirant être trouvé veillant sur son ame, il s'attachait à faire une garde assidue. Aussitôt méprisant les honneurs du siècle, il souhaita d'embrasser la vie monastique, et desira de toute l'ardeur de son ame le royaume des cieux; craignant de ne pouvoir échapper au danger de la mort, il prit son or, son argent, des manteaux et un grand nombre d'ornemens monastiques, et demanda et reçut l'habit dans le monastère construit et fondé par lui. Une grande tristesse s'empara de tous les grands de la France, des moines, du clergé, des veuves et des gens de tout rang, de tout sexe et de tout âge, affligés de se voir abandonnés par leur patron, qui avait coutume de les reconforter par d'affables conseils et d'agréables entretiens. Les chevaliers répandaient des larmes, tous les pauvres se lamentaient, car le consolateur des malheureux, l'appui des affligés, l'espoir et le refuge de tous les chevaliers, était enlevé du milieu d'eux, et ils perdaient le secours qui faisait leur salut et leur consolation. Mais au contraire, les moines serviteurs du Christ, quoiqu'affligés de sa maladie, se réjouissaient de ce qu'un si fameux chevalier, illustré du rang de comte, abandonnait tout, selon le précepte du Seigneur, pour se soumettre pieusement à son joug doux et léger. On apporta parmi ses autres ornemens un grand nombre de vases d'or, d'argent, d'airain et de bois, et de précieux candelabres qui, comme il convenait, furent consacrés au service de la sainte église ou du saint autel. Parmi ces objets étaient deux vases d'un grand prix, qui servaient à verser ou à recevoir de l'eau dans les mains du prêtre : l'un s'appelait *manipule*, parce qu'on le portait à la main; et on y voit gravées des lettres qui témoignent qu'il a appartenu au roi Abgar, auquel il servait lorsqu'on lui tirait du sang; on y voit aussi en or pur et précieux le portrait du roi, avec une personne qui le saigne, et une autre qui le sert : on dit qu'on ne pourrait trouver dans ce pays un vase aussi riche et aussi beau. Il y avait un livre des saints évangiles, écrit en lettres d'or et admirablement travaillé en or, en argent et en ivoire entaillé. On apporta aussi un autre présent de Bouchard; c'était une épée d'or avec la ceinture de même métal, et qui, dit-on, avait été suspendue à son côté depuis la fondation de ce grand monastère. Plus, un vase très-précieux en pierre de jaspe, duquel on versait l'eau dans le saint calice. Il fit don aussi d'un nombre infini de serfs et de serves. Enfin, que dirai-je? parmi les hommes que recouvre cette chair mortelle, il n'en est aucun qui puisse énumérer complétement tous ses dons. Ce comte, illustré en ce monde par de si grands bénéfices, ne laissa à aucun de ses héritiers, à aucun de ses amis, à aucun de ses vassaux, d'aussi grands biens, si ce n'est les châteaux, qu'il en donna pour le salut de son ame à Dieu et à ses saints dans le lieu qu'il chérissait au dessus de tout.

Vêtu des saints habits de la religion, il demeura pendant plusieurs jours languissant de maladie dans une maison qu'on lui avait préparée auprès de l'église; ensuite, les serviteurs du Seigneur ayant, par leurs continuelles prières, apaisé sa miséricorde en sa faveur, il commença à se rétablir, et alla habiter avec les autres frères. Ainsi revenu à la santé, il s'appliqua constamment à se rendre agréable au Seigneur, lui offrant de continuelles actions de grâces, et le bénissant humblement dans son esprit de ce qu'il lui accordait de jouir dans ce couvent des bienfaits de sa sainte miséricorde. Ce noble homme accomplissait avec une humble dévotion le service de la sainte église, dont doivent s'acquitter, selon la règle monastique, ceux qui quittent le monde pour se consacrer à Dieu. Et lorsque les frères lui demandaient pourquoi un si noble homme, illustré par les honneurs du siècle, et déjà épuisé par les fatigues de la vieillesse, descendait jusqu'à s'accabler d'humilians travaux, il leur répondait : « Si, lorsque j'étais élevé « aux honneurs de chevalerie, et qu'entouré, comme « vous le dites, d'une armée de chevaliers, je brillais « du rang de comte, je portais devant mon roi mor- « tel, lorsqu'il avait besoin d'être éclairé, un flambeau « de cire, à plus forte raison combien maintenant « dois-je servir le roi immortel, et porter respectueu- « sement devant lui avec une marque d'humilité les « cierges allumés ! » Pratiquant ce qu'il disait, il fut pour tous ceux qui le virent et l'entendirent un grand modèle d'humilité. Ainsi donc, éprouvé de Dieu, et purifié, comme se purifie au feu un or précieux, il fut de nouveau attaqué d'une maladie de langueur qui le conduisit à la dernière extrémité. Muni du corps et du sang sacré de Jésus-Christ, il rendit au Seigneur son ame bienheureuse, le 26 février [1].

[1] En 1012.

Dès qu'il fut mort, l'évêque vint aussitôt avec nombre de clercs, ainsi que l'abbé et la troupe des moines. On ensevelit son corps avec les cérémonies funèbres, et on recommanda à Dieu son ame sainte. Des cris retentissent soudain dans la ville, dans les châteaux, dans les bourgs et les places. Les chevaliers, les riches et les pauvres, les vieillards et les jeunes gens, les veuves et les vierges, tous se pressent en foule, pleurant et gémissant, et remplis d'une amère douleur. Le monastère des Fossés retentit de plaintes et des lamentations de la douleur la plus vive et la plus partagée, car il perd son patron et son protecteur, celui qu'il avait mérité d'avoir pour appui et pour défenseur le plus fidèle. Il s'écrie qu'il n'en trouvera plus jamais un semblable qui l'enrichisse par ses largesses, et le défende si fidèlement par son secours; mais qu'ouvert aux attaques des méchans, il va être pillé par ses ennemis, et exposé de toutes parts à la haine de tous ses adversaires. Tous ceux qui vivent maintenant sur la terre savent certainement que dans la suite il n'en arriva pas autrement. On ensevelit donc le corps d'un si noble homme en face de notre Rédempteur, dans la maison où s'assemblaient les frères pour le chapitre du matin et du soir. Les anciens pères s'empressèrent d'orner son tombeau de ces vers, afin de donner à sa mémoire une inviolable immortalité :

« Grand fut cet homme tant qu'il fut revêtu de son corps.
« Il eut nom Bouchard, et fut connu dans tous les pays de la terre.
« Partout illustre par ses mérites, modeste dans ses actions et dans ses paroles,
« Il était généreux envers les pauvres et bienfaisant envers les veuves,

« Et voilà qu'en son tombeau repose son corps;
« Mars l'a vu trépasser le quatrième jour avant ses calendes. »

Cette tablette placée sur son tombeau fut fort bien travaillée et ornée par nos prédécesseurs; on mit sur la poitrine du comte une croix dorée avec les lettres α et ω; nous avons vu ces choses de nos propres yeux dans notre enfance; mais depuis, comme on le sait aujourd'hui, tout cela a été presque entièrement détruit.

La vénérable comtesse Élisabeth, sa femme, s'attacha, autant que le lui permit son sexe, à enrichir ce même monastère d'un grand nombre de présens. Ayant quitté la terre, elle repose ensevelie en ce lieu. Le jour de sa mort fut le 18 janvier. Son tombeau fut aussi orné de ces vers :

« Il a plu à Dieu de les unir tous deux vivans,
« Et il a voulu aussi réunir leurs tombeaux.
« Que quiconque lira ceci récite les vers du Psaume
« Afin que leur ame puisse monter au royaume des cieux.

Qu'il me suffise d'avoir raconté, parmi beaucoup d'autres, ces actions du comte. Les bonnes œuvres par lui accomplies sont innombrables, et nous les omettons, fatigué de les compter; car notre esprit se presse vers d'autres travaux. Maintenant, mes frères, nous devons nous appliquer soigneusement à ce que les aumônes accordées à ce monastère par ce bienfaiteur et d'autres bienfaiteurs, pour la rédemption de leurs péchés, soient par nous employées de telle sorte qu'elles leur profitent aux yeux du Créateur, afin qu'il n'arrive pas, ce dont nous préserve le Seigneur, qu'elles tournent à notre éternelle confusion; car il faut savoir que, Dieu aidant, c'est par les aumônes des hommes vertueux que nous pouvons accomplir le cours de notre vie terrestre : c'est pourquoi nous devons avoir présent à l'esprit ce que Dieu dit par la bouche de son prophète, en adressant aux pécheurs de terribles reproches : « Ils se nourrissent des péchés de mon « peuple. »

Les serviteurs de Dieu doivent, aux jours dont nous avons parlé, célébrer solennellement l'anniversaire de ces époux, afin qu'il soit utile à leur ame d'avoir chéri ce lieu au dessus de tous les autres, et voulu que leurs corps y fussent ensevelis; et qu'ils méritent d'être ressuscités par le Seigneur au jour du jugement. Jusqu'aujourd'hui, c'est-à-dire jusqu'à la présente année, qui est celle de l'incarnation du Verbe 1058, et la vingt-huitième du règne de Henri, roi des Français, on s'est, dans cette église, dévotement acquitté de ce devoir. Il faut promettre humblement de le faire aussi à l'avenir. Les recteurs de ce lieu, et ceux qui agissent sous leurs ordres, doivent aussi avoir grandement soin que, comme il est, ainsi que nous l'avons dit, d'usage dans l'Église, il soit, au jour du service funèbre, célébré pour leurs ames, préparé un repas de mets précieux et de boissons excellentes, car, dit l'adage vulgaire, c'est un pauvre travail que celui qui n'apporte pas de quoi manger.

Et pour que cela ne paraisse à personne ni vain ni méprisable, il a été établi par la grâce et la volonté de l'abbé Giraud et de toute la congrégation, que le jour de l'anniversaire du comte Bouchard, qui a comblé cette église de tant de bienfaits, ainsi que chacun peut s'en instruire par la présente narration, ce soin regarderait le pourvoyeur de Neuilly; pour l'anniversaire d'Elisabeth, celui de Courcy; pour l'anniversaire de l'évêque Renaud, celui de Seilles; pour l'anniversaire du roi Hugues, celui de Maisons; pour l'anniversaire d'Hermanfroi et de sa femme, ceux de Lices et d'Ivry; et pour les anniversaires des abbés de cette congrégation, le pourvoyeur et le trésorier du monastère, lesquels s'en acquitteraient avec exactitude et sans aucune négligence. Celui qui dans la suite mépriserait ce décret ou s'efforcerait de le faire abolir, devrait être condamné à une éternelle excommunication.

Au commencement de cet ouvrage, je m'étais proposé de dire à la suite quelque chose de l'évêque Renaud, afin de faire connaître sa mémoire à la postérité. Mais comme la vie d'un homme n'est pas en son pouvoir, pressé par beaucoup d'incommodités, il m'est maintenant de toute impossibilité d'accomplir ce dessein, jusqu'à ce que je voie arriver le temps si désiré de la paix et de la tranquillité. Néanmoins, dans l'adversité comme dans la prospérité, rendons toujours grâces à Jésus-Christ et au Saint-Esprit, qui vit et demeure Dieu unique et invisible dans tous les siècles des siècles. Ainsi soit-il!

FIN DE LA VIE DU COMTE BOUCHARD.

FRAGMENS
DE L'HISTOIRE
DES FRANCAIS,

DE L'AVÉNEMENT DE HUGUES-CAPET A LA MORT DE PHILIPPE Ier *.

* Voir la *Notice* placée en tête de ce volume.

FRAGMENS
DE L'HISTOIRE
DES FRANÇAIS.

Louis V, roi des Français, mourut l'an de l'incarnation du Seigneur 987, et fut enterré à Compiègne dans le monastère de Saint-Corneille et Saint-Cyprien. Son oncle Charles, qui, comme nous l'avons dit plus haut, avait vieilli frustré de ses droits, voulut s'emparer du royaume de son père; mais ses efforts furent inutiles et ses prétentions n'eurent aucun succès : à son mépris, les grands de la France, d'un consentement unanime, élevèrent au trône royal, à Noyon, la même année que mourut le jeune Louis, Hugues, fils de Hugues-le-Grand, et qui gouvernait alors avec sagesse le duché de France. Hugues fut sacré à Rheims le 3 juillet. Charles ayant été pris, fut mis en prison à Orléans, où il engendra Louis et Charles, qui, après la mort de leur père, chassés de la France, se réfugièrent auprès de l'empereur des Romains. Ainsi, au défaut de la seconde ligne des rois de France, la couronne passa à la troisième, dont le premier fut Robert, tué par Charles, et le second, Hugues, fils de son fils, qui fut appelé le Grand. Celui-ci associa au trône son fils Robert, et le fit sacrer à Rheims le premier janvier[1]. Il posséda le trône avec ce même fils Robert pendant dix années continues, et mourut le 24 octobre de l'an 996. Il fut enterré dans le monastère de Saint-Denis, auprès de son père, l'année 996. Dans ce temps florissaient Fulbert de Chartres, et Abbon de Fleury.

Le roi Hugues étant mort l'an de l'incarnation du Seigneur 996, laissa à son fils Robert le gouvernement de son royaume. Ce Robert subjugua par ses armes Guillaume, comte d'outre Saône, surnommé le Captif, qui, par une audacieuse témérité, avait envahi presque toute la Bourgogne; et l'ayant chassé de toute cette province, il le força à se contenter de son comté, et établit son fils Henri duc de Bourgogne. Ce même roi épousa Berthe, mère du comte Eudes, alors enfant. Elle avait été commère du roi, car il avait tenu son fils sur les fonts de baptême. Le pape Grégoire en étant instruit frappa toute la France d'anathème; mais le roi, enchaîné plus qu'il ne le devait par son amour pour cette femme, ne voulut pas la répudier jusqu'à ce que le Tout-Puissant résolut de le punir lui-même, car cette femme étant devenue grosse, et croyant qu'elle enfanterait un fils, accoucha d'un monstre[2]. Ce prodige épouvanta le roi et le força de la répudier de lui-même. Par cette action il mérita d'être absous avec tout son royaume. Ce n'est pas ici le lieu de rapporter combien il fut dévot envers Dieu, généreux envers les serviteurs du Seigneur, assidu à l'église, quelles nombreuses aumônes il répandit, quelle humilité il montra. Il

---

[1] En 988.
[2] Personne n'ignore que ceci est une fable.

fonda beaucoup d'églises, et décora d'or et d'argent et de divers ornemens les chapelles d'un grand nombre de saints. C'est pourquoi le Tout-Puissant lui accorda une paix continue, en sorte que personne n'osait le troubler. Si quelqu'un veut connaître à fond sa fervente dévotion envers Dieu, et les œuvres de ses insignes vertus, il peut lire ses gestes composés par Helgaud, moine de Fleury. Il épousa la fille de Guillaume, comte de Toulouse, dont le nom était Constance, mais qui fut surnommée *Candide,* jeune fille de beaucoup de mérite et bien digne de ce nom. Il eut d'elle d'illustres fils, Hugues, Henri, Robert et Eudes. Il associa Hugues à la couronne et l'éleva au trône royal à Compiègne. Huit ans après son couronnement Hugues étant mort, son père lui survécut, et après cette perte il associa Henri à sa place au gouvernement de tout le royaume [1], et l'éleva au trône à Rheims, au grand déplaisir de la reine qui voulait donner la couronne à Robert.

Sous son règne, l'an de l'Incarnation du Seigneur 1003, l'hiver fut plus long qu'à l'ordinaire, et il y eut de fortes inondations de pluie. Dans différens pays les fleuves débordèrent; la Loire surtout sortit tellement de son lit, qu'on fut exposé à de grands dangers dans tous les environs. Cette année, auprès d'Orléans, tout le monde vit, depuis la troisième heure du jour jusqu'à la neuvième heure, un fantôme de ville entourée de prés, d'eau et de moulins, et remplie de chevaliers et de toutes les choses nécessaires. On publia aussi la naissance d'un enfant qui avait les pieds de tous les animaux, et qui

---

[1] En 1027.

ne ressemblait à l'homme que par la tête, par une main et par un pied. Ses parens, confus de honte, l'ayant caché plusieurs fois sous terre, comme la terre le rejetait ils le plongèrent dans un fleuve. Sa chute fut suivie d'un bruit de voix si éclatant qu'on aurait cru entendre hurler tout le pays. La même année aussi mourut le pape Gerbert.

Vers ce temps s'éleva à Orléans une exécrable hérésie dont les chefs étaient Étienne et Lisoye. Ils se joignirent d'autres compagnons de leur perdition, parmi lesquels étaient des prêtres, des diacres et d'autres élevés à divers degrés dans les Ordres. Ils disaient que personne ne pouvait dans le baptême recevoir le Saint-Esprit, qu'on ne pouvait obtenir de pardon des péchés capitaux, et qu'aucun don ne se pouvait communiquer par l'imposition des mains. Ils méprisaient le mariage et affirmaient qu'un évêque ne pouvait ordonner, ni donner le Saint-Esprit. Convaincus de ces horreurs, et d'autres aussi abominables, ils furent livrés au feu. Vers ce temps, le prodige suivant eut lieu dans le pays d'Aquitaine, le long de la mer. Trois jours avant la fête de saint Jean-Baptiste, il tomba du ciel une pluie de sang ineffaçable lorsqu'elle touchait la chair d'un homme, ou des vêtemens ou une pierre; mais si elle tombait sur du bois on pouvait laver le sang.

Il arriva que Guillaume, duc d'Aquitaine, et Geoffroi, comte d'Anjou, se firent pendant un an beaucoup de mal, à eux et aux leurs, par de mutuelles hostilités, jusqu'à ce que Guillaume ayant été pris, cela mit fin à une guerre dans laquelle avaient été tués un grand nombre d'hommes. Richard le Normand était allé vers ce temps là dans la Pouille ; et ayant vu que cette province était habitée par des hommes sans courage, il manda à des hommes de sa nation de le rejoindre [1]. Ils n'osèrent le suivre en grand nombre ; mais dix ou vingt étant sortis de la Normandie, ils réunirent enfin à eux une forte troupe des leurs, parmi lesquels était le neveu de ce Richard, Robert, qui partit avec eux. Ayant joint leurs forces, ils subjuguèrent les habitans de cette contrée. Le fameux Robert fut dans la suite créé duc des siens, et soumit à sa domination la Sicile et la Calabre. A sa mort, il laissa deux fils, Raimond et Roger ; celui-ci succéda à son père.

Robert, après la mort de son père, régna trente-cinq ans. Il mourut à Melun, l'an de l'Incarnation du Seigneur 1031, et fut enterré à Paris dans le monastère de Saint-Denis, auprès de son père. A sa mort, le gouvernement de toute la France revint à Henri, dont nous avons déjà parlé, et qui donna à son frère Robert le duché de Bourgogne. Eudes, leur frère, resta sans apanage. La reine, affligée de voir ses vœux frustrés, s'efforça, après la mort de son mari, de retenir en son pouvoir la plus grande partie du royaume. C'est pourquoi, dans sa haine, elle arma contre son fils Eudes, comte de Chartres, et beaucoup de grands de la Gaule. Le roi Henri, qui était exercé à la guerre, courageux et prudent dans ses entreprises, vainquit par sa constance l'inconstante Constance. Il s'empara de vive force des villes et des châteaux qu'elle lui avait enlevés, et la força elle-même de se rendre. Après avoir dispersé deux fois l'armée d'Eudes, pour la troisième fois il parut

[1] En 1016.

tout-à-coup devant lui, et le força, demi nu, de chercher son salut dans la fuite. Il tua et prit un grand nombre de ses chevaliers, et le contraignit enfin à demander la paix. Il expulsa de leur patrie ou soumit comme il voulut le reste de ceux qui avaient pris les armes contre lui. L'année que mourut le roi Robert il y eut, à la troisième heure de la nuit, une éclipse de lune; et le 9 mars, à la dixième heure de la nuit, il apparut une comète de la longueur d'une lance, qui brillait jusqu'à l'aurore, et fut aperçue pendant trois nuits. Il s'ensuivit une innombrable multitude de sauterelles, qui dévorèrent toute la verdure. L'année suivante, au mois de juillet, il tomba une si grande quantité de grêle qu'elle détruisit tous les grains, toutes les vignes, tous les arbres et tous les travaux des hommes. Après la grêle, il éclata une si terrible tempête qu'elle enleva tout l'espoir de ce qui était resté. De là une famine sans remède commença et dura trois ans, en sorte qu'on avait peine à s'abstenir de la chair humaine, et qu'on regardait comme des mets délicieux les rats, les chiens et les autres animaux immondes. Ce fléau fit périr la plus grande partie du genre humain.

L'an de l'Incarnation du Seigneur 1037, à la première heure du jour, après l'octave de la Pâque, le soleil perdit ses rayons, et parut sous la forme accoutumée de la lune; vers la troisième heure, il prit l'apparence de la lune à son cinquième jour; et peu de temps après, celle de la lune à son huitième jour. La même année, la Loire ayant deux fois débordé de son lit, causa dans les environs des dommages très-considérables. Cette année, le comte Eudes, mentionné ci-dessus, malgré la volonté du roi Henri, marcha à la guerre contre les Allemands et les Lorrains avec de très-fortes troupes. Ayant livré bataille à leur duc, Gothelon, il périt avec beaucoup de milliers des siens. La reine Constance, la troisième année après la mort de son mari, termina ses jours, et fut ensevelie auprès de lui [1]. Eudes étant mort, Thibaut et Étienne, ses fils, selon la coutume de leurs pères, qui toujours avaient été infidèles à leurs rois, se révoltèrent contre le roi Henri, séduisant Eudes, son frère, par la fausse espérance de la couronne. Trop confiant en leurs promesses, il se montra l'ennemi déclaré de son frère. De là les meurtres, les pillages, les incendies, les ravages qui détruisirent presque toute la France. Mais le roi, aidé du secours de Dieu, prit les armes contre son frère, le força de s'enfuir dans une certaine forteresse, le prit, avec quelques-uns de ses complices, et le mit en garde à Orléans. En étant venu aux mains avec Étienne, il le vainquit, le mit en fuite, et fit dans son armée un grand nombre de prisonniers. Parmi ceux-ci était le comte Raoul, en qui était placée toute la force de cette faction. Ayant excité contre Thibaut Geoffroi, comte d'Anjou, il fit de Thibaut son ennemi le plus acharné. Geoffroi entoura avec son armée la ville de Tours, qui était de la dépendance de Thibaut, construisit des retranchemens, et prépara les machines et tout ce qui était nécessaire à un siége. Thibaut, en ayant été instruit, rassembla des secours de toutes parts; et, à la tête des phalanges des chevaliers de ses frères et des siens, il marcha vers Tours. Geoffroi, le voyant arriver avec une

[1] Constance mourut en 1032.

forte troupe, rassembla les siens en une seule armée, et s'empressa de marcher à la rencontre de ses ennemis. Le combat s'étant engagé [1], Thibaut et les siens tournèrent le dos, et prirent la fuite. Geoffroi continuant à les attaquer dans cet état de faiblesse, prit leur prince avec un très-grand nombre d'entre eux. Étant ensuite retourné au siége de Tours, il s'en empara, et la soumit à sa juridiction; et jusqu'à ce jour les comtes d'Anjou en sont en possession.

Ensuite Étienne, frère de Thibaut, étant mort, laissa un fils nommé Eudes, que Thibaut dépouilla de l'héritage de son père. Eudes se réfugia auprès du comte de Normandie, qui lui donna une femme et quelques domaines. Dans le même temps, Hugues Bardoulphe avait fortifié contre le même roi le château de Pithiviers. Le roi l'ayant assiégé deux ans, réduisit les habitans à la plus dure famine, les força de se rendre, et prit possession du château. Ayant dépouillé Hugues de toutes ses dignités, il le chassa de toute la France. Sous le règne du même roi, le pape Léon vint en France, à la prière de saint Émery, abbé du monastère de Saint-Remi. S'étant rendu à Rheims, il consacra [2] avec le plus grand éclat le monastère de Saint-Remi, bâti à grands frais par ce même abbé. Il y tint un concile d'un grand nombre d'évêques et d'abbés, dans lequel il frappa du glaive de l'anathème l'hérésie simoniaque, qui s'était répandue dans presque toute la Gaule, expulsant un grand nombre de ceux qui étaient possédés de cette peste, et rétablissant les statuts des saints Pères, presque oubliés chez les Gaulois.

[1] En 1042. — [2] En 1049.

L'an de l'Incarnation du Verbe 1044, le jeudi 8 novembre, à la huitième heure de la nuit, il y eut une éclipse de lune entre les Hyades et les Pléiades. La même année, le jeudi 21 du même mois, à la deuxième heure du jour, on vit une éclipse de soleil. La même année, on trouva dans le pays d'Orléans deux pains baignés de sang; l'un était cuit sous la cendre, et l'autre dans un four. Cette année mourut la reine Mathilde. Trois ans s'étant écoulés depuis cette époque, le roi Henri fit marcher une armée contre les Normands, qui, à la mort de Richard[1] leur prince, avaient chassé de la Normandie son fils Guillaume, qui devint dans la suite roi d'Angleterre, refusant de l'accepter pour leur prince, parce qu'il n'était pas né d'un mariage légitime. Guillaume se réfugia auprès du roi dont nous venons de parler, lui demanda du secours, et en fut accueilli avec bienveillance. Le roi étant entré sur le territoire de la Normandie avec trois mille hommes d'armes seulement, trouva les ennemis préparés à la résistance; car ils avaient trente mille hommes tout équipés et prêts à la guerre. Le combat s'étant engagé, l'armée royale fondit sur les ennemis avec une telle impétuosité qu'elle en renversa la plus grande partie et mit les autres en fuite. Ceux des Normands qui avaient survécu au combat, saisis d'épouvante, abaissèrent leur tête sous le roi Henri, et reçurent pour leur seigneur, Guillaume, déjà par nous mentionné. Le roi s'en retourna en France avec son armée intacte. Après l'inhumation de la reine Mathilde, il prit une autre femme, à savoir la fille de Iaroslas, roi de Russie, nommée Anne. Il eut d'elle

---

[1] Robert.

trois fils, Philippe, Hugues et Robert, qui mourut encore enfant. Hugues dans la suite fut gratifié par son frère Philippe, alors roi, du comté de Vermandois. Dans ce temps, Bérenger, archidiacre de l'église d'Angers, dont le nom était alors très-célèbre parmi les sectateurs de la divine philosophie, tomba dans l'hérésie touchant le corps et le sang du Seigneur, disant que c'était seulement le sacrement qui était sur l'autel et non l'objet du sacrement. C'est pourquoi, appelé par le pape Nicolas, il se rendit à Rome, où ayant subi un examen en présence du pape et de beaucoup d'évêques, il avoua et anathématisa son erreur, et jeta au feu Jean Scott, dont la lecture l'avait entraîné dans cette abominable secte. Il confessa ensuite la vérité du corps et du sang de notre Seigneur Jésus-Christ, qui est consacré sur l'autel, et non le sacrement seulement, et prononça dans le même concile sa profession de foi.

Henri, après avoir gouverné avec habileté le royaume des Français pendant vingt-huit ans [1], depuis la mort de son père, mourut à Vitry, l'an de l'Incarnation du Verbe 1060, laissant tout le royaume de la France à son fils Philippe, qu'avant sa mort il avait fait sacrer roi à Rheims avec une grande pompe [2]. Gervais, évêque de cette même métropole, fit ses obsèques avec un grand appareil. Il est difficile de louer dignement la vertu si éclatante de cet évêque. Après la mort du roi, la reine Anne épousa le comte Raoul. Celui-ci étant mort, elle retourna dans son pays natal. Philippe, étant encore enfant, avait reçu de son père, pour tuteur et gouverneur, Baudouin, comte de Flan-

---

[1] Trente ans. — [2] Le 23 mai 1059.

dre, homme d'une grande probité et fermement attaché à la justice. Il l'éleva avec affection jusqu'à l'âge de raison, gouverna avec de grands soins son royaume, et frappa de la verge régulatrice les rebelles et les séditieux. Philippe étant enfin parvenu à l'adolescence, Baudouin lui rendit son royaume intact. Lui-même, peu de temps après, sortit de ce monde [1], laissant un fils naturel, nommé comme lui Baudouin, qui lui survécut de peu d'années. Celui-ci laissa aussi pour successeur Arnoul, que son oncle Robert attaqua pour le dépouiller de son héritage, comme il le fit en effet. Arnoul s'étant rendu auprès du roi Philippe, lui demanda son secours. Le roi donc ayant rassemblé beaucoup de milliers d'hommes d'armes, marcha en Flandre [2] pour livrer bataille à Robert. Robert n'ayant pas confiance en ses forces, craignit d'abord d'en venir aux mains avec le roi. Mais enfin prenant courage, il défit l'armée royale, et força le roi lui-même, déchu de ses espérances, à s'en retourner en France. Arnoul, neveu de Robert, qui avait appelé le roi à son secours, périt dans le combat avec plusieurs autres nobles. Robert prit possession de l'héritage de son frère Baudouin.

Dans ce temps Guillaume, duc d'Aquitaine, et quelques autres grands de la Gaule, appelés hors de leur pays, conduisirent une armée considérable en Espagne, où ils s'emparèrent de la très-riche ville de Balbastro et d'un grand nombre de châteaux, et ravagèrent par le fer et par le feu la plus grande partie de cette province; enfin, ils s'en retournèrent chez eux, emportant un grand nombre d'effets de toutes sortes, et emmenant beaucoup d'esclaves. Dans le

[1] En 1067. — [2] 1072.

même temps apparut, pendant l'espace de près de trois mois, une comète qui lançait au midi un grand nombre de rayons. Vers la même époque Guillaume, comte des Normands, ayant rassemblé une nombreuse armée de la Normandie, de la France et de l'Aquitaine, et fait construire une flotte considérable, fit voile vers l'Angleterre [1]. Le roi de cette île, nommé Edouard, son allié de très-près par le sang, lui avait laissé le royaume d'Angleterre; mais Harold, un des grands de cette nation, s'était mis la couronne sur la tête. Ledit Guillaume, après avoir passé la mer avec d'immenses préparatifs de guerre, l'attaqua, le vainquit à la première bataille, le tua, et dispersa toutes ses troupes. Ensuite, après beaucoup de combats, il s'empara de l'île; devenu enfin roi de ce pays, il en adoucit les mœurs barbares, et y répandit davantage le culte de la religion chrétienne qui y était peu pratiqué; enfin il fit connaître sa puissance à presque toute la terre. Robert, duc de Bourgogne, comme nous l'avons dit, frère du roi Henri, étant mort, ainsi que son fils Henri, auquel il avait survécu, Hugues, fils de ce Henri, prit possession du duché de Bourgogne. Celui-ci étant devenu moine quelques années après, Eudes son frère eut sa principauté.

Hugues, duc de Bourgogne, et plusieurs autres princes de la Gaule, s'apprêtèrent à une seconde expédition contre l'Espagne. Sanche, roi d'Aragon, dont le père, le roi Ramire, avait été long-temps avant écorché par les Sarrasins [2], vint au devant d'eux, et

---

[1] En 1066.
[2] Ce fait, qu'on rapporte à l'an 1063, est nié par Ferreras et la plupart des historiens espagnols.

les conduisit contre ces mêmes Sarrasins. Sous sa conduite, ils pénétrèrent en Espagne ; et ayant pris une de ses nobles villes, et ravagé en partie ce pays, ils s'en retournèrent chez eux, chargés d'un butin considérable, et emmenant un très-grand nombre de prisonniers [1].

Thibaut, comte de Chartres, étant mort [2], Étienne prit possession des États de son père, et donna à son frère Hugues une certaine portion des propriétés dont il héritait. Cet Étienne s'étant révolté contre le roi Philippe, fut pris par les chevaliers du roi. De là, forcé de prêter serment et de donner des otages, pour que le roi ne demeurât pas son ennemi, il obtint son pardon. Robert, comte de Flandre, ayant aussi quitté ce monde [3], son fils, du même nom, se mit en possession de ses États.

Les Gaulois firent une troisième expédition contre les Espagnols [4]. Un des rois sarrasins, nommé Juffet [5], à la tête d'une nombreuse légion de Maures et de Sarrasins, avait passé la mer, et s'était emparé de l'Espagne citérieure. Alphonse, roi de Galice et des Asturies [6], en étant instruit, rassembla de toutes parts les gens de guerre, et se hâta de marcher contre lui. Les deux armées s'étant rencontrées en un certain lieu, le signal fut donné, et on en vint aux mains. Mais Alphonse, ne pouvant soutenir le choc des Sar-

---

[1] Cette expédition doit avoir eu lieu entre l'année 1075, époque de l'avénement de Hugues au duché de Bourgogne, et l'année 1078, où il abdiqua pour se retirer au monastère de Cluni.

[2] Thibaut III, vers 1089.

[3] En 1093. — [4] En 1087.

[5] Ioussouf-Aben-Texufin.

[6] Alphonse VI, dit le Vaillant.

rasins, prit la fuite, et un grand nombre des siens furent tués. Épouvanté par cet échec, il envoya des députés dans les Gaules, pour demander du secours; sinon il menaçait de faire alliance avec les Sarrasins, et de leur livrer l'entrée de la Gaule. Ayant reçu ce message, les grands de la Gaule rassemblèrent à l'envi leurs chevaliers. Les habitans des villes, comme ceux de la campagne, se présentèrent volontairement; et les chevaliers, se rassemblant par troupes, se préparèrent à la guerre. Au temps prescrit, tous sortirent de leurs provinces, et se hâtèrent de marcher au secours d'Alphonse. Mais les Agariens [1], à la nouvelle de l'arrivée des Français, s'enfuirent avec leur roi, sans oser les attendre. Comme les Français approchaient déjà des frontières de l'Espagne, le roi Alphonse leur fit savoir la fuite de ses ennemis, leur rendant grâces de ce qu'ils étaient venus à son secours, et leur mandant qu'ils s'en retournassent dans leur pays. Les Français, ayant reçu cette nouvelle, eurent une grande tristesse de ce que les ennemis s'étaient échappés, et de ce qu'ils avaient fait inutilement un si long voyage. Étant néanmoins entrés en Espagne, ils exercèrent de nombreux ravages; et après avoir dévasté plusieurs endroits, ils s'en retournèrent enfin chez eux. Nous n'avons pas le dessein de rapporter ici combien le roi Alphonse était brave à la guerre, dans combien de batailles il dispersa les Sarrasins, et combien d'expéditions il fit contre eux. Il soumit à son empire Tolède, la plus forte de leurs villes [2], et leur

[1] Nom qu'on donnait aux Sarrasins comme descendans d'Ismaël, fils d'Agar.
[2] Le 25 mai 1085.

enleva une grande partie des lieux qu'ils habitaient. Il épousa la fille de Robert, duc de Bourgogne, nommée Constance, et eut d'elle une fille [1], qu'il donna en mariage au comte Raimond, qui possédait un comté au-delà de la Saône. Il donna à Henri, un des fils du fils de ce duc Robert [2], une autre fille, mais qui n'était pas née d'un mariage légitime. Il les établit tous deux sur les frontières de l'Espagne, pour s'opposer aux attaques des Agariens.

Le pape Alexandre étant mort [3], eut pour successeur Hildebrand, appelé aussi Grégoire [4], qui, ayant convoqué à Rome un grand concile [5], accusa l'empereur Henri [6] de certains crimes qu'on lui avait dénoncés. L'empereur, apprenant cette accusation, offrit de se purger dans les formes. Mais le pape s'y refusa, et le menaça, comme indigne de régner, de le frapper d'anathème, s'il ne déposait la couronne. Henri ne l'ayant pas voulu faire, le pape l'excommunia, contre la volonté de presque tout le concile. Cette affaire jeta le trouble dans toute l'Église. Le pape exigeait aussi de lui qu'il se démît de sa domination sur toutes les églises de son empire, et qu'il ne donnât à personne le bâton pastoral, selon ce qui est contenu dans les statuts des anciens Pères. L'empereur n'y voulut point consentir. Ceci était une plus juste cause de cet anathème. L'empereur étant donc séparé de la communion de l'Église, le pape Grégoire établit, pour

[1] Dona Uraque.
[2] Guillaume le Grand, duc de Bourgogne.
[3] Le 11 avril 1073.
[4] Grégoire VII.
[5] En 1074.
[6] Henri IV.

régner à sa place, un certain Rodolphe, Saxon d'origine [1]. Il fut tué par les généraux du même empereur, qui l'avaient provoqué à la guerre. Ensuite l'empereur envoya des députés au pape, lui répétant l'offre de lui donner satisfaction sur ce dont il était accusé. Mais le pape persistant dans sa sentence, Henri marcha contre Rome avec une grande troupe d'hommes d'armes, et assiégea cette ville pendant quelque temps. Il la prit enfin, et créa pape, à la place de Grégoire, Guibert, évêque de Ravenne, qui changea son nom en celui de Clément. Grégoire s'enfuit dans la Pouille, où il demeura jusqu'à la fin de sa vie. A sa mort [2], il fut enseveli à Salerne, dans le monastère de Saint-Matthieu. On nomma à sa place Didier, abbé de Montcassin, qui prit le nom de Victor [3]. Celui-ci étant mort, il eut pour successeur Eudes, de race française, connu sous le nom d'Urbain [4].

Dans ce temps, Foulques, frère de Geoffroi, comte d'Anjou, prit celui-ci, le renferma dans une prison, et le retint dans les fers jusqu'à sa mort [5]. Il s'empara de son comté; et craignant que le roi, à cause de sa perfidie, ne se déclarât contre lui, il lui donna le comté du Gâtinais, qui avait été avant lui en la possession des comtes d'Anjou. Sur ces entrefaites, le même roi Philippe épousa Berthe, fille de Florent, duc de Frise. Il eut d'elle un fils appelé Louis, et une fille, qu'il donna en mariage au comte Hugues.

Guillaume le Glorieux, roi d'Angleterre, étant

[1] De Souabe.
[2] Le 25 mai 1085.
[3] Victor III. — [4] Urbain II.
[5] Geoffroi fut mis en liberté en 1096 par l'ordre du pape Urbain II.

mort, son fils, nommé aussi Guillaume, prit possession du royaume paternel. Son frère, Robert, eut le comté de Normandie. Leur frère, Henri, demeura sans apanage jusqu'à la mort du roi, son beau-frère.

En ce temps florissaient, dans la philosophie tant divine qu'humaine, Lanfranc, évêque de Cantorbéry, Gui le Lombard, Maingaud le Teuton et Bruno de Rheims [1], qui, dans la suite, se rendit ermite. Il y eut aussi de puissans sophistes dans la dialectique, comme Jean, qui prétendit que la dialectique n'était qu'une affaire de mots, Robert de Paris, Roscelin de Compiègne, et Arnoul de Laon. Ceux-ci furent les sectateurs de Jean, et eurent aussi un très-grand nombre de disciples.

L'an de l'Incarnation du Seigneur 1095, on vit, pendant un certain nombre de nuits, comme pleuvoir du ciel des étoiles en grande quantité, semblables à des gouttes de pluie. La même année, le pape Urbain vint dans les Gaules, et tint à Clermont, dans le mois de novembre, un concile très-nombreux d'évêques et d'abbés. L'année suivante, il convoqua à Nîmes, au mois de juillet, un autre concile. Voici la cause très-importante de son voyage en France et de ces conciles. Les Turcs, nation infidèle, étrangère à la connaissance du Christ, et dont le bras était plus ardent à la guerre que celui de tous les autres peuples d'Orient, ayant envoyé hors de la terre qu'ils habitaient un essaim de gens de leur race, s'étaient emparés de Jérusalem et de tous les pays environnans; en sorte que leur barbare férocité étendait sa domination jusqu'à la mer appelée le bras de Saint-George. Ils menaçaient d'attaquer la cité royale, et de soumettre

[1] Fondateur des Chartreux.

l'empire chrétien à leur cruauté. Cette nation détruisant les églises de tout l'Orient, ou les faisant servir au culte de sa religion, outrageant les évêques, et prenant en risée tous les Ordres ecclésiastiques, avait fait disparaître de ce pays tout culte divin. Cette tempête ayant éclaté avec violence, les religieux, troublés presque dans tout l'Orient, envoyèrent des messagers au susdit pape, le priant avec de larmoyantes plaintes de venir à leur secours. Ayant reçu ces messagers, le pieux pape, qui connaissait le courage ardent des Français et leur prompte disposition pour de semblables expéditions, parla à ce sujet au peuple dans les deux conciles ci-dessus rapportés, et l'exhorta à secourir les fidèles, opprimés par la violence des méchans, et à prêter le secours de toutes ses forces, pour empêcher que le nom du Christ ne pérît en Orient. Il ordonna aussi à tous les évêques de prêcher et proclamer, chacun dans son diocèse, de pareilles exhortations. Les évêques accomplirent cet ordre, exhortèrent les troupeaux confiés à leurs soins, et les admonestèrent de ne pas mépriser ce qui leur était enseigné. Le peuple chrétien, touché des outrages dont les fidèles étaient opprimés, à la persuasion du pape et de ses pasteurs, se prépara à combattre les Infidèles; et dans toutes les parties du monde où florissait la foi chrétienne, les habitans s'armèrent par nations et par langues, pour faire la guerre de leur Seigneur. Ils marchèrent donc vers Jérusalem, la croix du Christ sur leur vêtement. Ainsi l'avait recommandé le seigneur Apostole, voulant que quiconque, par l'œuvre de la grâce du Christ, serait excité à cette guerre, portât la croix du Seigneur sur l'un de ses habits. Les plus nobles dans cette armée étaient Adhémar, évêque du Puy; Boëmond, frère de Roger, duc de la Pouille; Raimond, comte de Saint-Gilles; Hugues, comte de Vermandois, frère du roi Philippe; Étienne, comte de Chartres; Robert, comte de Normandie; Robert, comte de Flandre; Godefroi, duc de Bouillon, et son frère Baudouin. Il y avait encore plusieurs autres hommes puissans et fameux, et des grands de différentes nations, qu'il nous paraîtrait trop long de désigner ici. Ils furent précédés ou suivis d'une foule de peuple innombrable, comme le sable de la mer, tous prêts à perdre la vie pour leurs frères [1].

L'an de l'Incarnation du Seigneur 1100, mourut Guillaume, roi d'Angleterre, fils du grand Guillaume, qui avait fait valoir à main armée son droit sur le royaume d'Angleterre. Ce Guillaume, s'étant montré égal à son père en courage guerrier, peu de temps avant sa mort, de même que lui et pour un semblable motif, s'était révolté contre Philippe, roi de France, de qui il paraissait tenir en fief la Normandie. La cause de sa révolte, c'est qu'il prétendait que le roi lui devait la moitié du Vexin appartenant à ce même fief. Comme pour cette querelle il commettait des pillages, des incendies, et faisait de fréquentes incursions, Louis, fils du roi Philippe, quoique alors encore très-jeune, lui résista avec habileté [2]. Guillaume donc, pour les besoins de cette guerre, et parce qu'il voulait paraître magnifique et généreux, dépouilla pres-

---

[1] Nous avons supprimé ici, à l'exemple des Bénédictins, quelques détails sur les croisades, racontés ailleurs avec beaucoup plus d'exactitude et d'intérêt.

[2] Voir la *Vie de Louis le Gros*, par Suger.

que toutes les églises de son royaume. Lorsque dans son île il mourait quelque évêque ou quelque abbé, il s'emparait de tous les revenus de son église, jusqu'à ce que long-temps après il reçût de quelque homme pervers une somme d'argent très-considérable pour la prélature de cette église. Il arriva donc que, dans la nuit de la fête de saint Étienne, premier martyr, il songea qu'un vent froid lui perçait le côté. Le lendemain, comme il racontait ce songe aux siens, il se préparait à aller à la chasse; mais ils l'empêchèrent d'y aller ce jour-là. Il les écouta pour le moment, mais, après avoir dîné, il commença à les réprimander, disant que ceux qui faisaient attention aux rêves n'étaient pas fermes dans leur foi. Ils montèrent donc à cheval et gagnèrent la forêt. Ayant trouvé un cerf orné de grands bois, il ordonna à un des siens, homme noble et admis à son amitié, de lui tirer une flèche : celui-ci ayant tendu son arc, lança la flèche; mais tandis qu'il voulait en percer le cerf, il l'envoya percer le cœur du roi, qui après cette blessure rendit l'ame. Gautier[1] (c'est le nom de celui qu'on dit l'avoir tué) protesta par serment que c'était le roi qui avait voulu lancer cette flèche de son arc, et qu'ayant rebroussé chemin, elle était revenue le frapper. Guillaume ainsi privé de la vie, son frère Henri prit possession du royaume d'Angleterre.

Le roi Philippe ayant répudié Berthe, mère de Louis, prit une autre femme[2], Bertrade, fille de Simon de Monfort, et mariée à Foulques, comte d'Anjou, à qui le roi l'enleva. Averti bien des fois par le pape

---

[1] Walter Tyrrel.
[2] En 1092.

Urbain d'heureuse mémoire, il ne se rendit nullement à ses injonctions. Ce pape étant mort, Pascal, son successeur, envoya en France deux de ses cardinaux, Jean et Benoît, hommes de bien, qui, s'étant rendus auprès du roi, et ayant trouvé son esprit obstiné, assemblèrent un concile à Poitiers, et soumirent, à cause de son refus, toute la France à l'anathème. La même année, dans le pays d'Orléans, à un village appelé Tégy, on trouva deux pains cuits dans le four, qui, lorsqu'on les rompit, parurent mouillés de sang. Peu de temps après le même roi, touché de componction, envoya quelques-uns des siens à Rome, promettant au pape de lui obéir en tout ce qu'il lui ordonnerait, afin d'obtenir de lui l'absolution. Le pape lui envoya deux hommes d'honnête vie pour le délivrer du lien de l'anathème. Ceux-ci s'étant rendus auprès du roi à Paris, en présence d'une nombreuse multitude de grands, accomplirent ce qui leur avait été ordonné, c'est-à-dire le reçurent dans la communion des fidèles, à condition cependant qu'il n'aurait plus aucun commerce avec Bertrade, et n'aurait avec elle aucune entrevue sans la présence de deux hommes de bon témoignage. Le roi avait eu déjà de Bertrade Philippe, et une fille[1] que Tancrède épousa dans la suite.

Le glorieux roi Godefroi étant mort, les habitans de Jérusalem sacrèrent en sa place son frère Baudouin, homme d'une grande sagesse, et éprouvé déjà dans les guerres précédentes. Comme les grands des autres provinces de la Gaule avaient assisté avec leurs troupes au siège de Jérusalem, ou ensuite, pour

[1] Cécile.

montrer leur bonne volonté, étaient allés dévotement retrouver ceux qui y étaient demeurés, Guillaume, comte de Poitiers, voulant faire montre de ses forces et étendre sa renommée, rassembla une multitude de peuples soumis à sa domination, et s'étant joint un grand nombre de gens, dont plusieurs étaient comtes ou gouverneurs de villes ou châteaux très-peuplés, marcha vers Jérusalem [1]. Comme il approchait de Constantinople, l'empereur, à la nouvelle de l'arrivée d'un si grand général, fut saisi de frayeur. L'ayant appelé à une entrevue, ainsi que les autres grands qui l'accompagnaient, il leur distribua un grand nombre de présens, leur en promettant encore davantage s'ils lui demeuraient fidèles, et leur donna des gens pour les accompagner dans leur chemin et leur apprendre par quels lieux ils devaient conduire leur armée. Ces guides, on ne sait si ce fut par ignorance du chemin ou par la fourberie de l'empereur, les menèrent à travers de vastes déserts, où l'armée fut presque consumée par la faim et la soif. En outre, les ennemis ayant appris que les Chrétiens étaient arrivés dans des lieux favorables aux embûches, attaquèrent l'armée qui ne se tenait pas sur ses gardes, et était affaiblie par le manque de vivres, en tuèrent un grand nombre, en firent d'autres prisonniers, et forcèrent les autres à la fuite. Ceux qui survécurent à une si grande calamité, dispersés dans des montagnes inaccessibles et des vallées impraticables, purent à peine parvenir jusqu'aux saints lieux, et s'en retournèrent sans gloire après les avoir adorés. Dans ce temps parut en occident, pendant plusieurs jours, une étoile qui

[1] En 1101.

lançait sur le midi des rayons en forme de poutre.

Boémond, qui commandait à Antioche, ayant passé la mer, vint en France[1], d'où il emmena une innombrable multitude de chevaliers et de gens de pied. Il rassembla des troupes, non seulement en France, mais aussi dans tout l'Occident. Il s'efforçait de troubler l'empire des Grecs, parce que l'empereur s'opposait toujours à tous ceux qui se rendaient à Jérusalem, confiant l'entrée des chemins et les ports de la mer à des brigands et à des pirates. Boémond prit en mariage une fille du roi Philippe. Ayant apprêté dans le port de Bari les provisions nécessaires à une si grande armée, au printemps il passa le détroit, et, sans avoir éprouvé aucun dommage, débarqua sa flotte sur le rivage ennemi. De là, attaquant l'Empire des Grecs, il ravagea les villes, les châteaux, les villages et les champs, et vint à Durazzo, qu'il assiégea pendant long-temps. Les assiégés, rebutés du siége, mandèrent à leur empereur qu'ils ne pouvaient soutenir plus long-temps les attaques de Boémond, et que, s'il ne venait à leur secours, ils rendraient bientôt la ville. L'empereur ayant rassemblé parmi les différentes nations soumises à son empire plus de soixante mille hommes d'armes, mit des commandans à leur tête, et fit savoir qu'il allait délivrer les assiégés et chasser les Français de son territoire. C'est pourquoi le duc, instruit que les légions impériales s'avançaient contre lui, envoya à leur rencontre une forte troupe des siens. Après six jours de marche, ils arrivèrent le samedi saint au pied d'une montagne sur laquelle est situé le château de Corbian. Ayant ap-

[1] En 1106.

pris que les ennemis, campés de l'autre côté de la montagne, voulaient s'emparer du sommet, ils prévinrent leur dessein. Le matin étant arrivé, comme c'était la sainte fête de Pâques, ils communièrent tous. Enfin les ennemis, s'étant préparés au combat, attendaient les nôtres. Les Français, s'animant avec ardeur, fondirent sur eux. Ils avaient pour commandans Hugues du Puiset, Reinier Brun, Philippe du Mont-d'Or, Robert de Vieux-Pont et d'autres. Le combat s'étant engagé, ils se jetèrent sur les Grecs avec une impétuosité si meurtrière, depuis la troisième heure du jour jusqu'au soir, qu'à peine en resta-t-il pour annoncer l'événement du combat. Mais comme ils songeaient déjà à s'en retourner à Durazzo, ils apprirent qu'une armée aussi nombreuse que la première approchait pour secourir la place. Ayant pris conseil, ils se hâtèrent de marcher à sa rencontre, et l'atteignirent enfin dans un lieu appelé l'Échelle-de-Saint-George. Ils livrèrent bataille aux Grecs, les détruisirent presque tous, et rapportèrent à leur duc quinze cents têtes de ce carnage. Dans les deux combats il ne périt qu'un des leurs. L'empereur, considérant que les Français étaient invincibles, manda à Boémond et aux autres chefs qu'ils agissaient méchamment, puisque, Chrétiens eux-mêmes, ils persécutaient des Chrétiens, et les tuaient sans aucune miséricorde. Il ajouta qu'il accepterait sans hésiter les conditions de paix qu'ils régleraient ou celles qu'il leur proposait lui-même, et qui étaient ainsi conçues : « Qu'aucun homme se ren-
« dant vers le sépulcre du Sauveur, ne souffrirait d'ou-
« trage de la part d'un autre dans tout son royaume ;
« que si quelqu'un d'eux avait perdu quelque chose

« par quelque violence, et pouvait le prouver, il le
« lui restituerait de son bien; qu'il dédommagerait
« tous ceux qui combattaient dans leur armée, des
« dommages qu'ils auraient pu éprouver; qu'il ren-
« drait au duc les terres dont son père s'était emparé
« par la force des armes; qu'il lui fournirait des trou-
« pes de plus pour conquérir, dans la Romanie possédée
« par les Turcs, une étendue de quinze journées de
« marche en longueur et en largeur; enfin que par ce
« traité le duc, se soumettant à lui, lui garderait une
« sincère fidélité. » Les chefs de l'armée, ayant pris
connaissance de ces propositions, dirent qu'elles n'é-
taient nullement à mépriser. Ayant donc fixé le jour
où ils devaient les confirmer de leur serment, l'empereur retourna dans sa ville royale, et vint au-devant de
Boémond et des chefs jusqu'à près de quinze jours
de chemin. Après avoir, lui et les douze premiers de
sa ville, étendu les mains sur les gages sacrés, c'est-
à-dire sur la croix du Seigneur et sur les autres reliques qu'il avait apportées avec lui, il jura, en présence de son fils Jean, d'observer sans fraude, tout le
temps de sa vie, tous les articles proposés, et Boémond
se soumit à lui et lui promit fidélité aussi long-temps
qu'il tiendrait ses sermens. Cela fait, l'empereur s'en
retourna chez lui; une partie de l'armée se mit en
marche pour aller à Jérusalem adorer le tombeau du
Christ, et l'autre partie revint avec Boémond dans la
Pouille. Gui, frère du duc, peu de temps après,
tomba en langueur, en sorte qu'affaibli dans tous
ses membres, il en vint à la dernière extrémité.
Ayant alors fait appeler son frère, il le pria de lui
pardonner les fautes qu'il avait commises envers lui.

Interrogé par lui sur ces fautes, il lui avoua que l'empereur lui avait promis sa fille avec Durazzo et d'autres dons, et que c'était lui qui, par ses conseils, animant les citoyens à se défendre, avait retardé la prise ou la reddition de cette ville. En apprenant un crime si abominable, son frère le détesta et s'éloigna de lui, après avoir accumulé sur sa tête malédictions sur malédictions. Gui mourut bientôt après.

L'an de l'Incarnation du Seigneur 1108, le 29 juillet, mourut Philippe, roi de France, après un règne de quarante-neuf ans, deux mois et sept jours. Il laissa la couronne à son fils Louis. On l'ensevelit, selon son ordre, à Fleury, dans le monastère de Saint-Benoît. Louis, cinq jours après la mort de son père, c'est-à-dire le 3 août, fut élevé au trône paternel à Orléans. La même année, au temps de Pâques, comme j'étais sur le fleuve de la Garonne, dans un lieu appelé Squirs [1], au milieu d'un concours de peuple accourant en foule contempler ce prodige, nous vîmes dans un ciel serein, depuis près de la seconde heure jusqu'à la cinquième, un cercle d'une grande circonférence, dans lequel étaient trois soleils, non ensemble, mais l'un à l'orient, l'autre au midi, et le troisième au septentrion. Dans ce temps, des peuples appelés Amoravitz [2] étant sortis de l'enceinte de leurs demeures, s'emparèrent de l'Espagne; et attaquant non seulement les Chrétiens, mais même les Sarrasins, vaincus et vainqueurs dans beaucoup de combats, ils prirent plusieurs villes aux uns et aux au-

---

[1] Aujourd'hui *La Réole*.
[2] Les Almoravides.

tres, et en livrèrent d'autres aux flammes, avec un grand nombre de châteaux. Enfin **Alphonse**, roi de de Galice, consumé de vieillesse autant que de maladie, et hors d'état de monter à cheval, voulant faire contre eux une expédition, confia une armée à son fils et aux grands de son royaume. Il avait eu ce fils d'une des plus nobles filles d'entre les Sarrasins, purifiée auparavant par le baptême. Il leur recommanda de les combattre avec habileté et avec ordre; et si la fortune les favorisait, de les expulser de l'Espagne. Mais il en arriva bien autrement, car son fils fut vaincu et tué, ainsi que presque tous ses généraux, et son armée fut défaite [1]. Dans ce combat périrent les plus nobles de toute l'Espagne; ensuite ces peuples eux-mêmes furent souvent vaincus par les Espagnols. Le roi Alphonse termina son dernier jour la même année que le roi Philippe [2]. Ce fut un homme très-vaillant, bien souvent victorieux, qui pendant toute sa vie détruisit et chassa de l'Espagne les nations africaines qui l'inondaient. Comme il n'avait pas laissé de postérité mâle, son fils étant mort, ainsi que nous l'avons dit, les premiers de ce royaume tinrent conseil, et créèrent pour leur roi le roi d'Aragon, nommé aussi **Alphonse** [3], et lui donnèrent en mariage la fille de leur roi, mariée auparavant au comte Raimond, et restée veuve à la mort de son époux. Dans ce temps il y eut une grande disette de vivres, c'est-à-dire de pain, de vin et de sel. Enfin, des pluies continuelles et peu ordinaires inondèrent la terre pendant près

---

[1] Le 29 mai 1108.
[2] Le 29 ou le 30 juin 1109.
[3] Alphonse Ier.

de trois ans. L'an de l'Incarnation du Seigneur 1110, une éclipse de lune apparut, comme il arrive d'ordinaire, dans la pleine lune, après la première veille de la nuit.

FIN DES FRAGMENS DE L'HISTOIRE DES FRANÇAIS.

CHRONIQUE

DE

HUGUES DE FLEURY*,

DE L'AN 949 A L'AN 1108.

* Voir la *Notice* placée en tête de ce volume.

DÉDICACE.

Hugues, moine indigne du monastère de Saint-Benoît de Fleury, à la glorieuse impératrice Mathilde [1]; joyeuse félicité temporelle et éternelle.

J'ai résolu, haute dame, de vous dédier ce livre afin de faire connaître à la postérité la grandeur de votre origine, et d'apprendre aux siècles à venir la noblesse de vos ancêtres. Pour récréer votre esprit j'aurai soin aussi de rapporter en peu de mots dans ce même livre les actions des modernes rois des Français, c'est-à-dire de ceux qui ont régné en France depuis l'empereur Louis. Ces faits n'ont pas encore été mis en ordre, mais on les trouve çà et là épars dans des écrits et des traités, car personne jusqu'à présent ne s'est appliqué à les réunir en un corps d'histoire et à les rassembler sous la forme d'un seul livre. En outre, dans cet ouvrage, je m'attacherai à rechercher l'illustre généalogie de vos aïeux, et je révèlerai clairement à ceux qui l'ignorent la noblesse de votre race. Rollon, du sang duquel vous descendez, célèbre duc des Danois, dans le temps de Charles le Chauve (et même de Charles le Simple), roi des

---

[1] Fille de Henri Ier, roi d'Angleterre. Elle avait épousé en 1114 l'empereur Henri; à sa mort, en 1125, elle retourna en Angleterre; en 1129, elle épousa Geoffroi dit Plantagenet, comte d'Anjou, et conserva le titre d'impératrice. C'est après cette époque que Hugues de Fleury lui dédia sa chronique.

Français, et après la mort de l'empereur Louis [1], entra dans la Gaule par la Seine, et s'empara de la Neustrie, appelée maintenant Normandie. Rollon eut pour successeur son fils, nommé Guillaume, auquel succéda Richard, prince noble et magnifique. Ce Richard engendra un autre Richard, homme chéri de Dieu et d'une éminente sainteté, et qui engendra Robert. Robert engendra le fameux Guillaume roi d'Angleterre, qui soumit par son habileté ce royaume qu'aucun empereur romain, excepté Claude et Jules-César, n'avait jamais osé attaquer. Aucun roi de notre temps ne surpassa ce Guillaume en bonheur ou en sagesse. Personne ne pourrait louer dignement sa grandeur et sa magnificence qui élevèrent sa gloire jusqu'aux extrémités de la terre au-dessus de celle de tous les rois et princes de notre siècle. Peu de rois, je le crois, imiteront ce prince et possèderont cette abondance de qualités, cette élégance de mœurs dont Dieu et la fortune l'ont doué dans son heureuse vie. Il eut pour fils et héritier Henri, roi d'Angleterre, et votre noble père. Qu'il me suffise d'avoir dit en passant ce peu de mots sur votre race et la naissance de votre Altesse. Je me suis aussi réservé il y a long-temps de dédier à votre tante, veuve d'Étienne comte de Chartres, un livre sur les gestes des empereurs romains, qui contient l'arrivée des Francs dans la Gaule, et rapporte la généalogie des anciens rois de cette nation jusqu'à Charles le Grand et son fils Louis. Parmi ces rois, Charles le Grand, par son habileté, s'empara de l'empire des Romains et le laissa en mourant à son fils Louis. Louis ayant eu quatre

---

[1] C'est une erreur; il faut lire *Charles le Gros*.

fils leur laissa cet empire, d'où s'éleva parmi eux une grande discorde, car les trois frères Lothaire, Louis et Pepin, deux ans après la mort de Louis, attaquèrent inhumainement leur frère Charles, dans la plaine de Fontenay, dans le dessein de le dépouiller du royaume de France; mais ils n'y purent parvenir, car l'armée des Français l'emporta sur eux. Depuis ce temps le royaume des Français est demeuré séparé et désuni d'avec l'empire des Romains, car Lothaire eut en partage l'Allemagne et l'Italie, avec Rome et Ravenne, villes royales; Louis, son frère, la Bavière et la Saxe; Pepin l'Aquitaine et la Gascogne, et Charles la France, la Bourgogne, la petite Bretagne et la Neustrie; mais dans la suite il se mit en possession de l'Aquitaine. J'exposerai séparément dans le livre suivant, la généalogie du roi Charles jusqu'à Louis, dernier roi de cette race, et qui mourut sans enfant. Après sa mort, les grands de la France mirent à leur tête Hugues le Grand, fils d'un certain Hugues le Grand, duc de France, dont je rapporterai la naissance en son lieu. Si Dieu le permet je raconterai en peu de mots, selon ma promesse, une partie des actions de tous ces princes jusqu'au roi de notre temps, le seigneur Louis, fils du très-clément roi Philippe. Je n'ose profaner par un style sans art les actions de ce prince, car ce que j'écris je l'exprime en peu de mots, et ne le dore point des charmes de l'éloquence. Ce travail que nous vous avons dédié, nous ne l'avons point tiré de nous même; nous l'avons extrait, à notre grande fatigue, de beaucoup de livres, pour servir de supplément à l'histoire dont il a été ci-dessus fait mention, et que, selon notre promesse, nous avons dernièrement fait paraître. Recevez, je vous prie, favorablement le don que je vous offre, et daignez l'autoriser de votre seing. Soyez en bonne santé; que la grâce du Dieu tout-puissant vous bénisse, vous donne une nombreuse descendance et vous comble toujours de joie et de prospérité. *Amen!*

CHRONIQUE

DE

HUGUES DE FLEURY.

———

Le roi Louis (d'outre mer), la treizième année de son règne [1], attaqua à l'improviste la cité de Laon; et pendant le silence de la nuit, ayant secrètement escaladé les murs, au moyen de machines, et brisé les serrures des portes, il pénétra dans la ville. Cependant il ne put venir à bout de s'emparer d'une tour qu'il avait lui-même bâtie peu de temps auparavant à une porte du château; c'est pourquoi il la sépara de la ville, au moyen d'un mur qu'il fit régner entre deux. Hugues [2] en étant instruit, s'y rendit aussitôt, fit entrer dans la tour des gardes avec des vivres en quantité suffisante, et marcha à la rencontre de Conrad, duc des Lorrains. Le duc établit une trêve entre le roi et Hugues jusqu'au mois d'août. De là, le roi Louis s'en retourna à Rheims, où Adalbert, fils du comte Héribert, s'étant rendu auprès de lui, se reconnut son vassal.

Enfin la quinzième année de son règne [3], le roi Louis, avec une armée, marcha contre l'Aquitaine; mais avant qu'il entrât dans ce pays, Charles-Constantin, prince de Vienne, et le très-fameux Étienne, évê-

---

[1] En 949.
[2] Hugues le Grand.
[3] En 950.

que d'Auvergne, vinrent vers lui, et se soumirent à lui. Guillaume, comte de Poitou, vint aussi au devant de lui, et se remit en sa suzeraineté.

Ensuite, comme le roi Louis, la dix-neuvième année de son règne [1], sortant de Laon, se rendait à Rheims, voilà qu'avant d'arriver à l'Aisne il voit un loup s'avancer vers lui; s'étant mis à le poursuivre, il piqua si vivement son cheval qu'il en fut renversé à terre. Grièvement fracassé par cette chute, il fut transporté à Rheims, où il mourut, après avoir langui pendant long-temps, et fut enseveli à Saint-Remi. Il laissait deux fils, Lothaire et Charles, qu'il avait eus de Gerberge, sœur de l'empereur Othon. Lothaire succéda à son père, et Charles vieillit sans apanage.

Lothaire, fils de Louis, ayant été sacré à Rheims par l'archevêque Artaud, succéda à son père, l'an de l'Incarnation du Seigneur 954, et régna vingt-trois ans. L'an de l'Incarnation du Seigneur 956, Richard, fils de Guillaume, prince de Normandie, épousa Emma, fille du duc Hugues. La même année, ledit duc Hugues le Grand mourut, et fut enterré à Saint-Denis. Il laissa trois fils, qu'il avait eus d'Hedwige, fille [2] de l'empereur Othon, Hugues, Othon et Henri. Hugues eut en partage le duché de France, et Othon celui de Bourgogne.

L'an de l'Incarnation du Seigneur 962, l'empereur Henri [3] s'étant rendu à Rome, reçut la couronne impériale de la main du pape Octavien, successeur d'Agapit. Peu de temps après, les Romains chassèrent du

---

[1] En 954.
[2] Sœur. — [3] Othon.

siége pontifical ledit pape Octavien, et mirent à sa place un nommé Jean. L'empereur l'ayant appris, retourna à Rome, et fit déposer ledit Jean par un jugement synodal [1]. La même année, Vulfaud, abbé du monastère de Saint-Benoît de Fleury, fut nommé évêque de Chartres; de son temps, Mabbon, évêque de Bretagne, apporta au monastère de Fleury le corps du bienheureux confesseur et évêque Paul, avec un grand nombre d'ornemens.

L'année suivante, Richard comte des Normands, attaqua le comte Thibaut, et ravagea la terre de Chartres et de Châteaudun. Thibaut, de son côté, étant entré dans le pays des Normands, s'empara de la ville d'Évreux; mais comme il s'en retournait, Richard ayant traversé la rivière, fondit sur lui près des domaines d'Hermentrude, sur un port de la Seine, le vainquit, et le chassa de ses États. Enfin ayant appelé à son service les Danois, les Alains et les Daces, il ne cessa de vaincre Thibaut que lorsque ledit Thibaut lui eut rendu la ville d'Évreux. Ensuite de quoi les barbares, amplement récompensés par Richard, quittèrent la Gaule pour s'en retourner chez eux.

Dans ce temps, Rodolphe, fils du roi Conrad, mourut sans enfans. L'empereur Henri prit en mariage sa sœur, nommée Gisèle, et mit son royaume en son pouvoir [2].

Vers cette époque moururent Eudes, comte de

---

[1] Il est inutile d'avertir que ce paragraphe fourmille d'erreurs.

[2] Rodolphe ou Raoul, fils de Conrad le Pacifique, que le chroniqueur fait mourir en 963, ne monta sur le trône du royaume d'Arles qu'en 993, et mourut en 1032. Sa sœur Gisèle, bien loin d'avoir épousé l'empereur Henri, était sa mère; elle avait épousé Henri, duc de Bavière.

Tours, Héribert, comte de Meaux et de Troyes, et Guillaume, comte de Poitiers. Le roi Lothaire aussi termina sa vie la trente-troisième année de son règne, et eut pour successeur son fils Louis. Ce fut l'an de l'Incarnation du Seigneur 986 que mourut Lothaire, qui fut enterré à Rheims, dans l'église de Saint-Remi.

Louis, fils de Lothaire, ayant pris possession du royaume des Français, l'an de l'Incarnation divine 986, régna pendant deux ans. Ce Louis mourut sans enfans, et fut enseveli à Compiègne, dans la basilique du bienheureux martyr Corneille. A sa mort, son oncle Charles voulant lui succéder, il fut mis sous garde à Senlis [1] avec ses deux fils, Charles et Louis, par les grands de la France, et surtout par l'exécrable traître Ascelin [2], évêque de Laon, qui passait pour le conseiller dudit Charles. Ainsi retenu, Charles ne tarda pas à mourir. A sa mort, ses deux jeunes fils se réfugièrent auprès de l'empereur des Romains, et moururent en ce pays. Les grands de la France choisissant Hugues, duc de France, et fils de Hugues le Grand, l'élevèrent au trône royal à Noyon, l'année même de la mort dudit roi Louis. C'est ainsi que la seconde race des rois de France étant éteinte, la couronne passa à la troisième race, par l'effet du jugement de Dieu qui élève et abaisse qui il lui plaît. Les premiers rois qui régnèrent en France furent appelés Mérovingiens, du nom du roi Mérovée. Cette race de rois subsista jusqu'au roi Hildric, nommé autrement Hilderic (Childeric), dont le palais fut gouverné par Pepin, fils de Charles Martel. Childeric, lâche et im-

---
[1] A Orléans. — [2] Ou Adalbéron.

-bécile monarque, fut, selon le jugement de Zacharie, pontife de Rome, renfermé dans un monastère par les grands de la France, et revêtu de l'habit monacal. Pepin fut élevé au trône royal. Il eut pour successeur son fils Charlemagne, qui devint dans la suite empereur des Romains. A Charlemagne succéda Louis, empereur d'une grande piété, qui, ayant eu quatre fils, partagea entre eux l'Empire. De là s'éleva parmi eux une grande discorde, et ils en vinrent aux mains à Fontenay, dans la Bourgogne, le jour de l'Ascension du Seigneur. Dans cette bataille, il périt de part et d'autre un grand nombre de guerriers. Cependant Charles, le plus jeune, que ses frères voulaient dépouiller, remporta la victoire; et depuis ce jour jusqu'à présent, le royaume des Français est resté séparé et désuni d'avec l'Empire romain. C'est de la race de ce roi Charles que descendirent tous ces rois dont nous avons rapporté les actions, jusqu'à Louis, dont nous venons de dire quelques mots. Ce prince étant mort sans enfans, les grands de la France, ainsi que nous l'avons dit ci-dessus, mirent à leur tête Hugues, fils de Hugues le Grand, duc de France.

Hugues, duc de France, fils de Hugues le Grand, ayant pris possession de la couronne de France, l'an de l'Incarnation du Verbe 987, régna environ onze ans. L'an de l'Incarnation du Seigneur 983, mourut l'empereur Othon, auquel succéda son fils Othon III. Othon ayant établi le pape Jean sur le siége de Rome, Crescence, un des nobles romains, osa dépouiller celui-ci du siége apostolique. Ce que ledit empereur ayant appris, il vint à Rome, et déposa violemment et honteusement du siége ce pape usurpateur et destructeur de la sainte Église de Rome; ayant fait mourir Crescence, il fit ordonner à Rome Gerbert qui, par sa science profonde, mérita d'être élevé par degrés et au fur et à mesure dans la sainte Église, car il fut d'abord revêtu de l'épiscopat de Rheims, et ensuite de celui de Ravenne; enfin il fut élevé à la chaire apostolique, où il siégea pendant le cours de beaucoup d'années [1].

L'an de l'Incarnation divine 998, on vit à Orléans, dans l'église des saints apôtres Pierre et Paul, l'image du crucifix répandre des larmes. L'année suivante, ladite ville fut embrasée par le feu; mais Arnoul, son vénérable évêque, fit par ses soins réparer l'église de la Sainte-Croix.

L'an de l'Incarnation du Seigneur 994, l'église de Saint-Martin de Tours fut consumée par le feu. Hervée, trésorier de cette même église, homme noble et d'une éminente sainteté, éleva à la place les fondemens de celle dont nous admirons maintenant la beauté. Le roi de France, Hugues, mourut à Melun, la onzième année de son règne [2], et fut enterré dans l'église de Saint-Denis. Il laissa pour successeur son fils Robert.

Robert, fils du roi Hugues, succéda à son père l'an de l'Incarnation divine 996, et régna trente-quatre ans. Ce fut un homme doux et quelque peu lettré. Il eut pour femme la sage Constance, fille de Guillaume, comte de Toulouse, et dont il engendra quatre fils, Hugues, Henri, Eudes et Robert.

Ensuite, l'an de l'Incarnation du Seigneur 997, ce roi entra dans la Bourgogne avec trente mille

---

[1] Silvestre II, pape de 999 à 1003. Ce paragraphe fourmille d'erreurs.
[2] La dixième, le 24 octobre 996.

hommes[1], fit des ravages dans les terres de Guillaume, comte de la Bourgogne au-delà de la Saône, qui s'était révolté, et subjugua ce pays par la très-grande force de ses armes.

L'an 1002 de l'Incarnation du Christ, l'empereur Othon III mourut, et eut pour successeur son fils Henri[2], qui, la septième année de son règne, et l'an de l'Incarnation 1004, obtint de recevoir la couronne impériale des mains du pape Benoît.

L'an de l'Incarnation du Seigneur 1004, Abbon, vénérable abbé de Fleury, fut, à cause du zèle de la discipline rigoureuse qu'il pratiquait, martyrisé dans une certaine propriété de son monastère, située en Gascogne, et par la grâce divine, un grand nombre de miracles s'opèrent sur son tombeau. Il eut pour successeur Gosselin, qui dans la suite parvint à l'épiscopat de Bourges. De son temps, c'est-à-dire l'an de l'Incarnation du Christ 1026, fut brûlé le monastère de Fleury; mais par les soins dudit Gosselin, archevêque de Bourges, il fut, dans l'espace de deux ans, réparé et consacré. Gosselin fit aussi construire une tour en pierres carrées, du côté occidental de ladite église; mais, atteint par la mort, il ne put l'achever. Il mit dans cette église un assez grand morceau du suaire de notre Seigneur Jésus-Christ, et le renferma dans une main d'or qu'il fit orner à l'extérieur de ces vers:

« Cette main brillante apporte le joyeux contentement,
« Elle renferme le suaire du Christ. »

[1] Il paraît que Robert ne fit la guerre au comte Othon Guillaume qu'après la mort de son oncle, le duc Henri, mort en 1002, et dont le comte Guillaume voulut s'approprier le duché.

[2] Ce n'était pas son fils.

Il fit aussi beaucoup d'autres choses qu'il serait trop long de rapporter en détail.

Le roi Robert embellit son royaume de grands édifices et de saintes églises. Il construisit à Orléans la basilique de Saint-Aignan et l'église de Sainte-Marie, mère du Seigneur, qui fut bâtie entre le mur et le fossé. Il fonda aussi devant son palais la chapelle de Saint-Hilaire. Il construisit dans la forêt d'Iveline l'église de Saint-Léger et celle de Saint-Médard auprès du château de Vitry. Il fit bâtir dans la ville de Senlis la basilique de Saint-Régule et l'église de Saint-Cassien près d'Autun. Il fit construire deux églises consacrées à sainte Marie, mère de Dieu, l'une dans le château d'Étampes, et l'autre dans le château de Poissy. Enfin il fit bâtir à Paris, dans son palais, l'église de Saint-Nicolas.

De son temps, Foulques, comte d'Anjou, fonda dans son territoire un monastère en l'honneur du Saint-Sépulcre. Le même comte Foulques combattit avec Eudes, comte de Chartres, auprès de Pontlevoi, où est maintenant une église consacrée à la sainte mère de Dieu. Cet Eudes était fils du comte Thibaut et de Leutgarde, sœur d'Héribert II, comte de Vermandois, et il engendra un autre Eudes, qu'il eut de Berthe, fille de Conrad, roi de Bourgogne. Le comte Foulques engendra Geoffroi Martel, lequel fit construire dans son territoire, auprès du château de Vendôme, le monastère de la Sainte-Trinité.

L'an de l'Incarnation du Seigneur 1026, Richard, fils de Richard Ier, duc de Normandie, partant pour Jérusalem, emmena avec lui sept cents pélerins ; il leur fournit à tous une quantité suffisante de vivres [1].

---

[1] Aucun autre historien ne parle de cette prétendue expédition.

Il mit des moines dans le monastère de Fécamp, et leur donna pour leur usage journalier un grand nombre de domaines. Ayant quitté ce monde, il laissa pour successeur son fils Robert.

En ce temps fut conclue une paix appelée du nom de trève. Il fut aussi réglé que l'on s'abstiendrait de chair le vendredi et le samedi.

Le roi Robert se voyant déjà appesanti de vieillesse, résolut d'associer à son trône Hugues, son fils; mais ledit Hugues mourut la sixième année de son règne. Le roi Robert, peu de temps après, mourut à Melun, et fut enseveli auprès de Saint-Denis. Il laissa pour successeur son fils Henri. A la mort du roi Robert, des inondations de pluie enflèrent les fleuves dans divers pays; mais la Loire surtout déborda tellement qu'elle vint jusque dans les villages, bouleversa les maisons, enleva les bergeries avec les troupeaux, et fit périr plusieurs enfans des laboureurs. Le 9 mars, une comète apparut pendant l'espace de trois jours. L'année suivante, au mois de juillet, la grêle détruisit les vignes et les arbres, ce qui amena pendant trois ans une si violente famine, que les hommes dévoraient les rats et les chiens.

Henri ayant succédé à son père, l'an de l'Incarnation du Seigneur 1032 [1], régna pendant vingt-sept ans. Constance, sa mère, après la mort de son mari, s'efforça de retenir en son pouvoir une grande partie du royaume, à savoir les villes de Senlis et de Sens, les châteaux de Bétisy et de Dammartin, du Puis, et de Melun, de Poissy et de Coucy. Elle s'était attaché beaucoup de grands de la France et de la Bourgo-

---

[1] En 1031.

gne, et les avait engagés à trahir son fils; Henri ne le pouvant supporter, attaqua Poissy, et le força bientôt de rentrer sous sa domination. Enfin il assiégea et prit le Puiset; ce que voyant, Constance lui demanda la paix. Ensuite le roi attaqua le comte Eudes, lui enleva le château de Gournay, et réduisit en son pouvoir une partie de la ville de Sens, qu'Eudes avait reçue de la reine Constance.

Vers le même temps, c'est-à-dire l'an de l'Incarnation du Seigneur 1037, Rodolphe, roi de Bourgogne, étant mort sans enfans, le susdit comte de Champagne, fils d'Eudes, son neveu par sa sœur, vint envahir ses domaines. Il entra dans le territoire de Bourgogne, s'empara des villes et des châteaux jusqu'au bourg et au mont de Joux, et assiégea Vienne. Les habitans rendirent cette ville, à condition qu'Eudes s'y ferait élire et couronner roi à une époque fixée. Dans l'espace de ce temps, il fit une expédition dans le royaume de Lorraine, s'empara du château de Bar; et après y avoir laissé cinquante chevaliers, se dirigea vers d'autres lieux. Or Rodolphe, roi de Bourgogne, avait laissé à l'empereur son royaume et la lance de saint Maurice, qui était l'insigne des rois de Bourgogne. L'empereur apprenant qu'Eudes avait envahi la Bourgogne, envoya contre lui Gosselin, duc de toute la première Rhétie, qui détruisit son armée et tua Eudes lui-même, percé d'un grand nombre de blessures. Son corps fut transporté et enseveli à Tours. Il eut pour successeurs ses deux fils, Thibaut et Étienne. Thibaut eut en partage les villes de Chartres et de Tours, et Étienne devint comte de Meaux et de Troyes. Mais ensuite ces deux frères s'étant joint Raoul, comte de Valois, et homme fameux à la guerre, se révoltèrent contre le roi Henri, qui, ayant d'abord livré bataille à Étienne, le vainquit, et par le sort de la guerre, fit le comte Raoul son prisonnier. Enfin il suscita pour ennemi à Thibaut Geoffroi Martel, comte d'Anjou, qui, du consentement du roi, assiégea la ville de Tours. A la nouvelle de ce siége, Thibaut y accourut aussitôt avec ses gens. Geoffroi, en étant venu aux mains avec lui, le vainquit sur-le-champ, et le prit avec sept cent soixante chevaliers; il le tint dans les fers jusqu'à ce qu'il l'eût forcé à lui remettre ladite ville. Pendant ce temps, le roi vainquit et dépouilla de son héritage Galeran de Mantes.

Dans le même temps, Hugues Bardoulphe, homme d'un courage et d'une noblesse non communs, fortifia contre le roi Henri le château de Pithiviers : mais le roi l'ayant assiégé pendant deux ans, le força de se rendre; et dépouillant ledit Hugues de ses dignités, le chassa du territoire.

L'an de l'Incarnation du Seigneur 1035, le comte Robert, fils et successeur de Richard, prince des Normands, revenant de Jérusalem, mourut à Nicée, et laissa pour successeur Guillaume, son fils, qui, dépouillé par les Normands, se rendit en France auprès du roi Henri. Le roi Henri l'accueillit avec bienveillance, et le fit ensuite rentrer heureusement dans ses droits. En effet, l'an de l'Incarnation du Seigneur 1047, ledit roi Henri, à la tête de trois mille hommes d'armes seulement, livra bataille à trente mille Normands, les vainquit, et les força de recevoir pour maître le jeune Guillaume.

Avant ce temps, c'est-à-dire l'an de l'Incarnation du Seigneur 1045, l'empereur Henri avait épousé à Besançon Agnès, fille de Guillaume, comte de Poitiers.

Vers la même époque [1], le pape Léon vint en France, et consacra l'église de Saint-Remi à Rheims. Le roi prit pour femme Anne, fille du roi des Russes, dont il eut trois fils, Philippe, Hugues et Robert, qui mourut d'une mort prématurée. Ensuite, le même roi Henri fit construire devant les murs de Paris une église en l'honneur de saint Martin.

Dans ce temps [2], un certain chevalier normand nommé Richard, homme brave et d'honnête famille, mais non pas d'une grande noblesse, se rendit pour prier au mont Saint-Ange avec quelques chevaliers de sa nation. Mais s'étant aperçu en traversant la Pouille que les habitans de ce pays étaient paresseux et sans courage, il y resta, et retint les siens avec lui. Enfin il manda aux hommes de son pays qu'ils vinssent en foule auprès de lui, s'ils voulaient acquérir des richesses et de la gloire. Ils commencèrent à venir vers lui en grand nombre, dix par dix, et vingt par vingt; et avec eux partit aussi Robert, neveu dudit Richard. Leur nombre et leurs forces s'étant accrus, ils soumirent par leur courage une grande partie de la province. Ledit Robert, homme d'un génie ardent, subjugua ensuite par sa valeur la Sicile et la Calabre. Lorsqu'il cessa de vivre, il laissa deux fils, Roger et Boémond. Roger fut un noble capitaine,

---

[1] En 1049.

[2] C'est en 1016 que les chevaliers normands arrivèrent pour la première fois en Italie.

et Boémond remplit presque tout l'univers du bruit de son habileté.

La chaire de Rome, après le pape Léon, passa à Benoît, qui eut pour successeur Jean, auquel succéda Clément. Les Romains se révoltèrent contre ce Clément, et le chassèrent de son siége. Mais l'empereur Henri l'ayant appris, vint à Rome, et le rétablit. La même année, ledit empereur quitta ce monde, et eut pour successeur Henri III. Au pape Clément succéda Victor, qui eut pour successeur Étienne, auquel succéda Nicolas [1].

L'an de l'Incarnation du Seigneur 1059, le roi Henri fit sacrer son fils Philippe, âgé de sept ans, par l'archevêque Gervais à Rheims, le jour de la Pentecôte, en présence de vingt-deux archevêques et évêques et d'un grand nombre d'abbés de la France, de la Bourgogne et de l'Aquitaine. Il y assista aussi deux légats du pape, Nicolas Hugues, archevêque de Besançon, et Hermanfroi, évêque de Sédan [2]. L'année suivante, mourut le roi Henri, qui fut enterré auprès de Saint-Denis. Il laissa à Baudouin, comte de Flandre, homme dont il avait éprouvé la fidélité et la probité, la tutelle de son fils, le roi Philippe, qui n'était pas encore adulte.

Philippe prit possession du royaume des Français l'an de l'Incarnation du Seigneur 1059, et régna environ quarante ans [3]. Sa mère Anne, veuve de Henri, se remaria à Raoul, comte de Valois, homme noble et

---

[1] Cette série de papes est pleine d'erreurs ; l'empereur que le chroniqueur nomme Henri III est Henri IV.

[2] Voir, dans ce même volume, le procès-verbal de ce sacre.

[3] Quarante-huit ans.

vaillant. Philippe n'avait pas encore atteint l'âge adulte, lorsque les grands de la France entrèrent dans l'Espagne, et assiégèrent et prirent la ville de Balbastro.

Dans ce temps, c'est-à-dire l'an de l'Incarnation du Seigneur 1065, une comète parut pendant l'espace de trois mois, et la même année Guillaume, comte des Normands, déclara la guerre aux Anglais. Edouard, roi d'Angleterre, n'ayant pas de fils, avait adopté ledit Guillaume, et lui avait laissé son royaume. A sa mort, un certain comte des Anglais, nommé Harold, s'était emparé de la couronne ; c'est pourquoi ledit Guillaume rassembla une armée considérable et fit voile pour l'Angleterre avec soixante-dix vaisseaux. Harold apprenant que ledit Guillaume était entré en Angleterre, s'avança à sa rencontre avec une grande armée. On en vint aux mains, et on se battit vivement de part et d'autre ; mais enfin Harold fut vaincu et tué. A cette bataille, Guillaume avait dans son armée cent cinquante mille hommes. Après le combat, il marcha vers Londres, et y fut reçu et couronné le jour de la naissance du Seigneur.

La même année, les grands de Tours et d'Angers firent la guerre à leur prince Geoffroi le Barbu, le prirent dans la ville d'Angers le jeudi d'avant le vendredi saint[1], et le retinrent prisonnier. Les chefs de cette détestable trahison étaient Foulques, frère de Geoffroi lui-même, Geoffroi de Preuilli, Robert de Bourgogne, Adelard, Renaud de Château-Gontier, et Gérard, fils de Berlays. Mais le même jour, la vengeance divine éclata sur eux ; car le peuple de cette ville, conspirant unanimement, tua, vers la neuvième

[1] Le 5 avril 1067.

heure environ, Geoffroi de Preuilli. Renaud de Château-Gontier et Gérard, fils de Berlays, furent tués le même jour; Adélard fut brûlé et Robert mis en pièces. Le comte Foulques, qui s'était emparé des biens de son frère, craignant que le roi Philippe, à cause du crime qu'il avait commis, ne fondît sur lui et ne le dépouillât de ses biens, lui abandonna le comté du Gâtinais. Geoffroi et Foulques étaient neveux de Geoffroi-Martel, dont leur père Albéric, comte du Gâtinais, était frère de sœur. Martel mourut sans enfans.

Dans ce temps, Baudouin, comte de Flandre, étant mort, laissa pour successeur son fils Baudouin; mais le jeune Baudouin survécut de peu d'années à son père. Robert son oncle lui succéda. Peu de temps après mourut aussi Raoul, comte de Valois [1]. Il eut pour successeur son fils Simon, qui lui survécut peu de temps, pendant lequel il combattit, dans les affaires du siècle, avec assez de valeur. Enfin, inspiré de Dieu, à la fleur de sa jeunesse, il abandonna par amour pour le Seigneur les pompes mondaines, s'exila et vint à Rome, où, placé près de Dieu, il quitta ce monde [2], et fut enseveli avec honneur sous le portique de Saint-Pierre. Dans le même temps, un jeune homme nommé Thibaut, d'une illustre origine, et du château de Provins dans le territoire de Sens, se rendit dans un désert, où il vécut pendant près de sept ans, au bout desquels il mourut. Dieu daigna souvent, en certains lieux, le glorifier par de grands miracles.

Dans ce temps-là, les Sarrasins conduits par un certain roi nommé Viffète [3], passèrent la mer et s'empa-

---

[1] Le 8 septembre 1074. — [2] Le 29 septembre 1082.
[3] Ioussouf.

rèrent du territoire d'Alphonse, roi de Galice et d'Asturie. Alphonse leur livra bataille, mais il fut vaincu. Sachant que les Français pouvaient être facilement décidés à faire la guerre, il envoya en France faire savoir aux grands du royaume que, s'ils ne le secouraient, il ferait alliance avec les Sarrasins et abandonnerait le christianisme. A cette nouvelle, les Français firent à l'envi des préparatifs et marchèrent à son secours. Aussitôt que les Sarrasins apprirent leur arrivée, frappés d'épouvante, ils s'en retournèrent aux lieux d'où ils étaient venus. Les Français, après avoir parcouru l'Espagne, revinrent dans leur pays.

Pendant ce temps, Guillaume, roi d'Angleterre, fit construire dans son territoire le monastère de Saint-Etienne de Caen qu'il enrichit d'un grand nombre de propriétés. Gui, comte de Poitiers, fonda et fit construire dans cette ville un monastère en l'honneur de saint Jean. Dans le même temps, un certain moine nommé Gérard fit bâtir sur les bords de la Loire, dans le territoire d'Autun, un monastère consacré à sainte Marie, mère de Dieu, et appelé le monastère de la Charité. Un autre moine, nommé aussi Gérard, d'une éminente sainteté, fonda entre la Dordogne et la Garonne, dans le territoire de Bordeaux, un autre monastère consacré à sainte Marie, mère de Dieu, et appelé Grand-Selve. Guillaume, abbé de Fleury, commença à faire reconstruire sur de nouveaux fondemens l'église qu'il gouvernait, et qui était ruinée par la vétusté et par beaucoup d'incendies; mais, atteint par la mort, il ne put achever son ouvrage.

Le roi Philippe, déjà dans la force de la jeunesse,

prit en mariage [1] Berthe, fille de Florent, duc de Frise, dont il eut le seigneur Louis, qui règne actuellement, et sa sœur, nommée Berthe [2]. Vers ce temps environ [3], mourut le comte Thibaut, qui eut pour successeurs ses deux fils, Étienne et Hugues. Étienne devint comte de Blois et comte de Chartres et de Meaux, et Hugues, comte de Troyes. Guillaume, roi d'Angleterre, eut pour successeurs les trois fils qu'il avait eus de Mathilde, sœur de Baudouin comte de Flandre, à savoir, Robert, Guillaume et Henri, et Adèle, leur sœur. Robert, qu'il avait eu avant son avénement, devint comte des Normands, et Guillaume, engendré pendant son règne, obtint sa couronne; Adèle, leur sœur, fut mariée à un nommé Étienne, comte de Chartres, de Blois et de Meaux.

L'an de l'Incarnation du Seigneur 1074 [4], mourut le pape Alexandre, auquel succéda Hildebrand, archidiacre de l'Église romaine, et qui prit le nom de Grégoire VII. Il fut élu sans le consentement et la permission de l'empereur, qui en fut offensé. Le pape, aussitôt après sa consécration, tint un concile dans lequel, parmi d'autres décrets, il publia cette ordonnance, que si quelque évêque ou abbé recevait un évêché ou une abbaye des mains d'un laïque, il ne pourrait être admis parmi les évêques ou les abbés, et ne serait pas confirmé dans son ordination, à moins qu'il ne renonçât lui-même à des dignités qu'il s'était permis d'accepter illégitimement. L'empereur crut ce décret publié contre lui. Pendant ce temps, les

---

[1] En 1072.
[2] Constance.
[3] En 1089. — [4] 1073.

Saxons ayant fait une conspiration contre l'empereur, élurent roi un certain duc nommé Rodolphe, qui se rendit aussitôt vers le pape, et lui promit de lui demeurer toujours fidèlement soumis, s'il voulait lui accorder sa protection. Le pape accueillit volontiers sa promesse; et ayant tenu ensuite un autre concile, il excommunia Henri et tous ses adhérens, lui interdit, de la part de Dieu et de la sienne, le royaume d'Italie et des Teutons, et défendit à tout Chrétien de lui obéir comme à son roi. Il fulmina ces imprécations pour que ni l'empereur, ni ses partisans, n'obtinssent dans aucun combat ni avantage ni victoire. Il accorda à Rodolphe, de la part de Dieu et de la sienne, le gouvernement du royaume, prononça l'absolution de tous les péchés pour lui et pour ses fidèles partisans, et leur donna sa bénédiction. Cependant l'empereur ayant livré bataille à Rodolphe, celui-ci fut tué. Dans son exécrable fureur, l'empereur vint à Rome, l'an de l'Incarnation du Seigneur 1084, prit cette ville, en renversa les murailles, renferma le pape dans la tour de Crescence, fit sacrer l'archevêque de Ravenne, l'établit sur le siége de l'Église de Saint-Pierre, et le fit appeler Clément. Grégoire, renfermé dans la tour de Crescence, envoya un député à Robert, duc de la Pouille, pour le prier de venir, et de faire lever le siége. Aussitôt que l'empereur en fut instruit, il s'éloigna de la ville avec ledit pape Clément. Après son départ, Robert arriva, et conduisit le pape Grégoire à Salerne, qu'il habita jusqu'à sa sortie de ce monde. A sa mort, le clergé et le peuple, qui étaient de son parti, ordonnèrent pape à sa place Didier, abbé de Mont-Cassin, qui reçut le nom de Victor. Il mourut peu de temps après, du vivant même de Clément, et eut pour successeur Eudes, évêque d'Ostie, et qui fut appelé Urbain.

L'an de l'Incarnation du Seigneur 1100, Guillaume, roi d'Angleterre, successeur et fils du grand roi Guillaume, étant à chasser dans une forêt située près de la ville de Winchester, tomba mort, percé d'une flèche par un certain chevalier chasseur, qui lança cette flèche et le frappa involontairement, car il se préparait à percer un cerf; mais le trait rebroussa en arrière, vint percer le roi sans qu'on s'y attendît, et le tua soudain. Il n'est pas douteux que cet événement ne soit arrivé par la volonté de Dieu, car ce roi était vaillant à la guerre et plein de générosité, mais trop dissolu et trop débauché. Cependant avant sa mort, il aurait pu, s'il eût voulu, être corrigé par les nombreux prodiges qui lui apparurent, car au moment où était suspendue sur sa tête la mort subite que méritaient ses péchés, il vit de ses propres yeux, durant un jour, dans l'île qu'il habitait, sortir de terre une eau sanglante ; ce qui, disait-on, présageait sa mort. Dans le même temps apparurent, dans la même île, d'autres prodiges surprenans qui auraient dû, comme nous l'avons dit, l'épouvanter et l'engager à réformer sa vie; mais, fier de sa jeunesse et enflé d'orgueil par son rang, il les méprisa, et demeura incorrigible. C'est pourquoi, par le jugement de Dieu, il mourut, saisi d'une mort soudaine et prématurée. Il eut pour successeur son jeune frère Henri, homme sage et modeste.

Avant ce temps, c'est-à-dire l'an de l'Incarnation du Seigneur 1095, on vit, le 4 avril, depuis le milieu de la nuit jusqu'à l'aurore, tomber du ciel des étoiles; et la même nuit, Giraud, abbé de Grandselve, monta vers le Seigneur. La même année, le pape Urbain vint en France, et tint au mois de novembre un grand concile à Clermont. L'empire d'Orient était infesté de Turcs et de Persans: la grande et la petite Cappadoce, la grande et la petite Phrygie, la Bithynie et l'Asie, la Galatie et la Libye, la Pamphilie et l'Isaurie, la Lycie et les principales îles de ces pays à savoir Chio et Mytilène, étaient retenues en leur pouvoir, et chaque jour on voyait massacrer les Chrétiens, et insulter notre Seigneur le Christ et notre religion. C'est pourquoi le pape, dans ce concile, exhorta les Français, qu'il connaissait pour des hommes très-belliqueux, à marcher courageusement au secours de leurs frères opprimés, de peur que de leur temps le christianisme ne pérît entièrement en Orient. Il assura une glorieuse et ineffable récompense dans le ciel à tous ceux qui prendraient la croix du Seigneur et marcheraient vers le saint sépulcre pour accomplir cette expédition. Enfin tous les évêques présens au concile affirmèrent que tous ceux qui défendraient le christianisme de la tempête qui le menaçait, seraient admis à la troupe des saints martyrs, et obtiendraient sans aucun doute dans ce monde une renommée glorieuse et éternelle, et dans le ciel une ineffable récompense. On exhorta tous ceux qui possédaient des armes à secourir pieusement de toutes leurs forces leurs frères chrétiens en danger. On vit donc, peu de temps après, une immense multitude de peuple accourir en foule, de son propre mouvement, d'Occident en Orient, formant une armée de chevaliers et de gens de pied, munis de traits et armes de diverses sortes. Ni l'inexpérience de l'enfance, ni la débilité de la vieillesse, ni la faiblesse du sexe, ne pouvait retenir personne dans les maisons. Mais tous, inspirés la-par Divinité, et sans y être contraints par l'autorité d'aucun prince ni d'aucun roi, s'empressaient, pleins d'ardeur, d'accomplir une si pénible expédition; et avec les hommes, on voyait marcher les femmes et les petits enfans. Parmi tous, on sait que les plus puissans et les plus renommés furent Adhémar, évêque du Puy; Raimond, comte de Saint-Gilles; Hugues, frère du roi Philippe; Robert, comte des Normands; un autre Robert, comte de Flandre; Godefroi et son frère Baudouin de Bouillon; Étienne, comte de Chartres; Boémond, frère de Roger, duc de la Pouille; Tancrède, son cousin-germain; et Pierre l'Ermite, qui conduisit cette grande armée. Il y avait avec eux plusieurs autres grands de divers pays, dont il n'est pas nécessaire de détailler les noms.

Dans le temps du roi Philippe, c'est-à-dire l'an de l'Incarnation du Seigneur 1102[1], mourut Godefroi, roi de Jérusalem, auquel succéda son frère Baudouin. L'empereur Henri mourut l'an de l'Incarnation du Seigneur 1106. L'an de l'Incarnation du Seigneur 1108, Philippe, roi de France, homme sage et clément, mourut à Melun, le 29 juillet, la cinquante-troisième année de sa vie [2], et la quarante-septième année de son règne. Il fut enseveli dans le monastère de Fleury, dans l'église de Sainte-Marie, mère de Dieu, et du saint père Benoît. Il eut pour successeur Louis, son fils, roi et chevalier

---

[1] En 1100.
[2] La cinquante-sixième.

d'une très-grande bravoure. La même année, mourut Alphonse, roi d'Espagne, homme courageux et sage.

J'ai écrit ces choses, dans un style simple et sans ornement, pour ceux qui veulent connaître les actions des rois modernes, et j'ai renfermé dans un livre peu étendu beaucoup de faits mémorables. Je passe cependant sous silence, dans cette histoire, un grand nombre d'événemens que je n'ignore pas, et beaucoup de choses qu'on ne trouve nulle part dans les auteurs latins ; c'est pourquoi ce livre paraît contenir moins qu'il ne devrait. Par lui cependant on peut s'instruire de la suite des temps et de plusieurs autres choses très-dignes d'être connues ; mais toutes ces choses sont, je le sais, dédaignées par des hommes étrangers à l'urbanité, à la science des lettres, et dont la grossière gaîté est accompagnée de paresse et d'oisiveté, et aussi de ceux à qui sont en mépris les récits abrégés, et auxquels les longs discours ont coutume d'apporter de l'ennui. Cependant elles pourront être utiles à ceux dont le plaisir est de connaître plusieurs choses.

FIN DE LA CHRONIQUE DE HUGUES DE FLEURY.

PROCÈS-VERBAL

DU

SACRE DE PHILIPPE IER,

A RHEIMS,

LE 23 MAI 1059 *.

* Voir la *Notice* placée en tête de ce volume.

PROCÈS-VERBAL

DU

SACRE DE PHILIPPE IER,

A RHEIMS.

———

L'an de l'Incarnation du Seigneur 1059, la trente-deuxième année du règne du roi Henri, le dixième jour avant les calendes de juin [1], la quatrième année de l'épiscopat du seigneur Gervais, le saint jour de la Pentecôte, le roi Philippe fut sacré par l'archevêque Gervais dans la grande église, devant l'autel de Sainte-Marie, avec les cérémonies suivantes.

La messe commencée, avant qu'on lût l'épître, l'archevêque se tourna vers le roi et lui exposa la foi catholique, s'enquérant de lui s'il y croyait et la voulait défendre. Sur sa réponse affirmative, on lui apporta sa profession de foi ; il la prit, et, quoiqu'il n'eût encore que sept ans, il la lut et la signa. Cette profession de foi était ainsi conçue : « Moi, Philippe,
« devant bientôt, par la grâce de Dieu, devenir roi des
« Français, au jour de mon sacre, je promets, en pré-
« sence de Dieu et de ses saints, de conserver à cha-
« cun de vous, mes sujets, le privilége canonique, la
« loi et la justice qui sont dues ; et, Dieu aidant, au-

---

[1] 23 mai.

« tant qu'il me sera possible, je m'attacherai à les dé-
« fendre avec le zèle qu'un roi doit justement mon-
« trer dans ses États en faveur de chaque évêque et de
« l'église à lui commise; nous accorderons aussi, de
« notre autorité, au peuple confié à nos soins, une dis-
« pensation des lois conforme à ses droits. » Cela fait,
il remit la profession de foi entre les mains de l'archevêque, en présence de Hugues de Besançon, légat
du pape Nicolas; d'Hermanfroi, évêque de Sion; de
Ménard, archevêque de Sens, de Barthélemy, archevêque de Tours; de Heidon, archevêque de Soissons; de
Roger, archevêque de Châlons-sur-Marne; d'Hélinand,
évêque de Laon; de Baudouin, évêque de Noyon;
de Frolland, évêque de Senlis; de Letbert, évêque de
Cambrai; de Gui, évêque d'Amiens; d'Haganon, évêque
d'Autun; de Hardouin, évêque de Langres; d'Achard,
évêque de Châlons-sur-Saône; d'Isambert, évêque d'Orléans; d'Imbert, évêque de Paris; de Gautier, évêque
de Meaux; de Hugues, évêque de Nevers; de Geoffroi,
évêque d'Auxerre; de Hugues, évêque de Troyes; d'I-
tier, évêque de Limoges; de Guillaume, évêque d'Angoulême; d'Arnoul, évêque de Saintes; de Wercon,
évêque de Nantes; de Hérimar, abbé de Saint-Remi;
de Reinier, abbé de Saint-Benoît; de Hugues, abbé
de Saint-Denis, d'Adrold, abbé de Saint-Germain;
de Gervin, abbé de Saint-Riquier, de Guathon, abbé
de Saint-Vallery; de...'abbé de...; de Warin, abbé de
Saint-Joux; de Foulques, abbé de Forêt-Moûtier; de
Gérard, abbé de Saint-Médard; de Henri, abbé de
........; de Gonzon, abbé de Florigny; de Foulques,
abbé de Saint-Michel-de-Laon; d'Archenvée, abbé
de Laon; de Gui, abbé de Marchiennes; de Raoul,

abbé de Mouzon; d'Albert, abbé de Saint-Thierry; de Warin, abbé de Hautvilliers; de Wenric, abbé de Saint-Basle; de Hugues, abbé d'Orbay; d'Odilard, abbé de Châlons-sur-Marne; de Wandelger, abbé de Clèves; de Waleran, abbé de Verdun; d'Adalbéron, abbé de Dijon; d'Arnoul, abbé de Poitiers; de Guillaume, abbé de........ ; de Hugues, abbé de........; d'Avesgaud, abbé du Mans; de Hugues, abbé de Crépy. Prenant le bâton de saint Remi, l'archevêque expliqua avec douceur et mansuétude comment c'était à lui qu'appartenaient par dessus tous l'élection et la consécration du roi, depuis que saint Remi avait baptisé et consacré le roi Clovis. Il expliqua comment le pape Hormisdas avait donné à saint Remi, et le pape Victor à lui, Gervais, et à son église, le droit de consacrer par ce bâton, et la primatie de toute la Gaule. Alors du consentement de son père Henri, il élut Philippe roi. Après cela, comme il avait été soutenu que cela pouvait se faire sans l'assentiment du pape, néanmoins les légats du Saint-Siége, pour faire honneur au prince Philippe, et lui témoigner leur affection, assistèrent à cette cérémonie. Après eux, vinrent les archevêques et les évêques, les abbés et les clercs; ensuite, Gui duc d'Aquitaine; ensuite, Hugues fils et député du duc de Bourgogne; puis les envoyés du marquis Baudouin et ceux de Geoffroi, comte d'Anjou; ensuite, Raoul comte de Valois; Héribert, comte de Vermandois; Gui, comte de Ponthieu; Guillaume, comte de Soissons; les comtes Renaud, Roger, Manassé, Hilduin; Guillaume, comte d'Auvergne; Hildebert, comte de la Marche; Foulques, comte d'Angoulême, et le vicomte de Limoges;

ensuite, les chevaliers et le peuple, tant les grands que les petits, qui, d'une voix unanime, donnèrent leur consentement et leur approbation, et s'écrièrent par trois fois : « Nous approuvons, nous voulons qu'il « en soit ainsi. » Alors Philippe rendit, à l'exemple de ses prédécesseurs, une ordonnance concernant les biens de Sainte-Marie, le comté de Rheims et les terres de Saint-Remi et les autres abbayes. Il la scella et la signa.

L'archevêque signa également. Le roi Philippe l'établit grand chancelier, comme les rois ses prédécesseurs l'avaient fait pour les prédécesseurs de Gervais; et l'archevêque le consacra roi. L'archevêque étant retourné à son siége, et s'étant assis, on apporta le privilége que lui avait accordé le pape Victor, et il en fit lecture en présence des évêques. Toutes ces choses se passèrent avec la dévotion et la joie la plus vive, sans aucun trouble, sans aucune opposition, et sans aucun dommage pour l'État. L'archevêque Gervais accueillit tous les assistans avec bienveillance, les entretint largement à ses propres frais, quoiqu'il ne le dût à personne, si ce n'est au roi; mais il le faisait pour l'honneur de son église et par générosité.

FIN DU PROCÈS-VERBAL DU SACRE DE PHILIPPE Ier.

HISTOIRE
DU MONASTÈRE
DE VÉZELAI,

Par HUGUES DE POITIERS.

NOTICE

SUR

HUGUES E POITIERS.

———

Le nom de l'historien du monastère de Vézelai, et l'indication de sa patrie sont les seuls renseignemens qui nous restent sur son compte; il était moine de Vézelai, et écrivit son livre, d'abord par l'ordre de l'abbé Pons, ensuite par celui de Guillaume de la Roche Marlot, successeur de Pons, et dont il était le secrétaire : aucun écrivain contemporain ne nous en apprend rien de plus.

Son ouvrage n'en est pas moins un des monumens les plus curieux du xiie siècle; Duchesne en publia le premier quelques fragmens; dom Luc d'Achéry le donna tout entier dans son *spicilége*, en s'affligeant, avec raison, des lacunes du manuscrit, auquel manquaient, en plusieurs endroits, un assez grand nombre de feuillets. C'est l'une des Chroniques, beaucoup trop rares, qui nous font assister à l'origine des communes et à leurs débats avec leurs puissans voisins, laïques et ecclésiastiques, qui tantôt, pour servir des haines personnelles, favorisaient leur émancipation, tantôt se les livraient réciproquement quand la paix venait à se conclure, ou se réunissaient pour les opprimer. Aux yeux de l'historien, les querelles des comtes de Nevers et des abbés de Vézelai étaient, à coup sûr, la portion la plus importante de son livre; cependant le rôle actif et prolongé des bourgeois de Vézelai dans ces dissensions l'a contraint de s'étendre à leur sujet. Nous ne possédons sur l'état et les destinées d'aucune autre commune, si ce n'est celle de Laon, dans la *Vie de Guibert de Nogent*, des détails aussi exacts et aussi animés; et nous avons à dessein réuni dans la même livraison ces deux histoires, les seules où les rudes travaux du peuple, qui commençait à s'affranchir, soient racontés autrement que par occasion, en peu de mots, et comme un incident de peu de valeur.

L'*Histoire du monastère de Vézelai* est divisée en quatre livres; le premier n'étant qu'une collection de soixante-dix chartes et lettres relatives à ce monastère, nous avons cru devoir le supprimer; c'est au second livre seulement que la narration commence; elle comprend un espace de vingt-sept ans, de l'an 1140 à l'an 1167.

On a attribué aussi à Hugues de Poitiers, une petite chronique des comtes de Nevers, publiée par le père Labbe [1]; mais elle est anonyme dans tous les manuscrits, et rien n'indique que Hugues en soit l'auteur. Le père Lelong lui attribue également quelques autres petits ouvrages encore manuscrits, entre autres un commentaire sur Jérémie, et une chronique depuis le règne de l'empereur Auguste jusqu'à celui de Louis le Jeune.

F. G.

[1] D'abord dans ses *Mélanges curieux*, et ensuite dans sa *Nouvelle Bibliothèque des manuscrits*.

HISTOIRE DU MONASTÈRE DE VÉZELAI.

LIVRE SECOND[1].

Comme Dieu, dans sa très-gracieuse bonté, pourvoit de mille manières diverses au soulagement de l'infirmité humaine, parmi les innombrables moyens qu'il a employés pour répandre ses bienfaits, il a donné à l'homme la connaissance de l'écriture, soit pour encourager l'activité des uns, soit pour réveiller les sentimens affectueux des autres, lorsqu'ils sont absens; soit pour assurer l'instruction de ceux qui doivent vivre dans l'avenir. Et comme l'oubli, ennemi de toute sagesse, n'efface que trop souvent le souvenir des choses les plus utiles, c'est un usage établi dès l'antiquité de porter à la connaissance de la postérité les monumens de l'histoire de ses ancêtres, à l'aide des lettres, qui deviennent pour elle comme des sons visibles.

[1] Voyez dans la *Notice* par quelles raisons nous ne donnons pas le livre premier.

Nous donc, voulant aussi nous conformer à cet usage, selon la mesure de nos facultés, nous avons entrepris de raconter brièvement, pour l'utilité d'un grand nombre d'hommes, les tribulations multipliées que notre église a souffertes pendant une longue série de temps, pour garder la liberté dans laquelle elle était née. En recherchant surtout la brièveté dans notre écrit, nous échapperons entièrement à toute apparence de prétention orgueilleuse ; car si nous nous attachions au détail de toutes choses, autant que le demande notre sujet, nous tomberions sans aucun doute dans cet énorme danger de paraître en quelque sorte moins digne de foi ; et ce qui servirait au complet développement de la vérité historique, un lecteur incrédule ne manquerait pas de l'attribuer à une jactance trop verbeuse. Ainsi donc, regardant sans cesse à ces deux écueils, nous nous avancerons dans le sentier du milieu, afin de donner une connaissance entière des faits et d'éviter en même temps toute apparence de fausseté. Et quoique nous n'en soyons point à ignorer que nous sommes moins propre et plus insuffisant que tout autre pour une telle entreprise, nous y sommes poussé cependant par notre amour pour l'Église ; nous y sommes excité, et bien plus, pour ainsi dire, contraint par notre soumission à notre très-révérend père, Pons, notre vénérable abbé, lequel, s'il se présente le dernier dans l'ordre des temps par rapport à ses prédécesseurs, est cependant, et à juste titre, le premier, parmi les plus anciens que lui, pour la défense de la liberté de son église. Ceux-là sans doute lui ont rendu beaucoup de services, soit en acquérant, soit en édifiant ; mais lui, il a travaillé pour elle plus qu'eux tous, puisqu'il l'a vigoureusement maintenue sauve, entière et intacte, en la défendant contre ceux qui la volaient, et faisaient leurs efforts pour la dépouiller. Car c'est un moindre effort d'acquérir des biens à garder, que de garder ceux que l'on possède. Mais qu'il suffise de ceci, et entrons maintenant en matière.

Ainsi donc l'église de Vézelai, noblement née, et plus noblement élevée, consacrée dès l'origine à la liberté, portait sa tête au-dessus de toutes les églises de l'Occident. En effet, vouée dès le principe de sa fondation au bienheureux Pierre, porte-clefs du royaume des cieux, elle fut noblement et exclusivement confiée, par ses très-nobles auteurs[1], à son siége apostolique, et dotée à perpétuité de la liberté par le suprême et apostolique pontife Nicolas[2], qui vivait à cette époque. Jusqu'à notre temps, ses successeurs, marchant pieusement sur ses traces, et renforçant les priviléges de cette église, en vertu de leur autorité apostolique et de la dignité romaine, et la considérant comme appartenant à leur propre juridiction, et formant un alleu du bienheureux Pierre, la déclarèrent entièrement exempte de toute sujétion envers toute autre personne ou toute autre église. En conséquence, lui accordant dans leur indulgente clémence les priviléges romains et la liberté apostolique, ils lui concédèrent la faculté de recevoir en tout lieu, et de tout évêque catholique d'une province quelconque, les divers offices ecclésiastiques, tels que les Ordres

---

[1] Elle fut fondée en 846 par Gérard, comte de Roussillon.
[2] Nicolas 1er.

sacrés pour les moines et les clercs, les consécrations des basiliques ou des autels, la grâce du chrême ou des saintes huiles, et tous autres offices du même genre. Signalée donc par tant et de si grandes prérogatives de cette liberté avec laquelle elle était née, l'église de Vézelai excitait l'envie des églises ses compagnes. Aussi, après plusieurs centaines d'années, un certain Humbert, évêque de l'église d'Autun, voulut-il tenter d'imprimer à cette belle liberté la tache d'une honteuse servitude. En ce temps, le vénérable Pons [1], frère utérin de Pierre, abbé de Cluny, et de Jourdan, abbé de la Chaise-Dieu, tenait le gouvernement de l'église de Vézelai. Noble de naissance, et ayant obtenu en partage la plus noble église, en vertu des libertés de cette église, il s'adressa à l'évêque d'Orléans Hélie, et lui demanda humblement de lui conférer les Ordres sacrés. Celui-ci ayant pris connaissance des priviléges consacrés par l'autorité romaine, acquiesça à cette demande de dévotion avec plus de dévotion encore, et promut aux Ordres sacrés quelques moines et quelques clercs dans la basilique de l'église de Vézelai. Indigné de cette action, l'évêque d'Autun frappa d'interdit les clercs qui avaient obtenu les Ordres. Innocent [2], de précieuse mémoire, à cette époque pontife apostolique du siége de Rome, réprimant la témérité insensée de l'évêque d'Autun, rétablit dans les Ordres les clercs que celui-ci avait suspendus, et défendit à l'évêque de porter désormais atteinte aux droits de l'Église romaine. Alors l'évêque d'Autun, sentant les effets de l'indignation apostoli-

---

[1] Pons de Montboissier.
[2] Innocent II, pape, de 1138 à 1143.

que, se repentit de son entreprise, mais en même temps il eut honte de renoncer à ses projets. Il ne cessa donc de tracasser l'abbé que lorsque enfin, frustré dans tous ses efforts, il renonça au procès qu'il avait intenté entre les mains de l'abbé de Cluny et d'autres personnes honorables, et ainsi l'état antérieur de paix fut rétabli entre les deux églises, par les soins du vénérable abbé Pons, ci-dessus nommé.

Comme Humbert était très-illustre de naissance et très-recommandable par la gravité de ses mœurs et par sa piété, l'église de Lyon ayant perdu son chef, le demanda pour son archevêque; et lorsqu'il eut été nommé, l'évêché d'Autun passa à Henri, frère germain du duc de Bourgogne. Aussitôt les artisans des anciennes discordes s'adressent à lui; et s'appliquant à faire revivre les mensonges déjà oubliés au sujet des libertés de l'église de Vézelai, ils les soufflent dans des oreilles qui les recueillent avec avidité. Se confiant dans la puissance de sa famille et des richesses dont il disposait, et voulant, comme un homme doué d'un pouvoir tout particulier, tenter quelque chose de nouveau, l'évêque chercha à faire entrer l'église de Vézelai dans sa juridiction propre, à la réunir à son diocèse, à en faire une de ses paroisses comme ses autres églises, et à la contraindre de reconnaître ses synodes. Mais, grâces à la protection de Dieu et au patronage de la bienheureuse Marie-Madeleine, qui chérit Dieu, il ne put parvenir à enlever la massue des mains d'Hercule; cependant, autant qu'il fut en lui, il ne négligea aucune tentative pour usurper à son profit ce qui ne devait appartenir qu'à Pierre seul. Car la cupidité aveugle se flatte toujours qu'il lui sera facile d'obtenir ce qu'elle convoite dans ses appétits. Interpellant donc le vénérable abbé Pons, qui avait pris en main la cause de son église, d'abord au sujet de la reconnaissance du synode, ensuite sur le droit d'examen des clercs ou des prêtres, enfin sur l'administration des sacremens ecclésiastiques, il lui demanda de reconnaître sa juridiction. Mais l'abbé lui répondit qu'il était le tuteur et non l'agent de son église; que bien plus, en ce qui touchait aux droits de l'église de Vézelai, il était le vicaire de sa Paternité apostolique, et qu'il ne pouvait avoir à ce sujet aucun démêlé avec l'évêque à l'insu du seigneur pape. Ainsi repoussé, l'évêque voulut extorquer de vive force ce qu'il n'avait pu surprendre par une poursuite judiciaire. Il commença donc à tourmenter le monastère, à opprimer ses hommes, à lui enlever même ses possessions, et à entreprendre enfin tout ce qu'il lui fut possible de tenter contre notre église et à son détriment. Or, jugeant que tout son pouvoir serait insuffisant pour accomplir toutes les tentatives qu'il préméditait, il inspira à son frère le duc, et aussi à ses autres frères, sa haine contre le monastère, et il chercha à se servir d'eux, comme de la puissance de toute la Bourgogne, pour en assurer la ruine et le renversement. Mais l'abbé, armé de constance, dédaigna, renversa, fit échouer à force de patience toutes ses attaques, et les réduisit au néant, comme vaines et futiles.

En ce temps, le très-saint Eugène [1] présidait à l'Église universelle. Informé des efforts insensés que faisait l'évêque d'Autun pour souiller la chasteté de

---

[1] Eugène III, pape de 1145 à 1153.

sa propre fille, je veux dire l'église de Vézelai, Eugène l'avertit souvent, le réprimanda souvent; et le menaçant, le prévint de la gravité du péril auquel il s'exposait, s'il ne rentrait dans son bon sens. L'évêque d'Autun se voyant donc frustré dans ses espérances, et ne comptant plus sur la vanité de son pouvoir, se rendit auprès de la cour de Rome; et là, inventant des faussetés, présentant des allégations vraisemblables, il porta plainte contre l'abbé, affirmant que les choses qu'il demandait à l'église de Vézelai, l'église de son siége les avait possédées jusques alors et pendant un long temps, qui établissait prescription, sans aucune espèce de contradiction. Le très-clément pape Eugène, ayant égard en toutes choses à la dignité de l'autorité apostolique, mais voulant respecter la vérité, assigna un jour aux deux parties, notifia à l'abbé le jour qu'il avait fixé, et lui ordonna par ses lettres qu'il eût à se rendre en sa présence au jour désigné, soit en personne, soit par des délégués capables de le représenter, avec les titres de son église, afin de répondre sur les plaintes portées contre lui. Chacune des parties ayant donc pris avec elle un nombre suffisant de témoins propres, selon ce qu'elle jugeait, à établir son droit, se présenta devant la cour souveraine, chacune espérant obtenir pour lui gain de cause, à la suite d'un examen aussi solennel. Cependant l'abbé Pons, que l'on peut à bon droit appeler défenseur opiniâtre de la justice, se rendant auprès du souverain pontife, se plaignit, disant qu'il ne devait en aucune façon subir une action quelconque, ou un jugement au sujet de cette affaire, dans laquelle il était défendu par la main apostolique et par une possession perpétuelle, puisqu'il se trouvait constitué héritier de cette même autorité apostolique par plusieurs et antiques priviléges de l'Église romaine, qui avaient fondé les titres de son église à une liberté perpétuelle. A quoi le pieux apostolique répondit qu'il devait d'autant plus desirer un examen et un jugement, qu'il avait davantage la conscience de son bon droit, devant savoir sans aucun doute que sa cause deviendrait d'autant meilleure qu'après avoir été pesée à la balance de la justice, elle se trouverait d'autant plus affranchie de toute nouvelle difficulté; que si même par hasard, ce qu'il espérait bien n'être pas possible, sa cause se trouvait d'une manière quelconque sous le poids d'une prévention inconsidérée, il ne devait point douter qu'il ne pût enfin parvenir à réprimer, par l'autorité des priviléges qu'il possédait, toute entreprise violente qui pourrait tourner à son préjudice. Entraîné par ces considérations, l'abbé consentit à soutenir le procès, et chacune des deux parties se mit dès lors en mesure d'en poursuivre l'instruction. A la suite de cette instruction, il fut reconnu que l'évêque d'Autun ne pouvait rien prétendre dans cette cause en vertu d'aucun droit de propriété, rien en vertu d'aucune possession d'investiture, rien en vertu, comme il le croyait, d'un long temps et d'aucune espèce de prescription, rien même par suite d'aucun usage, en qualité d'usufruitier ou de légataire; mais uniquement à titre de générosité ou de permission spéciale, ainsi qu'il était pratiqué, en vertu des libertés de l'église de Vézelai, à l'égard de tout évêque, et même de quelque province que ce fût : tandis que, d'un autre côté, l'abbé de Vézelai ne revendiquait ni une prescription de longue durée, ni un usage à titre de légataire ou à tout autre titre qui établît en sa faveur une acquisition faite sur un étranger, mais affirmait formellement que l'église de Vézelai avait toujours possédé ses libertés en vertu des droits de propriétaire, d'une investiture ancienne et d'une possession perpétuelle ; ajoutant que cette liberté ne lui avait même point été conférée par voie d'affranchissement et d'émancipation, mais plutôt qu'elle lui était innée, qu'elle était née avec elle, qu'elle avait grandi avec elle, et que jusqu'à cette époque elle avait subsisté avec elle d'une manière incontestable. Comme chacune des parties cherchait à fortifier ses allégations par des témoignages, il fut décidé, par une sentence de l'assemblée, que les témoins produits auraient à confirmer leurs dépositions sous la foi du serment. La formule de ce serment fut de telle sorte, que chaque témoin devait rapporter toute la vérité qu'il connaissait sur la cause de l'une et de l'autre partie, et s'interdire absolument toute fausseté. L'abbé produisit ensuite ses témoins, ainsi engagés par serment. Voici quelles furent leurs dépositions.

Gérard, prieur d'Alborne, dit : « Avant que je
« fusse devenu moine, j'assistai au concile que tint
« le pape Pascal à Guastalla, et je vis que le pape donna
« en ce lieu la bénédiction à l'abbé de Vézelai, Re-
« naud. Ensuite je fus fait moine de Vézelai, et ce
« même abbé m'envoya à Auxerre, avec Pierre Ari-
« bald, clerc, et plusieurs autres moines, Gibert,
« Achard, Aimon, et je reçus quatre Ordres jusqu'au
« sous-diaconat, et Pierre Aribald fut ordonné en

« ce même lieu, mais je ne me souviens pas quel or-
« dre il reçut. En un autre temps, je fus ordonné
« sous-diacre par le même évêque Humbaud. Dans la
« suite, l'évêque d'Angers se rendant à Rome, consa-
« cra à Vézelai le chrême et les saintes huiles dans
« la grande église, et je crois d'une manière certaine
« que les chapelains du même lieu reçurent ce saint
« chrême et les huiles. Une autre fois, le même évê-
« que d'Angers me conféra l'ordre du diaconat, à
« moi, à d'autres moines, et à quelques clercs du
« même lieu; mais je ne me rappelle pas les noms de
« ces clercs. Le même abbé m'envoya avec Jean le
« moine auprès de Hugues, évêque de Nevers, qui
« nous consacra prêtres. Et comme j'étais auprès de
« Saint-Jacques, à Écouan, de l'obédience de Véze-
« lai, je vis Guillaume Barzelier, messager de l'abbé
« Renaud, allant à Auxerre chercher du chrême; et
« quand il en revint, comme il se reposa un peu pen-
« dant la nuit, il me confia le chrême, et ensuite lui-
« même le reprit, et le porta à Vézelai. A une autre
« époque, je vis aussi de l'Orme, envoyé par le même
« abbé Renaud auprès du même évêque Hugues, pour
« demander du chrême, et revenant avec ce chrême.
« Du temps de ce même abbé Renaud, un certain
« Étienne Aicaphit, son paroissien, alla à Jérusalem;
« et comme il y fit un séjour de sept années, sa
« femme épousa un autre homme; et ensuite ledit
« Étienne Aicaphit étant revenu, redemanda sa femme;
« celle-ci lui fut refusée; mais il l'appela en présence
« de l'abbé Renaud; et là, la cause ayant été instruite,
« par le jugement et de l'autorité de l'abbé Renaud, la
« femme fut rendue à son mari; et assisté par Pierre,

« chapelain de Saint-Pierre supérieure, l'abbé imposa
« une pénitence à l'homme et à la femme adultères. »

Hugues, prieur de Moret, étant assermenté, dit :
« L'évêque d'Albano, Matthieu, m'a ordonné sous-
« diacre à Vézelai, moi, et plusieurs autres moines,
« dans la chapelle de Saint-Laurent, du temps de
« l'abbé Albéric, et pendant que le pape Innocent
« était à Auxerre. J'ai vu, du temps de ce même
« abbé, l'archevêque de Rouen, Hugues, consacrer
« l'autel de Saint-Gilles dans la grande église, et j'ai
« vu le mariage de Hardouin et de Cécile (au sujet
« duquel il s'était élevé une contestation) confirmé
« de l'autorité et par le jugement de l'abbé de Véze-
« lai, Albéric, en présence, et avec l'assistance de
« Gautier, évêque de Châlons. Le père et son jeune
« fils étaient d'une paroisse de l'évêché d'Autun, sa-
« voir de Glane. Garnier, sous-prieur de Vézelai, me
« conduisit à Auxerre; et là, je fus ordonné prêtre,
« ainsi que plusieurs autres moines de notre couvent,
« par l'évêque Hugues, qui avait été abbé de Saint-
« Germain. Ensuite, comme j'étais camérier, je fis or-
« donner quatorze moines à Auxerre par Hugues,
« évêque d'Auxerre, qui avait été abbé de Pontigni,
« sur la demande de l'abbé Albéric. Étienne, évêque
« d'Autun, a consacré l'autel de Saint-Andiol, placé
« dans le chœur des moines; et j'ai entendu Étienne,
« évêque d'Autun, disant au comte de Nevers que,
« sur la demande de Pierre, abbé de Cluny, et des
« moines de Vézelai, il était venu donner la bénédic-
« tion à l'abbé Pons; et ceci fut dit dans la chambre
« de l'abbé. Et j'ai vu souvent l'évêque de Chartres,
« Geoffroi, et l'évêque d'Auxerre, Hugues, lequel a

« été abbé de Saint-Germain, célébrer la messe dans
« l'église de Sainte-Marie-Madeleine, le jour de sa
« fête, en présence de l'évêque d'Autun, Étienne, et
« sans que celui-ci s'y opposât. »

Anselme, moine de Vézelai, étant assermenté, dit :
« J'ai vu l'abbé Pons confier l'église de Saint-Pierre
« inférieure à un certain prêtre Bernard, tant pour le
« spirituel que pour le temporel, et cela en plein
« chapitre. Le même abbé confia au prêtre Gui l'église
« de Saint-Pierre supérieure, pour le spirituel et le
« temporel, en présence du chapitre. Et le même
« abbé a confié au prêtre André l'église de Saint-
« Étienne, pareillement en chapitre ; et toutes ces
« choses sont arrivées après la réconciliation qui fut
« conclue à Moulins. Matthieu, évêque d'Albano,
« m'a ordonné diacre, ainsi que trois autres moines,
« dans la chapelle de Saint-Laurent. Hugues, évêque
« d'Auxerre, qui a été abbé de Saint-Germain, m'a
« ordonné prêtre, ainsi que plusieurs autres, à Pon-
« tigny. J'ai vu Henri, évêque d'Autun, être reçu en
« procession à Vézelai, ainsi que plusieurs autres. »

Hugues de Souvigny, moine et prêtre, ayant prêté
le serment, dit : « Hélie, évêque d'Orléans, m'a or-
« donné prêtre, et sous mes yeux il a aussi ordonné
« prêtres, dans la grande église de Vézelai, plusieurs
« autres moines, ainsi que Gui, qui est maintenant
« chapelain, et Renaud de Rialte. Et cette année
« même de mon ordination, j'ai vu un messager de
« l'abbé Pons, nommé Durand, se rendant auprès de
« l'évêque de Nevers, Fromond, pour demander du
« chrême et des huiles, et revenant avec le chrême et
« les huiles. Et comme, d'après la coutume du mo-

« nastère de Vézelai, aucun clerc du lieu ne doit aller
« au synode sans la permission de l'abbé, j'ai vu, au
« temps du synode, l'abbé Pons appelant auprès de
« lui Sadon et Pierre Aribald, grands chapelains,
« et leur défendant d'aller au synode, et ceux-ci obéi-
« rent. Et comme aux approches de la fête de la
« Toussaint, des prêtres demandèrent la permission
« d'aller au synode, l'abbé ne la leur accorda pas, et
« ils n'y allèrent pas. J'ai vu Arnoul de Ferrare allant
« à Auxerre, d'après les ordres de l'abbé, chercher
« du chrême et des huiles, et en revenant avec le
« chrême et les huiles, et cela après la réconciliation,
« et il y a déjà six ans. Et j'ai vu, après la réconci-
« liation, Hugues, évêque de Rouen, bénir l'autel de
« Saint-Michel, dans la grande église. Et après la ré-
« conciliation, j'ai vu Hugues, évêque d'Auxerre, fai-
« sant des ordinations à Vézelai. J'ai vu trois procès
« de mariages, portés devant l'abbé Pons, savoir pour
« les mariages d'Obert Saltarell et d'Elisabeth, d'Aimeri,
« le marchand de cire, et de la fille de Blanchard,
« le tailleur, et du frère de Dreux avec la fille
« de Pierre le marchand ; et j'ai vu ces trois procès
« terminés par l'autorité de l'abbé. Et dans la cause
« d'Obert et d'Élisabeth, il y eut pour avocat Herman,
« qui est maintenant archidiacre et archiprêtre d'A-
« valon. » Quant à la concession des trois églises, le
déposant déclara absolument les mêmes choses qu'a-
vait déclarées Anselme, moine de Vézelai.

Hugues de l'Ecole, moine et prêtre de Vézelai, dit :
« Du temps de l'abbé Albéric, le prieur de Moret,
« Hugues, me conduisit à Auxerre avec plusieurs
« autres, et là il nous fit ordonner, moi comme sous-

« diacre, et aux autres il fit conférer divers ordres,
« par Hugues qui a été abbé de Pontigny. Du temps
« de l'abbé Pons, Hélie, évêque d'Orléans, m'a or-
« donné diacre; il conféra à plusieurs autres divers
« ordres; il ordonna prêtres Gui, qui est maintenant
« grand chapelain, et Renaud Rialte; et cela dans la
« grande église. Du temps de ce même Pons, j'ai vu
« Humbert, maintenant archevêque de Lyon, alors
« évêque d'Autun, appelé par le même abbé de Véze-
« lai, faire des ordinations dans l'église des Pélerins,
« conférer aux uns le degré de prêtre, aux autres
« celui de diacre, à d'autres divers ordres; et j'ai vu
« Hugues, archevêque de Rouen, consacrer l'autel de
« Saint-Michel, et cela dans la grande église, et après
« la réconciliation; et j'ai vu Hugues d'Auxerre or-
« donner les deux Geoffroi comme sous-diacres. » Et
au sujet de la concession des trois églises, il dit absolument les mêmes choses qu'avaient dites Anselme
et Hugues. « J'ai vu Humbert, qui est maintenant ar-
« chevêque de Lyon, et Henri, qui est maintenant
« évêque d'Autun, loger dans le bourg de Vézelai,
« quelquefois dans la grande église, et quelquefois
« s'établir à leurs frais dans le bourg. »

Ours ayant prêté serment, dit les mêmes choses que Hugues de Souvigny avait dites au sujet du chrême, des huiles et du synode : il dit aussi les mêmes choses que Hugues au sujet des procès sur les mariages et de leur solution, si ce n'est qu'il ne fit aucune mention de l'archiprêtre d'Avalon.

Benoît, cuisinier de l'abbé, ayant été assermenté, dit au sujet du mariage d'Hardouin et de Cécile les mêmes choses qu'avait dites Hugues, prieur de Moret.

Et au sujet du mariage d'Obert et d'Élisabeth, et des mariages d'Aimery le cirier et de la fille de Blanchard le tailleur, et du frère de Dreux avec la fille de Pierre le marchand, il dit les mêmes choses qu'avait dites Hugues de Souvigny, moine et prêtre.

Alegreth ayant prêté serment, dit sur le mariage d'Obert Salterell et d'Élisabeth, et d'Aimeri le cirier avec la fille de Blanchard le tailleur, les mêmes choses qu'avaient dites Hugues de Souvigny et Benoît le cuisinier; il dit aussi qu'une certaine femme alla à Jérusalem, et qu'y ayant fait séjour, son mari épousa une autre femme; qu'ensuite la femme étant revenue, redemanda son mari, et que la cause ayant été instruite en présence de l'abbé Pons, par l'autorité et le jugement de cet abbé, la femme fut rendue à son mari; mais le déposant ne se souvint pas de leurs noms.

Ces témoins ayant été éloignés, l'évêque d'Autun produisit les siens, dont le premier, l'abbé de Sainte-Marguerite, ayant prêté serment, dit qu'il avait vu plusieurs fois au synode de l'évêque d'Autun des prêtres de Vézelai, ignorant cependant s'ils y étaient continuellement et assidûment, savoir : Sade, Pierre et Bernard; Sade et Pierre, du temps de l'évêque Étienne; Bernard, du temps de l'évêque Humbert; ne sachant pas s'ils y étaient d'obligation ou volontairement, et ne se souvenant pas s'ils y étaient simultanément. « Toutefois, poursuivit-il, j'ai sou-
« vent entendu des moines disant qu'ils n'allaient pas
« au synode par obligation. J'ai entendu des plaintes
« quand les prêtres de Vézelai ne venaient pas, mais
« je n'ai point vu infliger de peine ou recevoir de
« satisfaction. Je sais que des prêtres suspendus par

« l'évêque d'Autun ont été relevés de cette suspen-
« sion par le seigneur pape, et j'ai vu les lettres de
« ce dernier. Lors du rétablissement de la paix, j'ai
« entendu l'abbé promettre d'être à l'avenir fidèle
« ami de l'évêque d'Autun, et de se montrer pour lui
« tel que ses prédécesseurs s'étaient montrés pour les
« prédécesseurs de l'évêque. J'ai vu l'abbé présenter
« à cet évêque le privilége d'Eugène, et alors l'abbé
« de Cluny dit à l'évêque d'Autun : « Lorsqu'il sera
« nécessaire, va à Vézelai, et agis comme évêque,
« en présence de Pons, abbé de ce même monastère. »

Jean, prieur de Saint-Symphorien, ayant prêté serment, dit : « J'ai vu Humbert, évêque d'Autun, célé-
« brer la messe à Vézelai, et y prononcer un sermon,
« et cela en une certaine solennité. » Du temps du synode, il avait vu Sade et Pierre à Autun, et avait cru qu'ils se rendaient au synode. Quant au rétablissement de la paix, il dit qu'il avait entendu dire à quelqu'un que l'évêque irait à Vézelai, et y célébrerait l'office, et cela après la réconciliation.

Éverard, archiprêtre, ayant été assermenté, dit :
« J'ai vu Étienne, évêque d'Autun, les jours de Pâ-
« ques et de Marie-Madeleine, célébrer la grand'-
« messe, et au moins deux fois. Le jour de Sainte-
« Marie-Madeleine, quand l'évêque d'Autun célébra
« la messe, il y avait là l'évêque de Chartres, lequel
« prononça le sermon devant le peuple, et l'évêque
« d'Autun donna la bénédiction. Le même Étienne
« fit la dédicace de l'église des Pélerins pendant que
« le pape Innocent était à Vézelai, mais j'ignore en
« quel temps ce fut. Le même évêque fit la dédicace
« de l'autel du chœur des moines et de l'autel de la

« chapelle de Saint-Étienne. Je l'ai vu, à Auxerre,
« donner la bénédiction à l'abbé Albéric; j'ai vu
« Pons béni par lui; j'ai vu des ordinations de moines
« et de clercs faites par le même Étienne dans l'église
« des Pélerins, et cela une fois. J'ai vu Bellin, Angil-
« bert, Sade et Bernard, chapelains de l'église infé-
« rieure; Pierre Grael, Blain, Sade et Gui, de l'é-
« glise supérieure, venir au synode continuellement,
« excepté deux années, savoir l'année présente et
« l'année où il y eut désaccord entre Humbert, évê-
« que d'Autun, et l'abbé Pons, au sujet des ordres
« conférés par l'évêque d'Orléans; et j'ai vu cela pen-
« dant trente ans. » Il dit, au sujet du chrême et des
huiles, et de la paix, la même chose qu'avait dite
l'abbé, excepté qu'il ne parla pas de ces mots, *va à
Vézelai.* « Mais dans la suite, j'ai vu l'évêque y con-
« férer des ordres une fois; et j'ai vu deux clercs,
« Bonami et Pierre, qui voulaient être ordonnés,
« porter des lettres de l'évêque d'Autun à l'évêque
« d'Auxerre; et j'ai vu deux chapelains, savoir celui
« de Saint-Étienne et celui de Saint-Jacques d'É-
« couan, venir au synode d'Autun, et cela au moins
« une fois. Moi-même, archiprêtre Éverard, j'ai vu
« punir les fautes de deux clercs, savoir de Blandin,
« sous-chapelain, et de Mainard d'Écouan. J'ai vu
« Angilbert, chapelain de Saint-Pierre inférieure, re-
« cevoir charge d'ames de Lambert, prêtre d'Avalon,
« et Bernard de Humbert, évêque d'Autun, et je l'ai
« entendu disant qu'il voulait que l'abbé ne le sût
« pas. Pierre et André le chapelain, Sade et Gautier
« d'Écouan, m'amenèrent leurs paroissiens pour re-
« cevoir une pénitence au sujet de leurs fautes, et

8.

« cela souvent, et d'après une antique coutume du
« pays. J'ai vu pendant quarante ans les paroissiens
« du bourg de Vézelai sortir chacun de sa maison, et
« venir à l'église d'Avalon; et là, chacun d'eux four-
« nir à l'église une prestation en une pièce de mon-
« naie, ou en cire pour la même valeur. J'ai vu Sade
« et Pierre recevoir charge d'ames d'Étienne, évêque
« d'Autun. J'ai vu Renaud, évêque de Lyon, conférer
« les ordres à Vézelai, tant à des moines qu'à des
« clercs. J'ai vu que l'abbé de Vézelai envoyait ses
« moines, pour recevoir les ordres, à l'évêque qu'il
« voulait choisir. J'ai vu lire la charte du fondateur
« en présence du seigneur pape Innocent, dans la-
« quelle il était dit que le monastère serait libre de
« toute redevance en argent, excepté pour une livre
« d'argent qui était offerte tous les ans à l'église du
« bienheureux Pierre; et après cette lecture, le sei-
« gneur pape dit à l'évêque : « Va, et fais ce qui
« t'appartient. » Et j'ai vu que l'église de Saint-Pierre,
« depuis déjà quarante ans, paie tous les ans cinq
« sous à l'église d'Autun, pour droit de visite. »

Arnoul ayant prêté serment, dit : « J'ai vu Étienne,
« évêque, bénir un autel dans l'église de Saint-
« Étienne, mais je ne sais lequel c'était, attendu qu'il
« y en a plusieurs. Le même évêque a béni l'autel
« du chœur dans l'église de Sainte-Marie. Il a aussi
« béni l'église des Pélerins, et il y avait là le pape In-
« nocent. » Il croyait aussi que dans la même église
le même évêque avait conféré des ordres à des moines et à des clercs de ce bourg et à d'autres de son
évêché. « Et comme j'étais archiprêtre auprès de ce
« siége, j'ai vu Haganon l'évêque aller à Vézelai pour

« y conférer les ordres, et j'ai vu des clercs en reve-
« nant, qui dirent avoir été ordonnés. Et j'ai entendu
« dire que le jour suivant, après avoir conféré des or-
« dres, il fit la dédicace de l'église d'Écouan. Le
« même Étienne célébra la grand'messe à Vézelai les
« jours de la Résurrection du Seigneur et de Sainte-
« Marie-Madeleine; l'évêque de Chartres prononça
« le sermon; l'évêque d'Autun donna la bénédiction;
« et cela est arrivé plusieurs fois, moi le voyant. J'ai
« vu pendant trente-cinq années de suite des prêtres
« de Vézelai venir au synode d'Autun. Voici les
« noms de quelques-uns d'entre eux : Blandin, Sade,
« Pierre Grael, Pierre d'Armenbald, Gui. J'ai vu
« Narigaud, évêque, reçu processionnellement par
« les moines de Vézelai. J'ai vu Étienne, à Auxerre,
« donner la bénédiction à Albéric, mais je ne me
« souviens pas dans quelle église. »

Gautier, archiprêtre, ayant été assermenté, dit qu'Étienne, évêque, avait donné la bénédiction à l'abbé Pons, et béni l'autel du chœur. Quant à la réconciliation, il dit la même chose que les autres ; et après cela, l'évêque fit des ordinations dans l'église de Saint-Pierre, et Étienne y confirma tous ceux qui se présentèrent. Gautier avait vu des prêtres de Vézelai venir maintes fois au synode d'Autun, et entre autres Gui et Bernard, qui vivent encore. Et pendant dix ans Gautier avait reçu les cinq sous offerts pour droit de visite; et chaque famille offrait une pièce pour les croix; et Gautier avait vu ceci une fois, et en avait très-souvent entendu parler. Et il a aussi entendu dire que l'abbé de Vézelai envoie ses moines à l'évêque qu'il veut choisir, pour être ordonnés par lui.

Gautier, prêtre, ayant prêté serment, dit que depuis trente ans, excepté l'année présente et l'année de la discorde, il a vu les clercs de Vézelai demander du saint chrême à l'archiprêtre d'Avalon, et qu'il ignore quels étaient les messagers. Il dit qu'il a vu l'évêque Étienne bénir l'église des Pélerins, le pape Innocent se trouvant alors dans le bourg ; mais qu'il ne sait à quelle époque c'était ; qu'il y avait là un abbé, mais qu'il ne sait pas son nom. Le même évêque consacra aussi l'autel du chœur de la grande église, mais il ne sait pas laquelle de ces deux consécrations a précédé l'autre. Le même Gautier a vu Landri, Pierre, Angilbert, se rendre au synode d'Autun, et cela durant trente ans, et il a vu Angilbert recevoir charge d'ames de l'archiprêtre d'Avalon. Durant trente ans il a vu Pierre Grael, Sade, Blandin, venir au synode. Le même Gautier a vu l'église de Saint-Pierre inférieure payer le droit de visite aux ministres de l'évêque pendant trente années. Le même a vu Blain, chapelain, être puni pour ses fautes par l'archiprêtre d'Avalon ; et il en dit de même pour Mainard et pour Gautier de la Gauterie. Enfin il a entendu dire que l'abbé de Vézelai envoyait ses moines où il voulait pour être ordonnés.

Jean Gentil, assermenté, dit que depuis trente ans il a vu les clercs de l'église de Saint-Pierre, tant supérieure qu'inférieure, venir au synode, mais non pas continuellement ; qu'il a vu Angilbert, de l'église inférieure, recevoir charge d'ames de Lambert, archiprêtre d'Avalon ; qu'il a entendu Pierre, Arembaud et Sade, disant avoir reçu charge d'ames de l'évêque Étienne, mais qu'il ne l'a pas vu ; qu'il a vu les chapelains de Vézelai recevoir du saint chrême de l'archiprêtre d'Avalon et de Mont-Réal, durant trente ans, mais non pas constamment; qu'il a vu Pierre Grael demander dans le synode un archiprêtre à l'évêque Étienne, et que l'évêque accorda celui qui y est présentement. Au sujet des fautes de Blain, il dit la même chose que les autres. Il dit qu'il a vu payer les deniers de la croix, et qu'il a vu les chapelains de Vézelai conduire leurs paroissiens pour recevoir leurs pénitences de l'archiprêtre d'Avalon. Quant à la dédicace de l'église des Pélerins et à la célébration des messes par les évêques, il dit les mêmes choses que les autres avaient dites.

Bonami dit en tout point les mêmes choses qu'a dites Gentil, si ce n'est qu'il ne sait rien sur l'année présente et les derniers différends.

Geoffroi ayant prêté serment, dit qu'il a vu maintes fois Sade et Pierre, du temps d'Étienne et d'Humbert; Bernard et Gui, du temps de ce dernier, venir au synode; et qu'il a vu un certain clerc de Vézelai demander à l'évêque une licence d'ordination.

Constantin ayant prêté serment, dit qu'il est allé souvent au synode avec des clercs de Vézelai, et qu'un certain clerc de Vézelai a été ordonné par l'évêque d'Autun.

Geoffroi, évêque de Nevers, dit en présence des très-saints Évangiles placés devant lui : « J'ai vu l'évê-
« que d'Autun, Étienne, appelé, ou quelquefois non
« appelé, être reçu à Vézelai comme évêque, être
« traité quelquefois par les moines, quelquefois logé
« à ses frais : le jour de la bienheureuse Marie-Made-
« leine il a souvent célébré une messe solennelle, à

« laquelle plusieurs autres évêques assistaient ; et une
« autre fois l'évêque d'Autun ayant célébré la solen-
« nité, l'évêque de Chartres fit le sermon. J'ai vu le
« même Étienne donner la bénédiction à l'abbé Al-
« béric à Auxerre ; et le même Étienne a consacré
« l'église des Pélerins, le pape Innocent étant alors à
« Vézelai. En un autre temps, l'évêque d'Autun a
« béni l'autel dans le chœur des moines ; en un autre
« temps, le même Étienne a béni l'autel dans l'église
« de Saint-Étienne. J'étais présent lorsque la paix fut
« établie entre l'évêque d'Autun et l'abbé de Vézelai,
« par l'entremise de l'abbé de Cluny ; et à la fin il fut
« dit à l'évêque d'Autun : « Va à Vézelai, et remplis
« ton ministère. » Mais je ne me souviens pas si ce fut
« l'abbé qui dit ces paroles, ou un autre pour lui. En
« un autre temps, l'abbé Pons venait de la ville avec
« l'évêque d'Autun, Humbert, et l'évêque l'ayant pré-
« cédé, peu après ledit abbé fut reçu en procession
« à Autun par le même évêque et par ses clercs ; et
« de là l'abbé se rendant au chapitre d'Autun, pro-
« mit amitié et affection à l'évêque d'Autun, selon la
« coutume de ses prédécesseurs. »

Humbert, archevêque de Lyon, dit en présence
des très-saints Évangiles placés devant lui : « Lorsque
« j'étais évêque d'Autun, j'allai à Vézelai, sans y être
« appelé, et le jour de Pâques je célébrai la solennité
« de la messe dans la grande église, croyant user de
« mon droit épiscopal, et je fis un sermon au peuple,
« et je lui donnai la bénédiction en présence d'un
« autre évêque. » Au sujet de la réconciliation, l'archevêque dit absolument ce qu'avait dit l'évêque de
Nevers, si ce n'est qu'il affirma que l'abbé lui avait

dit : « Va à Vézelai, et fais ce que tes prédécesseurs
« avaient coutume de faire. — Ensuite ayant été
« appelé à Vézelai, je conférai des ordres à des moines
« et à des clercs du lieu, ainsi qu'à quelques clercs
« de mon évêché. Et une autre fois que je faisais des
« ordinations à Autun, ayant examiné des clercs de
« Vézelai avec mes autres clercs, selon la coutume,
« je les promus ensuite. Et tant que j'ai été évêque,
« les clercs de Vézelai sont venus tous les ans à mon
« synode, ou m'ont envoyé une excuse. L'archiprêtre
« d'Avalon m'a amené un certain bourgeois de Véze-
« lai, qui avait renvoyé sa femme pour cause de sté-
« rilité, et je lui ordonnai que, selon la justice, il eût
« à contraindre le bourgeois à reprendre sa femme. »

Ayant ainsi fait leurs dépositions, les témoins de
l'évêque d'Autun se retirèrent. Leurs paroles, si on les
examine avec attention, sont bien plus propres à des-
servir qu'à servir les intérêts de l'évêque. En effet, la
célébration des messes, la consécration des autels, la
distribution des ordinations et des bénédictions, la
préparation des saintes huiles ou du chrême, et d'autres actes semblables, ont pu être concédés, au gré de
l'église de Vézelai, et en vertu de sa liberté, à un
évêque voisin et habitant de la même province, aussi
bien qu'à un étranger. Ainsi ce que l'évêque a fait en
commun avec d'autres, ne peut nullement lui être
attribué comme un droit lui appartenant en propre.
De plus, les témoins, en attestant que ceux qui avaient
été suspendus par l'évêque d'Autun furent réintégrés
dans leur ordres par la libre volonté apostolique, donnent gain de cause à l'église de Vézelai et ruinent entièrement leur cause, c'est-à-dire celle de l'évêque.

Quant à ce que ces témoins rapportent, que les clercs de Vézelai fréquentaient le synode d'Autun, qu'ils demandaient à l'évêque d'Autun une licence d'ordination, qu'ils recevaient charge d'ames de ce même évêque, qu'ils payaient le droit de visite, qu'ils amenaient leurs paroissiens aux archiprêtres pour leur faire imposer des pénitences, tout cela, s'il est permis de le dire, trahit la fourberie des prêtres et la témérité de l'évêque, puisque l'on reconnaît en même temps que ces choses se sont toujours faites à l'insu de l'abbé de Vézelai; et cela même rend plus mauvaise une cause qui, de l'aveu de celui qui la soutient, a été appuyée sur des subreptions furtives.

Après donc que les témoins de l'une et de l'autre partie eurent fait leurs dépositions, ainsi que nous l'avons rapporté ci-dessus, le souverain apostolique décida que la discussion qui devait précéder le jugement d'un si grand procès était ajournée. Et comme une crainte extrême est la preuve convaincante d'une conscience troublée, il arrive quelquefois qu'exposé à de grands périls, l'esprit se trouve forcé de s'arrêter à des considérations qu'il eût en quelque sorte dédaigné auparavant de remarquer. La cause se trouvant au moment d'être enfin décidée, l'évêque d'Autun, ayant la conscience de la témérité de son entreprise, se troubla; et comme il ne pouvait ignorer l'équité de la cour de Rome dans l'examen des droits de juridiction, il commença à hésiter, ne put dissimuler long-temps, et demanda enfin que le jugement fût différé, disant qu'il avait, dans l'intérêt de sa cause, des témoins très-importans, qui, accablés de maladies ou d'années, ne pouvaient supporter la fatigue d'un si grand voyage; mais que si on lui accordait dans l'intérieur des Gaules la faculté de les présenter en un lieu et à un jour déterminés, il les produirait sans aucun doute, promettant en outre qu'après leurs dépositions il reviendrait très-certainement en présence du pape, au temps qui serait fixé, pour subir la sentence apostolique, à moins que dans l'intervalle le hasard ne rétablît une paix vivement desirée.

L'abbé de Vézelai, jugeant alors tout nouveau délai superflu, et considérant que l'évêque d'Autun mettait son espoir dans les chances de l'avenir bien plus que dans la bonté de sa cause, demanda très-instamment justice, et que l'on statuât sur son droit. Toutefois la clémence apostolique prévalut, et le jugement fut différé. Le pape désigna un jour pour prononcer sa sentence, et nomma, pour entendre les témoins, des évêques, ses vicaires dans les Gaules, savoir l'évêque de Langres, Godefroi; ainsi que Pierre, abbé de......, et Étienne, abbé de Rigny. Il leur manda par écrit qu'ils eussent à entendre la cause élevée entre l'évêque d'Autun et l'abbé de Vézelai en un lieu et un jour convenables, à recevoir les dépositions des témoins que l'évêque d'Autun produirait légitimement, après leur avoir fait prêter le serment ci-dessus rapporté, et à lui transmettre, pour le jour déterminé du jugement, les dépositions de ces témoins, constatées par écrit et revêtues de la garantie de leurs sceaux. Le texte de cette lettre est rapporté dans la série des lettres que ce même pape a écrites à diverses personnes pour la défense des libertés de l'église de Vézelai. En effet, le pape Eugène, de mémoire incomparable, prenant, avec une pieuse sollicitude, toutes les mesures convenables pour l'avenir, ordonna que les déclarations des témoins des deux parties fussent inscrites dans une triple cédule, dont il donna l'une à l'évêque, la seconde à l'abbé, et garda la troisième dans ses archives, afin que si par hasard cette controverse venait à être de nouveau agitée, soit en sa présence, soit devant l'un de ses successeurs, ces déclarations ainsi constatées pussent, comme des témoins vivans, réfuter toutes les nouvelles allégations, et que des témoins supposés ne pussent tromper la justice, ou ceux qui seraient appelés à la rendre. Les choses ainsi réglées, chacune des deux parties retourna à ses affaires.

Cependant l'évêque d'Autun ayant obtenu le délai qu'il avait desiré, faisait ses efforts pour dissimuler ses projets et pour gagner du temps, ne se mettant nullement en peine de tenir les promesses qu'il avait faites au souverain pontife pour obtenir une remise. L'abbé supportant impatiemment des retards qu'il jugeait devoir porter préjudice à ses intérêts et empêcher le jugement de son procès, alla trouver l'évêque de Langres, que le hasard avait amené un certain jour à Vézelai, et le requit de se conformer aux ordres du seigneur pape. L'évêque répondit que c'était plutôt à celui qui avait intenté l'action à lui adresser cette réquisition, attendu que la plupart du temps, en gardant le silence, on renonce à la poursuite d'un procès; qu'au surplus, l'évêque d'Autun ne lui avait pas encore dit un seul mot au sujet de cette affaire.

Sur ces entrefaites, saint Eugène, de sainte mémoire, seigneur apostolique du Saint-Siége, entra dans la voie de toute chair. Anastase[1] devint à sa

---

[1] Anastase IV, pape de 1153 à 1154.

place vicaire de la sainte église romaine. Ayant appris cela, l'abbé de Vézelai craignant que son ancien ennemi ne prévînt le nouveau pontife, écrivit en toute hâte à celui-ci pour lui faire connaître combien, jusqu'à cette époque, l'église de Vézelai avait été chère à tous les seigneurs apostoliques ses prédécesseurs. Il le supplia en outre de protéger cette église, à l'exemple de ses devanciers les pontifes romains, comme faisant partie de sa propre juridiction, et étant un alleu du bienheureux Pierre ; et de la défendre contre les invasions de ses ennemis, et en particulier, pour le moment présent, contre les entreprises téméraires de l'évêque d'Autun, lui expliquant comment cette cause, autant celle du pape que la sienne propre, portée en présence de son prédécesseur Eugène, de pieuse mémoire, était demeurée sans conclusion par l'ajournement du jugement, accordé sur la demande de l'évêque. Enfin il suppliait Sa Piété de daigner fixer de nouveau un jour pour le prononcé de la sentence, attendu que le premier délai était expiré par suite de la mort du juge, et de vouloir bien notifier cette décision à l'évêque d'Autun.

Le sacré seigneur apostolique, accueillant les prières du patron de son église spéciale, signifia aux deux parties la reprise du procès, et leur désigna le quinzième jour après Pâques (à moins que dans l'intervalle la paix des églises ne fût rétablie, du consentement des deux adversaires), afin que les choses que son prédécesseur n'avait pu terminer fussent, avec l'aide de Dieu, conduites par lui à une bonne fin. Alors, comme s'il eût été frappé d'un trait inattendu, creusant dans sa dure cervelle, et désespérant du succès de son entreprise, l'évêque va trouver le duc son frère, et traite, pour obtenir son repos, avec celui qu'il avait auparavant appelé à son aide pour opprimer les autres. Craignant en effet d'être contraint à perdre son propre bien tandis qu'il aspirait à s'emparer du bien d'autrui, l'évêque renonce à sa querelle, et songe à rétablir la paix. Jusques alors il avait fait effort pour usurper sur les étrangers, et maintenant il s'empresse de soigner ses propres intérêts par l'intermédiaire des autres. Et de peur que la méchanceté de son frère n'entretînt les défiances, le duc lui-même, de concert avec l'évêque, interpelle des hommes menant la vie de religieux, et jouissant d'une réputation honorable, savoir l'abbé de Cîteaux et plusieurs autres hommes du même Ordre. Ceux-ci donc venant trouver l'abbé de Vézelai, Pons, lui présentent en supplians les prières du duc, lui demandent et lui offrent la paix de la part de l'évêque. Et certes, ils ne pouvaient être repoussés, car dans les ames généreuses l'esprit de douceur et de mansuétude s'unit toujours à l'accomplissement rigoureux du devoir. L'abbé cède donc à celui qui le supplie humblement, n'ayant pas cédé à celui qui s'énorgueillissait dans son arrogance. Par l'intermédiaire de ces religieux, et par les soins du duc, la paix est rétablie entre les deux églises; toute la contestation est terminée; ils se donnent réciproquement le baiser d'amitié, et concluent un traité de paix perpétuelle. Et afin que ce traité de paix fût en outre maintenu dans son intégralité entre les successeurs de ceux qui traitaient, l'évêque en écrivit l'original de sa main, et le corrobora de la garantie de son sceau, ainsi que le prouve la copie ci-jointe :

« Qu'il soit connu à tous, présens et à venir, que
« moi Henri, par la grâce de Dieu évêque d'Autun,
« de l'avis de personnes religieuses et de quelques
« frères de mon église, j'ai voulu que la contestation
« et la querelle existant depuis long-temps entre les
« églises d'Autun et de Vézelai fussent assoupies par
« une composition amiable, de telle sorte que tant
« moi que Pons, abbé de la susdite église, nous vi-
« vions et demeurions en bonne paix et concorde,
« sauf de mon vivant tout droit et tout privilége de
« l'une et l'autre église. Je déclare que cette susdite
« transaction ou composition, pour ma vie durant,
« est entendue de façon qu'après ma mort aucune des
« deux églises n'en puisse recevoir préjudice. » Les
témoins des deux parts sont Guillaume, abbé de
Fontenay; Hugues, abbé de Bussière; Pierre, abbé
du Mont-Saint-Jean; Obert, abbé de Sainte-Marguerite; maître Obert; Signin de Ligny; Gilbert,
prieur d'Oisy; Girard Bouque; Hugues de Monciel,
et beaucoup d'autres.

Telles sont en abrégé les choses que nous avons
cru devoir rapporter au sujet des libertés de l'église
de Vézelai, selon la mesure de notre faible capacité;
et nous l'avons fait avec autant de brièveté et de vé-
racité qu'il nous a été possible, laissant à qui aurait
plus de loisir le soin d'écrire peut-être de plus grands
détails, mais non avec plus de vérité. Quant à la vérité, nous croyons avoir fait assez pour les enfans de
cette église et pour ceux qui lui sont attachés de
cœur; et pour ce qui est de la brièveté, nous avons
pris soin de condescendre au goût de ceux qui se
moquent de pareils sujets. Quelques hommes en

effet ont coutume de s'irriter contre ceux qui écrivent sur de tels intérêts, soit par haine contre ce qui a été fait, soit par ignorance des choses dont il est question. De même que le sage dans ses loisirs ne considère rien comme oiseux, et fait même consister son devoir à occuper les loisirs des autres; de même, en sens contraire, c'est la grande affaire de l'insensé de traiter légèrement tous les travaux que l'homme sage élabore avec soin; et appréciant cette disposition à sa valeur, nous avons abrégé notre récit et l'avons rédigé comme à la course. Quoique dans l'ordre des temps notre église nous trouve le plus jeune, rien ne pourra affoiblir notre dévoûment envers elle, s'il nous est possible d'employer toutes nos facultés pour son plus grand avantage, avec la plus tendre affection; et nous ne doutons nullement qu'elle ne nous prête ses forces, après nous avoir prêté sa volonté et sa faveur, pour qu'il nous soit permis de vivre exempt de tracasseries. Mais tandis que quelques-uns, tels que des mercenaires et non comme des fils donnés par la nature, cherchent leur bien et non le bien de l'office qu'ils ont obtenu, et poursuivant leurs avantages particuliers dans la cause commune, ou sous le prétexte de la cause commune, nous, nous avons le cœur parfaitement pur de pareils sentimens, et ce n'est que dans la seule et unique vue du bien commun que nous avons entrepris pour le bien commun cette œuvre de bien commun. Ainsi donc nous avons mis et confié nos espérances en celui-là seul qui a déclaré qu'aucune bonne action ne demeure sans récompense dans le temps et jusque dans l'éternité.

LIVRE TROISIÈME.

Pons, le plus célèbre des abbés du royaume par ses vertus, avait reçu de la fortune le gouvernement du troupeau de Vézelai. Tandis qu'il acquiert pour lui-même des trésors de bonne conduite, et pourvoit aux besoins de l'église confiée à ses soins, une poignée de séditieux, plus turbulens que toute autre bande, excite la haine des serviteurs contre le seigneur. Une populace, armée par la ruse, organe et instrument de trahison, est instruite à briser les portes et à dévaster les maisons. Ensuite elle ose livrer assaut aux maisons sacrées et lever ses mains sacriléges pour massacrer son seigneur : que de maux, que de désastres elle eût accomplis dans son inique fureur, si le sage abbé n'y eût promptement porté remède ! Si tu veux connaître, lecteur, les causes de ces actes, le livre présent t'en offre le moyen. Notre Hugues, homme originaire du Poitou, a résolu de te conduire dans cette voie, de son esprit et de sa main. Parcours cet écrit, tu y verras par quels bons procédés, avec quelle sagesse a été accomplie cette œuvre, et comme elle brille d'un grand éclat. Et toi, langue envieuse, qui es ennemie de toute vertu, qui fais ton unique et constante étude de nuire aux hommes de bien, demeure en silence [1].

[1] Dans l'original ce premier paragraphe est en vers.

Il y avait, à ce qu'on rapporte, un certain Grec, auquel on attribue un proverbe très-fameux, qui fut trouvé, dit-on, sous le trépied d'Apollon : *Connais-toi toi-même, et juge-toi toi-même.* Il n'y a dans la nature humaine rien de plus clair, de plus précieux et de plus excellent que ces deux préceptes. Par là en effet l'homme jouit de la prérogative de s'élever au-dessus de tous les êtres que domine la passion, et il se rattache par une étroite union aux êtres que la passion ne saurait troubler. Or, se connaître soi-même, c'est connaître et comprendre la condition de sa propre dignité; se juger soi-même, c'est honorer la dignité de cette condition par la sincérité de sa foi et par la pratique de la piété. Et comme la première partie des deux préceptes susdits, celle qui a trait à la science, se rapporte à ce que nous entreprenons ici, nous avons, dans le livre précédent, traité en partie, et aussi brièvement qu'il nous a été possible, de la dignité de l'église de Vézelai; et comme dans ce travail nous nous sommes appliqués à faire connaître les faits, et non à jeter des paroles en l'air, nous avons navigué comme on fait en sillonnant les flots d'une mer calme, sachant que le pieux lecteur conclurait de la superficie de nos paroles à la gravité de notre sujet. Mais, comme quelques hommes, se confiant en leur audace, et ne s'appuyant point sur la vertu, se sont efforcés, ou de déchirer avec des dents de chien, ou de mettre en pièces avec des griffes de bête féroce, les vêtemens de cette liberté ou de cette dignité, savoir les possessions de l'église, il a plu à notre très-sérénissime et très-vaillant père, le vénérable abbé Pons, de faire connaître par cet écrit, à la postérité la plus reculée, comment et de quelle manière, avec l'aide de la divine providence, les efforts de nos ennemis ont été renversés, et l'église a brillé par ses propres forces.

Et certes, ce n'est point par oisiveté et comme pour exercer notre propre génie que nous nous adonnons à ce travail, nous dont ce serait le vœu de nous occuper de notre instruction personnelle plutôt que de celle des autres. Nous y sommes donc poussé, tant à cause de la vertu de nos contemporains, que pour l'utilité de ceux qui leur succéderont, et pour la dignité de l'Église notre mère. Nous y sommes poussé en outre par l'ordre irrésistible de notre père, ci-dessus nommé, qui a combattu jusqu'au sang pour cette même dignité; et quoique cet adversaire du crime ne soit pas parvenu à l'accomplissement de ses vœux, rien cependant n'a manqué en lui lorsqu'il a fallu qu'il se dévouât tout entier à la délivrance de son église, négligeant son propre salut pour le salut de son troupeau. Brûlant en effet d'un chaste amour pour cette église, son épouse, après avoir pendant quelques années usé de ses droits de la manière la plus utile, et administré avec une grande vigueur, il ressentit les atteintes de l'envieuse fortune, et vit qu'elle allait être souillée de la tache d'une honteuse alliance. Lui alors, rempli de zèle, et prenant la défense de la maison d'Israel, se présenta aux coups de ses ennemis, et parvint, au milieu des périls nombreux auxquels il exposa sa vie, à rendre plus brillante et plus visible à tous les yeux la pureté des libertés de son épouse. Dieu aidant à notre infirmité, et l'autorité de notre père lui-même fortifiant notre faiblesse, nous prendrons soin de mettre en évidence ce que nous disons ici, en poursuivant de la même manière le récit abrégé de notre histoire, afin que les hommes du temps présent y trouvent un sujet de se réjouir, et ceux de l'avenir des motifs d'émulation. Et comme il appartient aux hommes pieux de chercher l'avantage commun plutôt que leur utilité particulière, nous nous sommes appliqué en même temps à pourvoir à l'intérêt de la postérité et à nous envelopper jusqu'aux talons du manteau de la charité. Que le lecteur pieux lise donc pieusement cette œuvre de piété; que le moqueur et le détracteur s'en tiennent éloignés. Celui à qui notre travail déplaira sera réputé ou enfant adultérin, si toutefois il a été trouvé digne du nom d'enfant, ou esclave, pour ne pas dire ennemi de l'Église. En effet, s'il a plu aux anciens de transmettre à la mémoire des hommes, ou des fables de vieilles femmes, ou des inventions monstrueuses, pour le seul plaisir de faire parade d'un esprit élégant, et si de notre temps encore ces écrits sont lus quelquefois avec fruit, nous pensons qu'il sera beaucoup plus agréable, et en même temps beaucoup plus utile aux hommes de l'avenir, tant de connaître la vérité des événemens, que d'en recueillir les fruits honorables. Nous ne disons point ceci comme pour montrer quelque dédain pour les observations de nos frères chéris : que plutôt on retranche de notre écrit ce qui s'y sera glissé hors de propos, qu'on y ajoute également les choses dont nous n'avons pas eu connaissance, ou que n'a pu nous faire admettre la brièveté du récit. Dans tous les cas, nous affirmons également la sincérité de notre dévoûment, en vertu duquel nous n'avons point eu honte de notre faiblesse, et n'avons négligé aucun soin pour nous acquitter d'une si rude tâche.

Comme l'église de Vézelai était puissante des priviléges de liberté qu'elle tenait des dons de son fondateur et de la suprême autorité romaine, comme elle brillait dans tout l'éclat de sa force par l'oratoire de la bienheureuse Marie-Madeleine, amie et servante de Dieu, laquelle, ensevelie en ce lieu, est célébrée et adorée dans le monde entier, un grand nombre d'individus accoururent de toutes parts vers cette église, et tant par leur affluence que par l'abondance des richesses qu'ils apportèrent, ils rendirent le bourg de Vézelai illustre et considérable. Et comme les domaines de l'église étaient très-vastes et se touchaient les uns les autres, le lieu lui-même, très-agréable d'ailleurs par la beauté du site, devint tellement riche qu'il acquit une immense considération jusqu'aux extrémités de la terre, et brilla d'une grande gloire dans le monde entier. Le corps tout entier était si étroitement et si intimement uni à l'église qui formait sa tête, et se rattachait à elle, en vertu des droits de propriété, par des liens d'amour tellement forts, que sur tous les points on eût eu également horreur d'admettre qui que ce fût à participer à la domination ou à la société, qu'on eût regardé tout nouveau venu comme profane ou insolent, et que ce corps, constitué lui-même en alleu par le testateur et par les bienfaits apostoliques, n'eût voulu contracter envers personne aucune espèce de servitude ni courber la tête devant personne, si ce n'est seulement devant le pontife apostolique. Que si quelqu'un veut porter un regard pur et apprendre à connaître dans la simplicité de son cœur l'étendue de ces libertés, après avoir examiné le testament du fondateur, qu'il relise les monumens primitifs et antiques de l'autorité des pontifes romains, les priviléges concédés par eux, savoir par le vénérable Nicolas, par les deux Jean, par Benoît, par un autre Benoît, par Léon et Serge, par Étienne et Marin, comme aussi par Urbain, d'illustre mémoire, qui, élevé du monastère de Cluny au gouvernement de l'apostolat, voulut non seulement que les priviléges institués par ses prédécesseurs, ou les décrets rendus par eux en faveur des libertés du couvent de Vézelai, fussent confirmés, intacts et inébranlables, mais qui eut soin en outre de les fortifier de la garantie de son autorité. Après avoir examiné attentivement tous ces actes, on n'y rencontrera certainement rien de contradictoire, on n'y pourra trouver aucune disposition fictive ou subreptive, car il serait sans aucun doute impie et sacrilége de penser que les hommes apostoliques rendent des décisions opposées entre elles, et de rejeter sur eux-mêmes ce qui peut être allégué en un sens contraire.

En effet, le comte Gérard, d'heureuse mémoire, et sa pieuse épouse Berthe, animés de la crainte de Dieu, et pour leur salut et le salut des leurs, fondèrent un monastère sur les bords de la rivière de la Cure, dans un alleu qui leur appartenait en propre et était entièrement libre, et établirent en ce lieu une congrégation de servans de Dieu. Par un cahier qui contenait leurs dispositions testamentaires, ils placèrent ce monastère et tout ce qu'ils lui avaient attribué, à titre de propriété perpétuelle, sous la protection et l'autorité des bienheureux princes des apôtres et de leurs successeurs pour tous les siècles dans le siége de l'église romaine, rejetant et interdisant formellement tout usage de la puissance bénéficiaire, savoir la faculté de faire aucune donation ou aucun échange en faveur de qui que ce soit. Mais comme les fréquentes invasions des Sarrasins détruisirent presque entièrement le susdit monastère, et afin que la fureur des ennemis ne pût prévaloir sur ses pieuses intentions, le même comte le fit rétablir sur la montagne voisine, ou château de Vézelai ; et le sexe féminin en ayant été éloigné, Eudes devint le premier abbé des serviteurs de Dieu.

Le siége de Rome accueillit avec bonté et reconnaissance ces témoignages de la pieuse dévotion du comte, il lui plut d'assigner ce monastère à la juridiction directe, de l'ériger en alleu du bienheureux Pierre, et d'appuyer la garantie de cet acte sur la faveur ou la générosité de l'autorité apostolique. En conséquence, les pontifes romains, instituant ces priviléges par les décrets de leur puissance apostolique, voulurent, concédèrent et statuèrent qu'il ne serait permis à aucun empereur, à aucun roi, à aucun prélat, enfin à aucune personne, de quelque dignité qu'elle fût revêtue, de porter la main sur aucun des biens qui auraient été légitimement transférés au susdit monastère, soit par le susdit comte, soit par tout autre, ni sous aucun prétexte, ou dans aucune occasion, de réduire, enlever, appliquer à son usage particulier, ou même concéder aucun de ces biens, de quelque manière que ce fût, pour toute autre destination pieuse, comme moyen de couvrir son avarice; et que tous ces biens seraient possédés, dans leur intégrité et sans aucun sujet d'inquiétude, par ceux qui embrasseraient la vie religieuse dans ce même lieu; sous la condition que jamais, ni dans aucun cas, aucun pontife romain ne souffrirait qu'aucun de ces biens fût dans les temps à venir donné à qui que ce fût à titre de bénéfice, échangé, concédé avec un droit de cens, ou détenu de toute autre manière, et sous cette autre condition encore que le siége romain seulement, recevant tous les ans du même monastère, en vertu du testament qui l'instituait, un cens d'une livre d'argent, veillerait constamment, dans sa pastorale sollicitude, à assurer à ce monastère la protection de sa pieuse paternité contre tous ceux qui se montreraient ses ennemis. Le siége apostolique statua en outre qu'après l'élection de l'abbé, faite sans aucune espèce de surprise ou d'artifice, du consentement unanime des frères, ou de l'avis de la plus saine partie du couvent, et après l'approbation de cette élection par le pontife romain, nul pontife, nul roi, nul fidèle, soit ecclésiastique soit séculier, ne pourrait prétendre à se faire donner directement ou indirectement, ou à s'arroger, à quelque titre que ce soit, aucune espèce de droit sur l'ordination de l'abbé, des moines, des clercs, et même des prêtres, sur la distribution du saint chrême, sur la consécration de la basilique, ou sur tout autre exercice d'aucun service spirituel ou temporel.

Ces priviléges ayant été ainsi fondés par l'autorité apostolique, la majesté des rois de France se montra également généreuse envers le même monastère, et, accueillant les prières de l'illustre comte Gérard, elle rendit un édit par lequel tout ce que le siége apostolique avait institué et sanctionné par son décret était déclaré devoir être maintenu intégralement et à perpétuité, sans aucune espèce d'opposition. Il fut ordonné en conséquence que nulle personne séculière ou aucun des envoyés du roi n'établît aucun manoir dans le susdit monastère, dans le susdit château, ou dans les villages faisant partie de son domaine, et n'instituât ni droit de visite, ni amende, ni droit de regain, ni droit de péage sur des ponts, ou n'exigeât qu'il en fût institué par le susdit monastère; quiconque oserait violer ce décret d'immunité fut déclaré passible d'une amende de six cents sous, dont moitié devait revenir au fisc du roi, et l'autre moitié à l'église qui aurait souffert le dommage. Et afin que ce décret de leur autorité fût pleinement ratifié et mis en vigueur, les rois le confirmèrent de leur propre main et le scellèrent de leur sceau.

A l'aide de ces libertés et de ces immunités si complètes, la jeune plantation se couvrit abondamment d'un nouveau gazon, et de l'éclat de ses rameaux verdoyans charma un grand nombre de provinces. Mais comme, entre les divers vices que la nature humaine a contractés par suite de la prévarication de nos premiers pères, l'envie au teint livide est celui qui a le plus horriblement infecté le genre humain, beaucoup de puissances, tant ecclésiastiques que séculières, des environs, imbues de ce poison, firent tous leurs efforts pour dépouiller le susdit monastère de son étole de liberté et lui enlever l'illustration de sa noblesse, et se répondant de cœur les unes aux autres, elles nourrirent des pensées de méchanceté; mais leurs intentions s'écoulant avec elles-mêmes, elles emportèrent seulement la honte de leur propre confusion. En effet, bien qu'à plusieurs époques, ou simultanément ou successivement, plusieurs aient tenté de troubler la paix du susdit monastère, de l'inquiéter et d'y semer le désordre, bien que plusieurs n'aient pas craint d'offenser de mille manières les pères de ce monastère, hommes très-grands et de grande considération ; cependant tout le virus de leur méchanceté, toute la puissance de leur perversité n'ont été déployés que par cette génération scélérate et de vipère, qui de notre temps s'est déchaînée contre le très-excellent et très-sage abbé Pons ; ils ont vomi leur venin, et l'ayant vomi, ils se sont desséchés et sont tombés en défaillance ; ils ont rendu leurs entrailles et se sont trouvés anéantis. Dans leur pieuse sollicitude et à l'occasion des fréquentes invasions des hommes impies, les abbés de Vézelai, avec une généreuse facilité, rendaient fréquemment un hommage spontané aux comtes de Nevers, afin qu'ils fussent d'autant plus empressés à prêter secours contre tous ses ennemis à une église qui, n'étant obligée envers eux à aucun titre, leur conférait assidûment et gratuitement de grands bienfaits. Mais le cœur corrompu des hommes abuse toujours des bienfaits ; quelquefois même les hommages gratuitement offerts le rendent d'autant plus insolent, et l'hommage présenté à un ingrat n'est jamais accueilli à titre de faveur. Il arriva de là que Guillaume[1], celui qui dans

---

[1] Guillaume II, comte de Nevers, de l'an 1089 à l'an 1147, le même que le roi Louis le Jeune, en partant pour la croisade, voulut associer à Suger en qualité de régent.

la suite est devenu moine de la Chartreuse, tandis qu'il administrait les affaires de la ville de Nevers, abusant insolemment des salaires et des autres bénéfices que lui accordait l'église, s'efforça d'obtenir d'elle, par voie de tyrannie, quelques redevances contraires non seulement à l'état de paix, mais en outre à ses libertés. Méprisant ses prétentions arrogantes, le vénérable abbé Pons lui refusa très-raisonnablement ce qu'il demandait très-injustement, et se défendit avec sagesse de ce qu'on exigeait de lui impérieusement. Affligé de se voir ainsi repoussé, le Nivernais s'enflamma d'une telle colère, qu'il détourna de Vézelai les voies royales et intercepta les avenues publiques du bourg. Alors l'abbé de Vézelai n'ayant pu, ni par ses bienfaits ni par ses instantes prières, amener le comte à renoncer à ses desseins, informa sa sainte mère du siége apostolique, l'église romaine, de l'oppression de son monastère, et lui fit connaître par quels actes de tyrannie le comte persécutait la propriété et l'alleu du bienheureux Pierre. Le souverain pontife écrivant de nouveau à ce comte, l'invita à renoncer à persécuter ainsi sa fille spéciale, l'église de Vézelai, et lui enjoignit de protéger au contraire son repos et ses libertés, par respect pour le bienheureux Pierre, de peur, s'il entreprenait témérairement d'usurper sur les droits apostoliques, qu'il ne devînt par là ennemi et profanateur de l'Église universelle. Que s'il croyait avoir à revendiquer quelques droits sur ce même monastère, il ne se méfiât point de la faveur apostolique, pourvu qu'il ne troublât point le repos de l'église : qu'autrement, et s'il persistait dans ses prétentions, il ne pouvait ignorer qu'il attirerait sur lui le poids de la crosse apostolique. Le même pontife invita en même temps l'abbé de Vézelai, en vertu de son autorité apostolique, à ne rien céder à qui que ce fût des droits du monastère, à ne point se permettre de dépasser les règles de conduite suivies par les autres pères, mais plutôt à se confier dans les secours de Dieu et du bienheureux Pierre, et à combattre vigoureusement pour l'Église, de peur, s'il souffrait que l'intégrité de l'Église reçût quelque échec, que lui-même ne se montrât par là traître envers sa propre intégrité.

Les contestations entre l'abbé de Vézelai et le comte de Nevers ayant duré long-temps, les choses en vinrent enfin à ce point que l'abbé et le comte convinrent d'un commun accord, et en toute paix et concorde, sur les instances de Bernard, abbé de Clairvaux, de Hugues du Til, et de toutes autres personnes que ceux-ci voudraient appeler à cet arrangement, de s'en tenir irrévocablement à ce que les susdites personnes régleraient entre eux à l'amiable au sujet de ces discussions. En conséquence, et le jour solennel de la fête de Pâques, lorsque la Gaule presque tout entière était accourue à Vézelai en plus grande affluence que de coutume, tant pour assister aux prières que pour présenter ses respects au très-pieux et très-religieux roi Louis le Jeune qui, étant sur le point de partir pour le pélerinage de Jérusalem, prit en ce même lieu sur ses épaules le signe de la croix du Seigneur, le comte se rendit aussi à Vézelai avec les personnes ci-dessus nommées. Puis, au jour fixé, savoir le mercredi d'après Pâques [1], ils se rendirent à Bassy,

[1] En 1146.

l'un des domaines de l'Église; et le comte présenta ses griefs en ces termes : « L'église de Vézelai, dit-il, est
« sous ma tutelle : je veux que toutes les fois que je
« l'aurai mandé à l'abbé, il fasse justice à moi et à
« mes hommes, selon le jugement de ma cour, et il ne
« doit pas s'y refuser. Et si quelqu'un veut déclarer
« contre lui qu'il lui a refusé justice, il doit, sur ma
« réquisition, se défendre contre une telle plainte. »
A cela l'abbé répondit « qu'il ne devait en aucune fa-
« çon faire ce qu'on demandait, parce qu'il ne tenait
« point l'abbaye de Vézelai du susdit comte. Que
« comme il était lui-même moine, prêtre et abbé, il
« ne voulait point être soumis à un jugement de laï-
« ques, et qu'il ne devait point subir de sentence, dans
« sa personne ou dans celle de ses moines, de la part
« de telles personnes. » Le comte dit en outre « qu'il
« voulait que les hommes de Vézelai, attachés à l'é-
« glise, fussent soumis à sa justice; et que toutes les
« fois qu'il lui plairait de le mander à l'abbé, celui-ci
« les amenât devant sa cour, pour y subir forcément
« leur jugement; que si par hasard il s'élevait quel-
« que discussion entre ces mêmes hommes et l'abbé,
« le comte disait qu'ils ne devaient être mis en bonne
« intelligence que par ses soins, mais seulement dans
« la cour même de l'abbé. » L'abbé répondit « que l'é-
« glise de Vézelai n'avait été fondée ni par le comte,
« ni par ses ancêtres, que les hommes dont il parlait
« n'étaient point de son fief, que l'abbé ni l'église ne
« les tenaient point de lui; qu'en conséquence, il
« serait injuste qu'ils fussent soumis à sa juridiction,
« n'étant pas de son bénéfice. Quant à la concorde à
« rétablir entre les bourgeois, l'abbé déclara que rien

« n'était plus injuste qu'une telle prétention et plus
« contraire à toute vérité et à toute justice, puisque
« la paix est un bien commun à tous, ainsi que les
« bienheureux évangélistes l'attestent dans les divi-
« nes Écritures et par l'organe des saints Pères, et
« qu'il n'avait jamais existé dans l'Église, dès les temps
« antiques, aucune coutume semblable à celle que
« l'on alléguait, ou du même genre. » Le comte dit en
outre que « les hommes de Clamecy, lorsqu'ils se ren-
« daient aux foires ou au marché à Vézelai, dépo-
« saient leurs marchandises sur les places, et se di-
« saient exempts des redevances que paient les autres
« hommes; et en conséquence, le comte se plaignait
« de ce que les percepteurs de l'abbé exigeaient d'eux
« ces redevances de vive force. » L'abbé répondit sur
cela « qu'il avait dès long-temps des places pour ses
« divers besoins, que nul n'avait aucun droit d'exemp-
« tion; et que puisque tous les hommes qui venaient
« aux foires ou au marché de Vézelai payaient vo-
« lontiers un droit d'octroi, selon les diverses espè-
« ces de marchandises, il entendait que ces redevan-
« ces fussent pareillement acquittées par ceux qui
« ne pouvaient dire en vertu de quel droit ils préten-
« daient s'en dispenser. »

Alors Hugues du Til attesta que le comte n'était
point fondé sur ce grief, parce que du temps du seigneur Renaud, abbé de Vézelai, devenu ensuite archevêque de Lyon, le comte lui-même avait porté plainte
sur le même sujet, et qu'ayant alors reçu de l'argent
du même abbé, par les mains de lui déclarant, Hugues
du Til, le comte avait formellement renoncé à ce
grief, promettant de ne jamais le reproduire.

Le comte demanda ensuite le chemin qui va d'É-
couan jusqu'à Blagny, et celui de Prissy et d'autres
encore, depuis les croix et les bornes qui sont plan-
tées jusqu'à Vézelai. L'abbé lui répondit que « le che-
« min de Varginy, que le comte redemandait depuis
« Ecouan jusqu'à Blagny, avait appartenu à Ervée de
« Douzy et à Savari de Varginy, seigneur de Châ-
« teau-Censoir, lesquels donnèrent et vendirent à
« l'abbé Artaud, de précieuse mémoire, et à l'église de
« Vézelai, ce même chemin et toute la terre de Var-
« giny avec toutes ses dépendances, savoir les cours
« d'eau et toutes les autres choses qu'ils possédaient
« par droit héréditaire et en alleu, et qui, sur l'autel
« même des bienheureux apôtres Pierre et Paul, en
« firent don, ainsi que de toutes leurs dépendances,
« en présence d'un grand nombre de témoins, à Dieu,
« à la bienheureuse Marie-Madeleine et aux apôtres
« eux-mêmes ; ajoutant que l'église de Vézelai avait,
« depuis quarante ans et plus, et jusqu'à ce jour, pos-
« sédé cette terre dans son intégrité, par droit d'héri-
« tage, en toute tranquillité et sans aucune réclama-
« tion ; que les voleurs saisis sur cette voie publique,
« l'abbé les avait fait pendre sur place ; qu'il avait fait
« également justice de tous autres malfaiteurs, et que,
« si quelque chose avait été trouvé sur ce chemin,
« lui abbé s'en était emparé sans violence et en avait
« joui tranquillement. Quant à la terre de Prissy,
« elle avait été un alleu du duc de Bourgogne ; quel-
« ques chevaliers l'avaient tenue de lui, et l'avaient
« donnée et vendue à la bienheureuse Marie-Made-
« leine. Depuis cette époque, et jusqu'au moment
« présent, l'abbé et l'église de Vézelai avaient occupé

« et possédé en paix et sans aucune interruption,
« toute cette terre, ainsi que la voie publique dans
« l'intérieur du bourg et au dehors, et les voies pu-
« bliques et sentiers aboutissans. » Sur cette affaire
et sur les autres affaires susdites, l'abbé avait à produire un grand nombre de témoins qu'il nomma, savoir Martin de Prissy et ses frères, et beaucoup
d'autres vivant dans le bourg, lesquels dirent qu'ils
avaient arrêté sur le chemin six voleurs transportant
de la fausse monnaie, et qu'ils les avaient livrés
au prévôt de Vézelai pour en faire justice; qu'une
autre fois ils avaient trouvé sur la voie publique un
bœuf n'ayant pas de maître, et qu'ils l'avaient livré
à Renaud, moine de Prissy, qui dans ce temps-là y
habitait, comme appartenant de droit à l'église. Les
hommes ci-dessus nommés se trouvèrent tout prêts
à fournir sans retard la preuve des choses susdites.
Quant aux autres chemins, savoir celui de Fontenay,
ceux de Cray, du Mont-Tirouet, et les autres qui
aboutissent à Vézelai, l'abbé répondit que ses prédécesseurs avaient long-temps et très-souvent exercé
le droit de justice sur ces chemins sans aucune réclamation, parce que ces chemins passent par la voie de
l'église; et il eut pour tous un grand nombre de témoins à produire, savoir Guinimer, autrefois doyen ;
Girard, doyen ; Hugues le prévôt, Renaud Dautran,
Renaud de Saint-Christophe, Guillaume du Pont et
son frère Jonas; Arnoul de Ferrare, Robert de Mont-
rohillon, Gui le forestier, Durand, du village de Louet;
Durand de Châtenay, Constant, prévôt de Fontenay;
Étienne, prévôt de Blagny; Aimon, changeur; Bonami de Château-Censoir, Geoffroi Bertin, Blanchard

Étienne Beurand, Eudes de Belle-Face, et beaucoup d'autres. Tous ces droits avaient été confirmés par le souverain pontife, pour être possédés à perpétuité, avec défense à qui que ce fût, sous peine d'anathème, de troubler l'église ou l'abbé dans leur jouissance. Tels furent les griefs produits par le comte, et telles les réponses par lesquelles l'abbé réfuta ses prétentions.

Après cela l'abbé porta plainte contre le susdit comte, parce qu'il arrêtait les colporteurs et les marchands qui fréquentaient la voie publique depuis Auxerre jusqu'à Vézelai, et ne leur permettait pas d'arriver à Vézelai. Le comte répondit qu'il en avait agi ainsi autrefois, et qu'aucun abbé n'avait fait de réclamation à ce sujet. L'abbé dit au contraire que la voie qui conduit à Vezelai était voie royale, publique, ancienne aussi bien que celle du Nivernais, et même plus sûre, et qu'il était injuste que le comte détournât ceux qui la fréquentaient de la voie qui leur paraissait plus facile et meilleure, d'autant plus que la plupart d'entre eux suivaient cette voie plutôt pour aller faire leurs prières que pour commercer. L'abbé se plaignit en outre des percepteurs du comte, qui volaient constamment ses hommes lorsqu'ils passaient a Auxerre, disant qu'à trois fêtes de l'année, savoir à Pâques, à Pentecôte, et à la fête de la bienheureuse Marie-Madeleine, l'abbé devait les traiter, eux et tous leurs compagnons, et leur donner à chacun de la cire du poids d'une livre, à titre de péage pour le vin d'Auxerre qu'il avait coutume d'acheter. Le comte répondit que ses susdits serviteurs tenaient cette redevance de l'abbé Renaud, qui l'avait instituée dans son église. L'abbé dit sur cela qu'il ne connaissait point l'institution de cette redevance; mais que si cela était vrai, cette institution n'avait point été faite de l'avis du chapitre, et que par conséquent elle ne pouvait ni ne devait être confirmée ni maintenue.

Après donc que le roi très-pieux Louis le Jeune eut pris le signe de la croix du Seigneur pour se rendre à Jérusalem, beaucoup d'hommes, encouragés à cette nouvelle et par un tel exemple, entreprirent aussi le pélerinage au-delà des mers; et parmi eux, les deux fils du comte de Nevers, savoir Guillaume et Renaud, se réunissant au cortége du roi, se disposèrent également à partir. Leur père, desirant changer lui-même de vie, prit l'habit de religieux, et résolut de terminer son existence dans la Chartreuse. Mais comme il avait injustement vexé et offensé le sépulcre glorieux, et sanctifié par la religion, de la véritable amie et servante de Dieu, Marie-Madeleine, il fut dévoré lui-même par un chien, portant la peine de son crime, et ses héritiers acquittèrent encore après lui la vengeance de ses injustices. En effet, son fils Renaud étant tombé honteusement dans une misérable captivité, fut cruellement dévoué à la servitude chez une race barbare, afin que le père, qui avait tenté de détruire la liberté de l'église de Vézelai, éprouvât dans la personne de son fils l'opprobre de l'esclavage. Quant à Guillaume [1], héritier du pouvoir et du crime de son père, il fit naufrage en revenant de Jérusalem, et sa vie se trouva exposée aux plus grands dangers. Dans cette situation, et comme déjà il se trouvait à l'article de la mort, tous ceux

---

[1] Guillaume III, comte de Nevers, de 1147 à 1161.

qui l'entouraient, et se préparaient également à périr, l'ayant invité à renoncer, pour son salut et pour celui des siens, à toutes les choses que son père avait prétendu usurper sur le monastère de Vézelai contre tout droit et toute justice, il céda enfin, mais à regret, à l'urgence du péril, et fit vœu par serment et en présence de témoins de ne plus redemander à l'avenir à ce monastère aucune redevance....... [1], soit à Pâques, soit pour droit de passage, soit aux solennités de la bienheureuse Marie-Madeleine. Tout aussitôt, par la merveilleuse puissance de Dieu et par l'intercession de son amie, la bienheureuse Marie-Madeleine, il fut miraculeusement détaché du rocher escarpé sur lequel son navire avait échoué, et traversant la mer agitée, il retrouva enfin le rivage et le repos.

Dans le même temps, l'illustre abbé Pons administrait les terres et la fortune du susdit comte de Nevers, et les défendait contre ceux qui les envahissaient de toutes parts, tant parce qu'il espérait par là servir les intérêts de son couvent, que parce que ce même Guillaume était uni avec lui par une étroite parenté. Il l'accueillit à son retour de Jérusalem et après son naufrage, se porta à sa rencontre pour lui rendre honneur, et le soulagea convenablement dans l'affreuse détresse qui l'accablait. Il remit entre ses mains, et en bon état, tout ce qui appartenait à sa maison, lui rendit ses possessions dans toute leur immunité; et même peu de temps après, il le réconcilia avec ses ennemis, en obtenant d'eux des satisfactions. L'ayant invité ensuite à venir à Vézelai, il l'interpella en présence des frères, et l'engagea à acquitter le vœu qu'il

[1] Il y a ici une lacune.

avait présenté à Dieu. Le comte obéit en face, quoique dans son cœur il méditât des artifices. Étant donc entré dans le chapitre des frères, il leur raconta son naufrage, reconnut en confession qu'il avait été délivré par l'intercession de la bienheureuse Marie-Madeleine, acquitta le vœu qu'il avait fait, pour rendre grâces au Seigneur; et du consentement de son épouse et de son fils Guillaume, en présence d'une foule innombrable, il remit, concéda et confirma la propriété des choses que son père avait usurpées, soit en argent, soit en denrées. Dans la suite, de nombreuses guerres lui étant survenues, l'abbé Pons l'assista et lui prêta secours en toutes choses, espérant pouvoir réussir à apaiser ce cœur farouche, toujours enclin à se précipiter dans l'usurpation des droits d'autrui; et tandis que le comte brûlait, dans le fond de son ame, du desir d'attaquer l'église, il était contenu cependant par les très-grands bienfaits de son parent, craignant d'encourir quelque dommage en assaillant celui qui se montrait si empressé pour lui. Mais comme son naturel était essentiellement vicieux, il méditait de toutes les forces de son esprit, pour trouver de quelque manière une occasion de nuire à l'église ou à l'abbé. Or les hommes d'iniquité, dont le cœur était une fournaise d'impiété, s'affligeant d'avoir perdu les plus grands profits de leurs passions déréglées, qu'ils trouvaient dans les festins que l'on offrait très-souvent au comte dans Vézelai, s'attachèrent à circonvenir l'esprit du prince, toujours enclin à toute sorte de mal, lui représentèrent comme fait à son détriment ce qu'il avait perdu tout-à-fait volontairement, et lui insinuèrent de s'en indemniser en renouvelant l'ancienne contestation, ou en intentant un nouveau procès.

Or, il y avait à Vézelai un certain étranger que l'on appelait Hugues de Saint-Pierre, homme ignoble par sa naissance comme par sa conduite, que la nature avait créé pauvre, mais que sa main habile dans les arts mécaniques avait enrichi. Cet homme, d'un esprit ardent, et consommé en toute espèce de perversité, tantôt séduisait le comte par des présens, tantôt lui inspirait de fausses espérances, pour l'entraîner à enlever de force à l'église le droit de rendre justice, soit en prononçant des jugemens souverains, soit en attirant à lui l'examen des procès des gens de Vézelai. Cet homme très-scélérat espérait en effet pouvoir gouverner tout le bourg, si, à l'aide de la faveur du tyran, on donnait au bourg l'option des deux juridictions : en conséquence, il associa à ses desseins remplis de malice quelques hommes, ses semblables en perversité, qu'il réunit en des conciliabules clandestins, afin de méditer avec eux la trahison, sous les fausses couleurs de la liberté, et de préparer des artifices, sous prétexte d'exercices de piété. L'abondance des biens enfante toujours l'insolence dans les esprits dépravés. Lorsqu'un homme peut plus par ses revenus qu'un autre par les dons de la nature, il s'élève au dessus des enfans des rois ; s'oubliant lui-même, il se dresse dès le matin ; et s'avançant à l'abri de l'obscurité de sa condition, il se glorifie de ses richesses particulières.

Un certain moine du monastère de Vézelai, qui parcourait les propriétés de l'église, arriva par hasard dans une forêt qui était de notre juridiction ;

et y ayant trouvé un individu qui coupait du bois, chose interdite dans la forêt, il voulut lui enlever sa hache, comme preuve du délit. L'homme se retournant, frappa rudement le moine; et l'ayant étourdi, il le renversa de dessus le cheval qu'il montait. Alors le moine, déshonoré par une telle insulte, retourna chez lui, et rapporta aux cliens du monastère l'affront qu'il avait subi. Ceux-ci ne pouvant supporter une si grande indignité, se rendirent de suite à la maison de cet homme; et lui ayant arraché les yeux, ils le plongèrent dans la nuit d'une cécité perpétuelle. Le comte ayant été informé de cet événement, et dissimulant sa joie d'avoir enfin trouvé une sorte d'occasion de commencer son attaque, menaça d'une ruine complète les auteurs de ce fait; et produisant peu à peu au dehors la méchanceté qui couvait depuis longtemps dans le fond de son cœur, il fit toutes ses dispositions pour renouveler la lutte que son père avait laissé apaiser.

La fête solennelle de la bienheureuse Marie-Madeleine, amie de Dieu, étant arrivée, le comte s'étant établi, selon son usage, dans l'hôtellerie du monastère, ordonna à ses serviteurs de se tenir devant les portes, afin que, si l'abbé se présentait par hasard pour lui rendre visite, ils eussent à lui en refuser l'entrée. Exécutant leurs ordres, les serviteurs fermèrent les portes devant l'abbé lorsqu'il arriva, et lui répondirent du dedans que le comte était dans son appartement. Ainsi repoussé, l'abbé supporta cette insulte avec patience, et pressentit en même temps toute la méchanceté de cet homme ingrat; mais il n'en conserva pas moins toute la liberté de son esprit.

Le comte se trouvant à Cluny, l'abbé se rendit vers lui; et lui ayant demandé le motif de la colère qu'il avait manifestée, le comte allégua le grief de cet homme à qui l'on avait arraché les yeux; et l'abbé lui répondit que cet homme n'était pas de sa juridiction. Mais le comte dit qu'il était son filleul, c'est-à-dire qu'il avait reçu son nom dès le moment de sa naissance. L'abbé, souriant alors comme d'une plaisanterie, lui demanda s'il daignerait recevoir de lui le droit de juridiction; et celui-ci lui ayant répondu que non, l'abbé lui demanda encore s'il voudrait entrer en voie de réconciliation par l'intermédiaire de ses amis et de ses domestiques, et de ceux de lui, abbé. Le comte s'étant refusé même à cela, l'abbé l'interrogea encore pour savoir s'il serait donc absolument contraint à se mettre en défense, lui, et tout ce qui lui appartenait, contre le comte. Celui-ci lui ayant répondu qu'en effet, il aurait besoin de faire ainsi, l'abbé se trouvant ainsi défié, se retira. Le comte envoya ses satellites sur une propriété du monastère, et la ravagea, en faisant enlever les animaux et beaucoup d'autres dépouilles. Ensuite l'abbé l'ayant fait supplier de lui rendre ce qu'il avait enlevé, alors enfin le comte produisit au dehors le venin qu'il avait jusque là tenu caché, et demanda que l'abbé reconnût la juridiction de sa cour, toutes les fois qu'il serait appelé par lui pour un objet quelconque. L'abbé répondit que ce que demandait le comte était absolument contraire tant aux lois divines qu'aux usages de l'Église, ainsi qu'aux décrétales apostoliques. « Il serait, « ajouta-t-il, honteux et indécent pour moi, que la « liberté du monastère, qui a fleuri pendant très-

« long-temps sous divers pères, s'est maintenue
« jusques à présent, et se maintient encore avec vi-
« gueur, pérît et se changeât en servitude par les
« liens mêmes de la parenté qui m'unissent à toi.
« Ce que tu demandes est un acte d'inimitié, non
« seulement envers cette parenté, mais même envers
« la nature, puisque, homme, tu prétends usurper
« les droits du ciel, que tu eusses dû au contraire
« maintenir dans leur intégrité, et même augmenter,
« par moi, qui suis ton parent et leur protecteur. Tout
« le monde peut juger combien il est inhumain de ta
« part de répondre d'une telle manière à de tels bien-
« faits, en cherchant à me couvrir d'un opprobre
« éternel, moi qui t'ai rendu honneur, et t'ai donné
« des témoignages de ma munificence. Et quoique
« d'ailleurs je sois disposé à te promettre volontiers
« mon hommage, sache cependant qu'au sujet de ce
« que tu demandes, je ne te céderai nullement. »

Ayant entendu cette réponse, le tyran s'irrita extrêmement; et faisant beaucoup de menaces, et plus
de mal encore, il s'appliqua tout entier à consommer
la ruine de l'église. Pour lui résister, l'abbé envoya
des députés solliciter l'appui du pontife de Rome.
Pendant ce temps, des amis s'étant interposés, l'abbé
supplia le comte de rétablir la paix, disant qu'il n'a-
vait pas mérité d'attirer sur lui son indignation, et pro-
posant une réconciliation, sauf le respect des priviléges et la dignité de l'église. Cette affaire devint dès
lors en plusieurs lieux le sujet des entretiens de
beaucoup de gens et de grands, et les avis furent
divers. Toutefois la paix et la réconciliation ne
faisaient aucun progrès, car la torche de la discorde

était agitée de toutes parts. Lorsque le tyran eut appris que l'abbé avait fait partir des députés pour Rome, il dirigea sur-le-champ une expédition contre les biens et les propriétés du monastère de Vézelai; et partout où l'église exerçait quelque droit, soit dans le pays de Nevers, soit dans celui d'Auxerre, le comte envahit, ravagea, enleva, ou pilla tout. En outre, il contraignit les prévôts et les gérans de divers intérêts du monastère, en leur faisant prêter serment et jurer leur foi, à n'obéir aux moines sur aucun point, et à ne rendre aucun compte, ni à l'abbé, ni aux siens. Il fit en même temps tous ses efforts pour prendre les devans sur les députés de l'abbé, en cherchant une occasion d'extorquer à l'abbé, d'une manière quelconque, et même malgré lui, quelque parole de concession. Mais celui-ci, procédant avec sagesse, et prenant en considération le grave péril auquel ses affaires étaient exposées, promit au comte une satisfaction convenable, recouvra ce qu'il avait perdu, et le comte s'étant rendu à l'oratoire du bienheureux Jacques, l'abbé lui offrit des présens, et lui fit force libéralités. Mais quels bienfaits assez grands peuvent apaiser une insatiable cupidité? Un cœur corrompu ne sait autre chose que pervertir les bonnes intentions, ou prévoir le mal dans le bien.

Le comte donc étant de retour de son expédition dévastatrice, fixa impérativement un jour à l'abbé, pour qu'il eût à se rendre en sa présence, et à subir la juridiction de sa haute cour, pour les choses sur lesquelles il serait interpellé. Mais celui-ci, à qui le bâton de Pierre avait été confié, ne pouvait être en cette occasion entièrement dépourvu de la fermeté et

de la force d'ame de Pierre. L'abbé ne tint donc aucun compte des ordres du tyran ; et aussitôt celui-ci publia par un édit la défense à qui que ce fût de se rendre à Vézelai, sous prétexte de négoce, de voyage, ou d'exercice religieux ; ou de sortir de Vézelai pour aller aux foires publiques, ou aux marchés publics, déclarant que celui, quel qu'il fût, qui oserait violer les dispositions de cet édit, serait de bonne prise pour quiconque le rencontrerait. Les villageois se trouvant ainsi bloqués, quelques-uns commencèrent à murmurer sourdement dans le fond de leurs cœurs, disant que l'abbé était à la fois la cause et l'auteur de tous leurs maux, lui qui les opprimait par des lois nouvelles et injustes, et qui provoquait contre eux, jusqu'à amener leur destruction, la fureur du prince dans le territoire duquel ils se trouvaient enclavés. Puis, ils ajoutaient « qu'ils seraient heureux, et bien-
« heureux, si, secouant le joug de l'église, ils s'en
« remettaient au libre arbitre du comte. Qu'alors en
« effet, ils n'auraient point à redouter les ennemis du
« dehors, et qu'ils chasseraient les exacteurs du de-
« dans comme de faibles mouches ; que même, s'il de-
« venait nécessaire, ils pourraient contester en jus-
« tice avec l'abbé à armes égales, puisque alors le plus
« grand nombre, s'appuyant sur le plus fort, pourrait
« se soustraire à la domination du petit nombre et
« des hommes faibles. » Le comte n'ignora point que ces propos circulaient parmi les villageois, Hugues ayant soin de le tenir informé de ces projets impies. Cédant aux paroles artificieuses par lesquelles Hugues lui avait représenté que, s'il se rendait à Vézelai, et s'il adressait quelques paroles bienveillantes aux

villageois, pour essayer de les détacher de l'abbé, il n'était pas douteux que la majeure partie d'entre eux ne lui tendît les mains pour se livrer à lui, le comte, après avoir conclu un traité par lequel il promettait de leur fournir en toute occasion sa protection et son secours, se rendit à Vézelai ; et descendant à l'improviste à l'hôtellerie du monastère, il convoqua secrètement les habitans du bourg, les provoqua à la rébellion, et les supplia d'agir avec lui contre l'abbé, leur disant qu'ils ne pourraient jamais subsister devant sa colère ; et qu'au contraire, lui étant apaisé, ils n'auraient point à redouter leur seigneur.

« Vous voyez, leur dit-il, que tandis que je suis
« le légitime avocat et tuteur de cette église, l'abbé
« seul cherche à s'opposer à votre bien commun,
« car, au moment où il s'efforce de ravir ce qui appartient à autrui, il me redemande à moi-même
« un droit de juridiction, ne voulant plus se servir
« de mon entremise pour repousser ses accusateurs.
« Qui pourrait supporter une si grande arrogance,
« bien plus, une telle iniquité, qu'un homme redemandant ce qui lui appartiendrait, retînt en même
« temps imperturbablement ce qui appartiendrait à
« un autre ? Quelle force puis-je avoir contre ceux
« qui vous enlèvent vos biens, s'ils retiennent tyranniquement juridiction sur vous ? Enfin, ajouta-t-il,
« il vaut beaucoup mieux avoir quelque pouvoir, que
« de supplier sans cesse. Ce qu'est notre pouvoir, quelle
« est sa force, combien il s'étend au loin, c'est ce que
« prouve évidemment notre dernière expérience. Les
« prières des moines au contraire, même quand elles

« ne méritent pas d'être repoussées, sont le plus sou-
« vent très-foibles et sans efficacité. De quel côté donc
« se dirigeront vos vœux, c'est ce qu'il vous importe
« de décider. Si vous vous déclarez pour nous, si
« vous entrez en participation de notre pouvoir, vous
« n'aurez plus à vous soucier des vaines prières des
« moines, ni des frivoles secours de l'abbé; et ayant dès
« lors en toute sûreté et liberté la faculté d'aller par-
« tout où vous voudrez, et d'en revenir de même,
« vous jouirez d'une sécurité perpétuelle, tant pour
« vos personnes que pour vos biens. »

Cela dit, et se livrant à ses sanglots, le comte répandit les larmes de l'impiété, qu'il tirait du puits
fangeux de la cupidité. L'abbé, pour se précautionner
contre les effets de ces perfides insinuations, convoqua l'assemblée des frères, et les invita à aller se pros-
terner dans la poussière devant le comte, et le supplier
instamment d'avoir compassion d'eux et d'épargner l'é-
glise. Accédant à l'invitation de leur père, et quittant
aussitôt leurs tables, les enfans de l'église vont se précipiter aux pieds du prince, et lui demandent avec les
plus vives supplications de les épargner, eux, ou plutôt l'église, par amour pour Dieu, par respect pour
Marie-Madeleine, et de ne pas séduire ou corrompre
leurs hommes, ou plutôt les hommes de l'église. Mais
le comte, qui, dans son corps de couleuvre, n'enfer-
mait point le cœur de la colombe, s'humiliant de son
côté, leur répondit qu'il ne leur demandait nulle autre chose si ce n'est que, reprenant ce qui constituait
leur propre droit, ils laissassent les tiers poursuivre
également par son entremise leurs droits contre eux.
« Et certes, ajouta-t-il, je ne puis assez m'étonner de

« cette prétendue équité sur laquelle vous voulez ap-
« puyer tant d'arrogance : vous me reconnaissez pour
« avocat et pour juge lorsqu'il s'agit de poursuivre les
« autres, et vous-mêmes, lorsque les autres vous pour-
« suivent, vous dédaignez de me reconnaître pour
« avocat et pour juge, ce qui serait également juste. Cer-
« tes, je ne cherche nullement, comme vous le dites, ni
« à séduire vos hommes, ni à les détourner de vous;
« mais je déclare que ceux que je protége et défends,
« selon l'usage et selon mon droit, en tous lieux et
« contre tous, doivent être purgés, ou se justifier par
« un jugement légitime et public de ma cour : car
« quiconque, ajouta-t-il, redemande ce qui est son
« droit, doit également se soumettre au droit des au-
« tres. » Les frères ayant répondu à cela qu'ils ne refusaient à personne ce qui était juste, conformément
aux antiques coutumes de leurs pères et aux statuts
apostoliques, toute la maison retentit aussitôt de
clameurs confuses. Et comme la fête solennelle de
la bienheureuse Marie-Madeleine s'approchait, les
frères supplièrent vivement le comte de leur accorder du moins quelques jours de trève, afin de pouvoir célébrer ces jours de fête au milieu de l'affluence
du public. Le comte leur répondit qu'ils n'étaient ni
enfermés, ni assiégés, ni réduits en captivité, pour lui
adresser une pareille demande. « Cependant, lui di-
« rent-ils, tu as défendu avec menaces qu'aucun étran-
« ger vînt vers nous, ou qu'aucun des nôtres sortît
« du bourg pour aller à quelque marché; dans cette
« misérable position, nous protestons que nous som-
« mes bloqués sans l'avoir mérité. » Enfin, troublé
par les prières de tous les frères, le comte accorda

huit jours de trêve, et repartit sur-le-champ, sans avoir conclu avec les gens du bourg sa conspiration. Les frères célébrèrent les jours de fête, sinon avec une égale affluence d'étrangers, du moins avec tout autant de solennité. Ces cérémonies terminées, l'abbé alla chercher l'évêque d'Auxerre, et se rendit avec lui auprès du comte. Il fit connaître à celui-ci les ordres apostoliques, par lesquels il lui était enjoint de se rendre à Rome, pour en finir de ses discussions avec l'évêque d'Autun. Il le supplia instamment que de même que lui, abbé, avait fidèlement protégé ses droits, pendant qu'il était en pélerinage, comme il l'eût pu faire pour lui-même, et les avait maintenus dans leur intégrité contre ceux qui les envahissaient, de même lui, comte, défendît le monastère de son parent et toutes ses dépendances, les prît sous sa garantie, et les protégeât fidèlement jusqu'à son retour de Rome. Il lui promit en outre d'engager le seigneur pape à permettre que l'église de Vézelai fût soumise à la juridiction du comte de Nevers, ajoutant que, si par hasard il l'obtenait, il renoncerait aussitôt à toute nouvelle résistance. Et afin que cette trêve demeurât solide et inaltérable, l'abbé offrit au comte une somme de soixante livres, en monnaie de cours.

Fléchi par ces prières, séduit par ces promesses, déterminé par ces présens, le prince consentit à accorder la trêve qui lui était demandée, et promit d'ailleurs d'être à l'avenir ami fidèle, si les promesses de l'abbé venaient à effet. Et comme dans un cœur double, rien n'est plus facile que le mensonge, le comte promit beaucoup et tint peu. Toutefois, comme

la charité croit tout, espère tout, supporte tout, l'abbé, dans sa généreuse simplicité, se confia à sa bonne foi. Il partit donc pour Rome, et s'étant présenté devant la cour suprême, il triompha tellement devant le souverain pontife des prétentions de l'évêque d'Autun, que pas un des cheveux de sa tête ne flotta au gré du vent, et que l'évêque d'Autun au contraire fut humilié, à tel point que, cherchant à échapper à son jugement dans l'audience publique et couvert de confusion, il supplia pour obtenir un délai. Après cela, l'abbé s'étant présenté devant le seigneur apostolique, lui exposa les insultes que lui faisait endurer le comte de Nevers, à lui ainsi qu'au monastère de Vézelai, lequel jusqu'alors avait été entièrement libre, et sous la juridiction directe du bienheureux Pierre et de l'Eglise romaine. Et comme le pontife ne se laisse jamais ni fléchir par les prières des hommes puissans, ni séduire par les insinuations de ses amis, ni adoucir par les hommages, ni détourner de ses résolutions par les présens, ni réprimer dans ses censures ecclésiastiques; « que la sagesse apostolique, dit l'abbé, déclare
« ce qu'il faut faire; et si les libertés apostoliques doi-
« vent ou non se soumettre à l'insolence d'un prince.
« Peut-être, lorsque la rage aveugle de cet ennemi
« sera assouvie, pourra-t-il nous garantir le repos
« et nous tenir en sûreté sous sa tutelle? » A cela, le seigneur apostolique répondit : « Non, non; si
« le supérieur de Vézelai était soumis à une juri-
« diction du dehors ou à la populace, non seule-
« ment le monastère serait privé de son repos, mais
« en outre tout l'ordre ecclésiastique serait enchaîné
« dans les liens de la plus grande confusion. Ainsi

« donc nous censurerons le comte que nous avons
« déjà averti, et nous l'inviterons, comme nous l'avons
« déjà fait, à renoncer à cette insolente entreprise, le
« prévenant que s'il prétend à quelque droit sur ton
« monastère, il ait à recevoir ce qui aura été reconnu
« lui appartenir, par les juges que nous aurons nom-
« més, et qu'il renonce à ce qui appartient à autrui.
« Que si par hasard il ne fait nul cas de notre piété,
« voici l'arme, voici le frein, voici le glaive de Pierre,
« pour rabattre les oreilles de l'orgueilleux. Enfin
« nous voulons que ta prudence se fortifie par l'au-
« torité apostolique, afin que tu ne cèdes à qui que
« ce soit rien des intérêts du monastère, c'est-à-dire
« des droits du bienheureux Pierre, et que tu ne
« trahisses par aucune lâcheté la liberté native de ton
« église, augmentée encore par la faveur apostolique.
« Car, quoique tu sois fort éloigné, nous ne te mon-
« trerons pas moins de bienveillance, nous ne te sou-
« tiendrons pas avec moins de sollicitude et d'auto-
« rité, notre cher fils, car nous veillons pour la défense
« des droits apostoliques. »

Après avoir reçu de telles instructions et pris congé de la cour, l'abbé retourna en triomphe à son monastère. Lorsqu'il eut remis au comte le monitoire apostolique, celui-ci le méprisa, le repoussa dédaigneusement, le rejeta, répondant qu'il ne devait rien à celui de qui il ne tenait rien non plus. Ensuite il demanda à l'abbé si, selon sa promesse, il avait obtenu du seigneur apostolique de reconnaître à la cour de Nevers le droit d'audience et celui de suivre l'exécution des jugemens. « J'ai accompli les promesses
« de ma bouche, dit l'abbé, mais il m'a été défendu

« de suivre mes desirs. » Alors le comte, tout frappé d'étonnement et rempli de fiel, défendit de nouveau aux convois de Vézelai de sortir du bourg et d'y rentrer; et redoutant lui-même de faire la guerre aux moines, il poussa les satrapes de la province, savoir Gibaud de Saint-Véran, Itier de Brivat, Geoffroi d'Arcis et leurs complices, à assaillir les hommes de Vézelai, en quelque lieu qu'ils pussent les rencontrer, à usurper leurs biens, à ne pas épargner le monastère, à dévaster ses propriétés, à faire du mal à l'abbé, et à soulager leur détresse aux dépens de l'église. Ceux-ci donc, se répandant partout comme des chiens, envahirent les biens ruraux du couvent, tuèrent des moines, leur firent subir mille affronts après les avoir dépouillés de leurs vêtemens; et pillant toutes les provisions, ils enlevèrent tant les serfs que les bêtes de somme et les troupeaux du monastère. Nul respect religieux ne les arrêtait: les clercs étaient çà et là frappés de mort, les prêtres honteusement maltraités, les voyageurs dépouillés et mis à nu, les pélerins réduits en captivité, les nobles matrones livrées à la prostitution. Et à cette occasion considérons l'admirable patience de l'église de Vézelai, la grandeur d'ame et la fermeté plus admirable encore du sage abbé Pons. D'un côté le comte de Nevers, de l'autre l'évêque d'Autun, ici les princes, là les ducs de la terre, s'élançant tous ensemble, animés d'un seul esprit, tels que des bêtes féroces, couraient en tous sens, harcelaient l'abbé, tourmentaient l'église, et mutilaient tellement ses droits que tout ce qui tombait sous les mains ennemies cédait au premier occupant. Mais l'ame généreuse de l'abbé, générosité soutenue par la noblesse de sa race, supportait ces indignes traitemens avec d'autant plus de patience qu'on employait plus de perversité à lui faire subir toutes sortes de maux.

Cependant, voyant que ces maux allaient toujours croissant et se multipliant, l'abbé se rendit auprès du roi[1], pour lui demander secours contre le comte. Celui-ci, mandé par le roi, répondit : « Je tiens de
« mes pères et de mes ancêtres, par droit de mariage
« et par la concession et la faveur de votre vénérable
« père et de votre Sérénité, le droit d'appel et de pro-
« tection sur le monastère de Vézelai et tous les usages
« qui en sont la conséquence, et j'ai exercé ces droits
« jusqu'au temps présent sans aucune réclamation ni
« contestation. J'ignore entièrement pour quels motifs
« on me refuse ce droit si antique, que j'ai reçu de
« mes pères en héritage. » L'abbé lui répondant, dit alors : « L'église de Vézelai, noblement fondée par
« l'illustre comte Gérard, plus noblement consacrée
« par lui aux bienheureux apôtres Pierre et Paul,
« mise sous leur juridiction, confiée à leur direction,
« placée sous leur protection, mérita en outre, par
« l'intervention du pieux comte Gérard lui-même,
« de recevoir des très-excellens rois de France le don
« de ses priviléges et de ses prérogatives, en sorte que,
« ces rois lui faisant remise de tout ce qu'ils en re-
« cevaient anciennement, en vertu du droit royal,
« nulle puissance, nulle personne, quelles qu'elles
« fussent, n'eussent plus aucun moyen d'exiger d'elle
« aucune espèce de droit ou de redevance, sous
« quelque prétexte ou en quelque occasion que ce

[1] Louis le Jeune.

« fût, soit de piété soit de générosité, et que cette
« église se trouvât ainsi affranchie de toute condition
« de servitude, de toute obligation de rendre aucun
« compte. Le privilége que nous vous présentons ici,
« donné par votre pieux bisaïeul Louis, vous prou-
« vera qu'il en est ainsi, si votre Sérénité daigne en
« entendre la lecture. » Ayant pris connaissance du
privilége, le roi demanda à l'abbé s'il se confierait à
la décision royale et exécuterait la sentence qui serait
promulguée sur cette contestation. Mais l'abbé, réflé-
chissant que la cour lui était contraire et favorable à
la partie adverse, craignit de s'engager dans un procès dont l'issue semblait douteuse, et d'exposer par
là à un grand dommage l'église qui n'avait d'autre
juge que Pierre, et qui respirait encore un peu.
Il supplia la grandeur royale d'ordonner au comte
de renoncer à son inimitié contre le monastère de
Vézelai, et de se soumettre à la décision que rendrait le légat du Siége apostolique, ou ceux à qui le
seigneur pape en avait confié le soin. Mais le comte
ayant repoussé toutes ces propositions avec un rire
moqueur, l'abbé prit congé du roi et retourna à son
monastère.

Ayant appris que Jean, cardinal-prêtre de l'église
romaine, à qui le seigneur apostolique avait confié
le jugement de la contestation entre le monastère de
Vézelai et le comte de Nevers, revenait d'Angleterre,
après y avoir rempli une mission, l'abbé envoya à sa
rencontre, lui demandant de venir au plus tôt, attendu
que l'église de Vézelai, privée de tout secours, était
sur le point de se trouver entièrement abandonnée. Le
cardinal, ayant reçu le message, pressa sa marche, et

manda à l'une et à l'autre des parties, savoir à l'abbé et au comte, qu'ils eussent à venir à sa rencontre à Auxerre. Le même cardinal ayant appris que le cardinal Jordan avait été nommé légat dans les Gaules, lui écrivit de se rendre en hâte à Vézelai, afin d'y célébrer avec lui la fête prochaine de la bienheureuse Marie-Madeleine. Lorsque l'un et l'autre se trouvèrent à Auxerre en présence de l'abbé et du comte, le légat exhorta le comte, avec beaucoup de douceur et d'affabilité, à renoncer à ses prétentions et à faire la paix avec l'abbé, de peur qu'en persécutant le vicaire du Christ et de Pierre, il ne se déclarât l'ennemi de Dieu, et ne devînt semblable à Saul, le persécuteur de l'Église. « Bien plus, ajouta-t-il, si tu « persistes à mépriser nos paroles, tu ne seras pas « même jugé digne imitateur de Saul, car celui-ci, « dès qu'il eut éprouvé la puissance de celui qui le « gourmandait, suivit aussitôt le maître. » Mais comme le comte, dédaignant ces pieux avertissemens, persistait à dissimuler, et avait de nouveau interdit au public l'entrée et la sortie de Vézelai, le cardinal lui demanda une trêve, afin que les solennités du culte pour la fête de la bienheureuse Marie-Madeleine pussent être célébrées selon l'usage accoutumé et avec le concours du public. Ils eurent grande peine à obtenir cette trêve pour l'octave; le cardinal Jean et l'abbé Pons se rendirent alors à Vézelai; le cardinal Jordan, légat des Gaules, s'y rendit aussi, et y passa avec eux les jours de fête.

Cependant le comte, de retour d'auprès du roi, descendit et s'arrêta dans une plaine où le roi avait reçu le signe triomphant de la croix du Christ, pour aller

en pèlerinage. Là, le comte ayant rassemblé la majeure partie des hommes de Vézelai, et ses yeux répandant les larmes impures de la cupidité, sous une feinte apparence de compassion, il leur adressa ces paroles : « O hommes très-illustres, très-célèbres par
« une grande sagesse, très-vaillans par votre force,
« et très-riches enfin des richesses que vous a acqui-
« ses votre propre mérite, je m'afflige très-profondé-
« ment de la très-misérable condition où vous êtes
« réduits, car, possesseurs de beaucoup de choses en
« apparence, dans la réalité vous n'êtes en effet maî-
« tres d'aucune; bien plus, vous ne jouissez même
« en aucune façon de votre liberté naturelle. En
« voyant ces très-beaux biens, ces superbes vigno-
« bles, ces grandes rivières, ces pâturages très-abon-
« dans, ces champs fertiles, ces forêts épaisses, ces
« arbres chargés de fruits, ces brillantes maisons, et
« toutes ces choses enfin qui, par leur situation même,
« sont dans l'étendue de votre ressort, sans que ce-
« pendant il vous soit accordé aucune possibilité d'en
« jouir, en voyant tout cela, dis-je, je ne puis me dé-
« fendre d'éprouver pour vous une très-tendre com-
« passion. Si je m'arrête à ces pensées, je m'étonne
« grandement, et me demande qu'est devenue, ou
« plutôt à quel excès de lâcheté est tombée en vous
« cette vigueur jadis si renommée, avec laquelle vous
« mîtes à mort le très-sage et même assez généreux
« abbé Artaud, à cause du service auquel il voulait
« assujétir seulement deux maisons; tandis que main-
« tenant vous supportez cet étranger auvergnat, cruel
« lorsqu'il est présent, cruel lorsqu'il est absent, in-
« solent dans son langage, homme du peuple par sa

« conduite, qui non seulement commet des exactions
« sur vos biens, mais même sur vos propres person-
« nes; et vous le supportez avec une telle ineptie
« que déjà l'on peut à juste titre vous comparer à des
« bêtes brutes. Enfin, pour combler et mieux con-
« sommer votre ruine, votre seigneur abbé veut main-
« tenant tenter de me ravir et enlever ce droit d'ap-
« pel légitime, par lequel j'ai charge de vous protéger
« et de répondre pour vous, afin que, vous trouvant
« alors sans appui, il puisse librement vous imposer
« des redevances tyranniques. C'est pourquoi, mes
« très-chers, je conseille à votre sagesse et à votre
« grandeur d'ame de chercher à porter remède à une
« nécessité aussi pressante, et de vous séparer de cet
« homme, qui exerce sur vous ses fureurs avec tant
« de tyrannie; car sachez que, si je vous suis favo-
« rable, il ne vous arrivera aucun désastre; et qu'au
« contraire, tant que vous prêterez foi à mon adver-
« saire, il n'y aura pour vous aucun moyen de salut.
« Si donc vous jurez de conclure avec moi un traité
« d'alliance réciproque, et si vous voulez me conser-
« ver votre fidélité, partout vous jouirez de ma pro-
« tection, et je m'appliquerai à vous délivrer de toute
« exaction perverse, de toutes mauvaises redevances,
« et je vous défendrai aussi de tous les maux qui me-
« nacent de vous accabler. ».

Après ces mots, et ayant feint avec artifice une
grande douleur, en interrompant souvent son discours, le comte se tut. Les hommes lui répondirent,
disant : « Nous avons juré fidélité à notre seigneur
« par serment; et quoiqu'il en use injustement à no-
« tre égard, nous jugeons cependant qu'il est mal de

« trahir sa foi ; c'est pourquoi nous tiendrons conseil,
« pour mieux peser nos résolutions ; et à un jour
« convenu, nous nous réunirons en ta présence dans
« quelque lieu voisin de celui-ci, et nous te fourni-
« rons nos réponses sur ce que tu nous dis. »

Puis, s'étant retirés, ils vinrent rapporter à l'abbé
les paroles du comte, lui demandant quel conseil il
avait à leur donner. L'abbé leur dit alors : « Votre sa-
« gesse n'ignore pas, mes fidèles, que le comte n'est
« mon ennemi que pour ce seul motif, qu'il veut
« vous circonvenir par ses artifices, afin de vous ré-
« duire plus complétement en servitude, après vous
« avoir soustraits à une domination toute pleine de
« liberté. Quant à moi, qui, jusques à ce jour, ai
« combattu à la sueur de mon front pour votre li-
« berté, si vous voulez, en retour, me payer d'une si
« noire ingratitude ; si vous ne craignez pas de deve-
« nir ainsi traîtres envers moi et envers l'Église, no-
« tre mère, quelque affligé, quelque confus que je
« sois, je supporterai seul et la ruine de l'église et
« votre propre destruction, tandis que, vous et vos en-
« fans, vous porterez à perpétuité la peine de votre
« trahison. Que si, vous rendant à de meilleurs con-
« seils, vous résistez avec fermeté pour vous-mêmes,
« si vous demeurez inébranlables dans la foi par
« vous jurée à moi et à l'Église, qui vous a nourris
« de son lait et élevés ; si vous travaillez courageuse-
« ment à combattre tous ceux qui vous poursuivent,
« luttant pour votre liberté et votre salut, en même
« temps que pour votre gloire et votre honneur, je
« me sacrifierai très-volontiers pour vous, ne doutant
« nullement que de meilleurs jours ne succèdent à

« ces tristes événemens ; et qu'à la suite de ces tribu-
« lations, de ces calamités orageuses, il ne nous soit
« donné de jouir du repos et de la paix. » Les autres
lui répondirent alors : « Nous croyons et nous espé-
« rons qu'il en adviendra absolument comme tu dis.
« Mais il nous semble qu'il serait plus prudent de re-
« noncer au procès, de céder à ton adversaire, et de
« conclure la paix avec lui. Si cependant il en est au-
« trement à tes yeux, nous tenons et nous tiendrons
« certainement pour toi. Ainsi ne doute point que,
« comme tes fidèles, nous ne soyons prêts à te soute-
« nir en tous lieux, en tout point et en toute sincé-
« rité. » L'abbé leur répondit : « Certes, quant à
« moi, je n'ai aucune espèce de procès, et je n'ai qu'à
« répondre ou à me défendre contre celui qui me fait
« procès. Céder à mon adversaire dans les circonstan-
« ces présentes, ce serait signer de ma main l'acte de
« la lâcheté la plus insensée, et consentir à un oppro-
« bre éternel. J'ai souvent demandé la paix, tant par
« prière qu'à prix d'argent, ou en rendant hommage;
« je l'ai plus souvent offerte, plus souvent encore je
« l'ai conclue, et jamais je n'ai pu l'obtenir de cet en-
« fant de discorde. Si donc, comme vous le dites,
« vous demeurez fermes pour le salut commun, je
« vous promets ma coopération pour la défense de
« vos personnes et de vos libertés ; et m'appuyant sur
« la vertu et la justice, je supporterai avec vous tous
« les revers et tous les coups de l'aveugle fortune. »

Ayant dit ces mots, il les renvoya. Et voici que des
hommes pervers, répandant le venin depuis long-
temps renfermé dans les replis de leur mauvaise conscience, accoururent en foule, et réunissant à eux

une très-grande multitude de jeunes gens scélérats, ils conclurent réciproquement entre eux une alliance criminelle, pour conspirer contre le gouvernement très-équitable et très-pieux de leur seigneur, trahissant leur foi, après avoir feint jusques à ce moment de s'y maintenir, et se détachant de l'église, leur mère; puis, se réunissant à un jour et en un lieu convenus d'avance, ils se confédérèrent avec le comte, abjurant leur légitime seigneur, formant à l'envi les uns des autres, par l'entremise du comte, une exécrable commune, et conspirant contre leur chef, pour secouer au loin le joug libéral de l'église, et pour s'attacher au comte. Celui-ci leur jura que jamais, ni en aucun lieu, ses conseils et ses secours ne leur manqueraient, contre qui que ce fût, ou pour quelque affaire que ce fût, et il leur donna des chefs ou juges, qu'ils résolurent d'appeler leurs consuls. Ces faits ne furent point ignorés du susdit seigneur abbé, non plus que des cardinaux qui avaient été invités à assister aux fêtes. Les hommes les plus âgés, qui étaient considérés comme les chefs du peuple, s'étant donc présentés devant les cardinaux, et se confiant en la force que leur donnait leur perfidie, demandèrent qu'on leur fît remise de certaines redevances, qu'ils dirent être nouvelles et tyranniques. Les cardinaux leur répondirent : « Comme nous vous devons
« également le tribut de notre sollicitude, en tant qu'en-
« fans de l'Église romaine, nous nous emploierons
« avec la meilleure volonté à obtenir de l'abbé ce qui
« paraîtra devoir assurer votre repos et votre avan-
« tage, et pourra se concilier en même temps avec
« l'honneur et le respect des droits. Nous le connaissons

« d'une telle mansuétude, que nous ne doutons nul-
« lement qu'il ne se rende à nos exhortations, et ne
« vous accorde dans sa clémence tout ce que la voix
« de l'équité exigera. Mais maintenant qu'il se trouve
« exposé à un péril mortel pour la défense de la li-
« berté commune et pour votre salut, il est nécessaire
« que vous lui conserviez votre foi, que vous lui por-
« tiez secours en toutes choses, que vous travailliez
« avec lui pour vous-mêmes; car les choses en sont
« au point que tous vos intérêts se trouvent grave-
« ment compromis. Or, si par hasard, ce que nous ne
« pouvons croire, quelques-uns d'entre vous étaient
« entrés dans quelque conspiration contre votre sei-
« gneur l'abbé, il faut d'abord que de telles pensées
« soient abjurées, purgées; et ensuite, tout ce qui
« sera reconnu former le sujet d'une juste plainte,
« sera arrangé, sauf le maintien des droits de l'église. »
L'abbé leur adressa aussi ces paroles : « Vous voyez,
« leur dit-il, comme je suis vivement opprimé et per-
« sécuté par le comte, à qui vous avez donné la main,
« conspirant avec lui contre moi pour votre propre
« ruine. Il est injuste que, par une alliance crimi-
« nelle, vous vous assuriez une force, avec laquelle
« vous paraîtrez arracher plutôt que demander une
« remise, qui par là semblera moins vous avoir été
« accordée à titre de remise, qu'avoir été extorquée
« et enlevée par vous. Mais si vous renoncez complé-
« tement à cette mauvaise alliance, vous mériterez
« d'obtenir, non seulement une remise, mais en ou-
« tre votre pardon tout entier, ainsi qu'il convient à
« votre mansuétude. » Mais eux, poussant des cris,
répondirent qu'ils ne feraient point ainsi, et que

bien plutôt ils poursuivraient leur rébellion contre l'église.

Cependant les cardinaux supplièrent le comte de mettre un terme à ces discordes et de renoncer lui-même à sa colère. Mais lui refusa d'accéder à leur demande. Et comme après avoir prié long-temps ils insistaient encore, il jura de n'admettre aucune espèce d'arrangement jusqu'à ce qu'il eût recouvré ce qu'il disait être son droit. Alors enfin l'abbé porta plainte devant les cardinaux contre ceux qui lui faisaient tant de mal, savoir Geoffroi d'Arcis et les autres que le comte poussait à la destruction de l'église. Celui-ci ayant répondu que ces hommes n'étaient point de sa maison, ni de ses chevaliers, et qu'en conséquence, s'ils faisaient quelque tort à l'abbé, c'était de leur propre mouvement et non d'après son impulsion, les cardinaux de l'Église romaine résolurent de frapper du glaive de l'anathème les dévastateurs de l'église. Le comte leur résista, disant qu'il avait des hommes à lui, qu'il tenait tout prêts à faire justice, si l'abbé répondait, à lui ainsi qu'aux gens du bourg, sur les interpellations qui lui seraient faites. Un jour fut fixé pour l'examen des griefs que le comte avait à produire, et ce jour là, qui était le neuvième, les cardinaux sortirent de Vézelai en grande crainte pour se rendre à Chablis, menant l'abbé entre eux deux, à cause de la conspiration des perfides qui l'avaient dévoué à la mort. Lorsqu'on fut arrivé à Chablis, les cardinaux ordonnèrent au comte d'exposer son affaire. Et quand il l'eut exposée, il demanda que l'abbé, tant pour lui que pour les hommes de Vézelai, se présentât en justice devant lui, lorsqu'il serait appelé en cause. Les cardinaux et les autres hommes sages qui étaient présens pensèrent qu'on n'avait pas droit d'exiger de telles choses de l'abbé; et l'on offrit au comte une juridiction conforme à la teneur des mandats apostoliques; mais le comte repoussa cette juridiction en homme injuste, et le jugement en homme inique. On lut en sa présence les lettres apostoliques, par lesquelles une sentence d'excommunication était prononcée contre lui, s'il ne venait à résipiscence. Sur cette lecture, le comte entra en fureur, et refusa longtemps aux cardinaux un sauf-conduit pour traverser ses terres. Les personnes illustres qui étaient présentes eurent beaucoup de peine à obtenir qu'il leur accordât ce sauf-conduit. Quant à l'abbé, il ne voulut lui donner de sûreté que jusqu'à Vézelai. Mais l'abbé ne jugea pas à propos de s'y rendre, car ses hommes, dans leur perfidie, avaient conjuré sa perte. L'évêque de Nevers le prit avec lui, sur l'ordre que lui donnèrent les cardinaux de la part du seigneur apostolique; il l'emmena de l'église de Chablis et le conduisit jusqu'au port de Saint-Mayeul. L'ayant traversé, l'abbé se dirigea vers le Montet et y demeura quelques jours.

Cependant les traîtres de Vézelai, ajoutant le sacrilége au parjure, s'attachèrent plus étroitement au comte, et oubliant leur bienfaiteur, qui les avait enrichis lorsqu'ils étaient mendians et dans la misère, comblés de toutes sortes de biens lorsqu'ils étaient pauvres et vagabonds, oubliant Dieu et se détournant de lui, ils adorèrent des dieux qu'ils ne connaissaient pas, courbèrent la tête devant le comte et les autres princes de la province, se livrèrent à eux corps et biens, et s'abandonnant à la fornication dans l'orgueil de leurs yeux, autant qu'il fut en eux, ils souillèrent la sainte semence, et déshonorèrent la chasteté de l'Église incorruptible. Le comte, de son côté, indépendamment de tous les maux qu'il faisait au monastère, en enlevant toutes les choses qui étaient trouvées en dehors du bourg, et se livrant sans aucun ménagement à beaucoup d'autres excès et cruautés, y ajouta encore d'accueillir les déserteurs de Dieu et de l'église, au mépris de toute justice et des priviléges apostoliques, de les exciter lui-même à cette désertion par toutes sortes de promesses et de cajoleries, de les provoquer même par les menaces et la terreur, leur promettant de plus de ne jamais conclure la paix avec l'abbé, sans qu'ils y fussent compris, et de ne jamais consentir à une réconciliation avec lui. Se confiant donc en son assistance et conspirant de concert avec le comte, les habitans du bourg, ou, comme ils s'appelèrent, les bourgeois, jadis et jusqu'alors enfans de l'église selon l'apparence, maintenant devenus étrangers à elle et ses ennemis, d'autant plus dangereux qu'ils sortaient de son sein, se précipitèrent comme des souris qui s'élancent hors de leurs trous, et impétueux comme Bélial, s'insurgèrent contre l'église leur mère, l'enveloppèrent comme d'un abîme de leurs lignes de circonvallation, et recouvrirent sa tête comme un débordement de la mer. Puis ayant appris que leur abbé s'était éloigné d'eux secrètement, et allant violer le temple très-saint, ils s'emparèrent de ses tours, y placèrent des gardiens, y déposèrent des alimens et des armes, et ajoutant à ces crimes des crimes pires encore, ils injurièrent honteusement les moines serviteurs de Dieu et bons seigneurs, et les ayant dépouillés de tous leurs biens et leur enlevant toute possibilité de recevoir des secours humains, ils les tinrent renfermés dans les murs du monastère, et déclarèrent qu'il ne serait permis à aucun d'eux de sortir sans être accompagné. En outre ils envahirent les fermes, usurpèrent les droits du monastère ou les revenus qui lui appartenaient légitimement, renversèrent un grand nombre de maisons de l'église, pillèrent les terres et les moulins, et enlevèrent tous les effets. Entraînés par leur fureur, ils n'épargnèrent ni les biens meubles ni les immeubles; ils rasèrent les murailles et les clôtures du monastère; le jour et la nuit ils se rassemblaient en conciliabules pour concerter leurs criminelles résolutions, pour préparer leurs artifices, leurs fraudes et leurs embûches; conspirant toujours d'un commun accord, ajoutant à de mauvaises actions des actions plus mauvaises encore, et se répandant tous les jours en menaces plus terribles que les actions les plus coupables.

Cependant le très-vigilant abbé Pons partit pour Cluny, où les cardinaux, légats du Siége apostolique, s'étaient rassemblés avec beaucoup de personnes religieuses et honorables. Lorsqu'il leur eut fait connaître tous les maux que les profanes habitans de Vézelai avaient faits à son monastère, il les supplia de demander à l'abbé de Cluny, c'est-à-dire à son frère, qu'il lui accordât une cellule, afin qu'il y pût demeurer en sûreté, et chercher de là les moyens de faire la paix. Ceux-ci, prenant compassion de son affliction, supplièrent en effet l'abbé de Cluny de se montrer miséricordieux et compatissant pour son frère utérin, plongé dans une extrême détresse; de le soulager dans son exil, et de lui concéder généreusement le monastère de Souvigny, jusqu'à ce qu'il eût trouvé le terme de ses tribulations. L'abbé, accédant à leur demande, promit de faire bientôt ce qu'on desirait, dès qu'il aurait trouvé un emplacement convenable. Après cela l'abbé Pons insinua à son frère et aux principaux du couvent de Cluny de faire en sorte que les cardinaux publiassent une sentence d'anathème contre les sacriléges et perfides traîtres de Vézelai et contre leurs instigateurs. Mais eux s'étant refusés à cette démarche, les cardinaux jugèrent convenable de faire ce que l'abbé demandait avec instance.

Ayant donc rendu une sentence, ils séparèrent du corps du Christ, c'est-à-dire de l'Église catholique, par le glaive de l'anathème, ces malfaiteurs, profanateurs des choses sacrées, et traîtres à eux-mêmes. L'abbé les supplia en outre de faire connaître en entier au seigneur pape les détails de son affaire, tels qu'ils les avaient vus de leurs propres yeux et touchés de leurs propres mains; et après leur avoir adjoint son député, qu'il chargea de rapporter la sentence du pontife universel contre le comte, il retourna au Montet, muni de l'arrêt d'excommunication lancé contre les traîtres de Vézelai. Lorsqu'il eut envoyé cet acte à Vézelai, en donnant l'ordre de promulguer la sentence des cardinaux romains, les prêtres, s'étant tous rassemblés dans la chapelle supérieure de Saint-Pierre, lurent la sentence en présence de tout le peuple, et prononcèrent publiquement l'anathème contre ceux qui y étaient nominativement désignés : tous les autres et tout le pays furent mis en interdit pour les offices divins et les autres grâces de l'Église, sous la seule réserve du baptême pour les petits enfans et de la confession pour les mourans. Remplis de fureur, quelques-uns des sacriléges s'élancèrent sur le prêtre qui avait lu la sentence. Le premier d'entre eux fut Eudes du Marais, qui, rejetant son manteau, se mit à chercher des pierres pour les lui lancer; après lui vinrent David Longuebarbe et son fils Robert, lequel, détachant son manteau, ôta ses sabots pour frapper le prêtre, et s'il ne fût survenu quelques personnes, le prêtre eût été brisé en mille pièces; mais il se réfugia vers l'autel et eut à peine le temps d'échapper aux mains des impies. Le jour suivant il fit enlever les battans de la porte de l'église et obstruer le passage avec des ronces; mais Hugues et Pierre, tous deux surnommés de Saint-Pierre, inventeurs de toutes les méchancetés, enlevèrent les ronces et rétablirent les battans de la porte. Dans l'église de Saint-Étienne, le clerc, qui voulut s'opposer aux entreprises de ces sacriléges, ayant été accablé d'injures, ceux-ci enlevèrent le calice, le livre et les vêtemens sacerdotaux : ensuite étant entrés dans l'intérieur du monastère, en faisant beaucoup de bruit et dans une grande fureur, ils chargèrent d'insultes et d'invectives le prieur Hilduin, entouré de quelques prêtres qui l'assistaient, s'en prenant à lui de l'excommunication, et lui demandant une trêve avec une extrême arrogance : et comme le prieur ne voulut pas la leur accorder, ils lui répondirent unanimement : « Puisque « vous nous excommuniez sans que nous l'ayons mé- « rité, nous agirons comme des excommuniés. En

« conséquence dès ce moment nous ne vous paierons
« plus les dîmes ni le cens, ni les autres rentes or-
« dinaires. » Puis, allant trouver le comte, ils se plaignirent à lui de cette sentence. Sur quoi il leur dit :
« Je n'y puis rien du tout, ils en feront autant contre
« moi, si cela leur plaît. » Et ils lui dirent : « Où
« donc moudrons-nous, où ferons-nous cuire notre
« pain? car les moines ne veulent plus moudre avec
« nous. » Et le comte leur répondit : « Allez, chauf-
« fez le four avec votre bois, et faites cuire votre
« pain. Si quelqu'un veut s'y opposer, brûlez-le tout
« vif; et si le meunier veut faire résistance, écrasez-
« le tout vif sous sa meule. »

Encore plus animés par ces paroles et d'autres semblables, ils s'en retournèrent, pour aggraver les maux
qu'ils avaient déjà faits. Il en résulta qu'ils firent à
leur gré souffrir au monastère toutes sortes de dommages, d'insultes et de calamités; qu'ils chassèrent de
leurs maisons les enfans de l'église, en les accablant
de coups, et qu'ils jurèrent, avec toutes sortes de
bravades, de tourmenter les moines, au point que la
plante même de leurs propres pieds aurait besoin de
recevoir l'absolution. Ainsi, méconnaissant entièrement la puissance de l'abbé ou de l'Église, ils ne firent plus aucun cas de la sentence rendue contre eux,
et ne s'abstinrent nullement d'entrer dans la sainte
église, mettant ainsi le comble à leurs péchés, ne redoutant plus Dieu, n'ayant plus aucun respect pour
son sanctuaire. Le prieur se plaignit de tous ces faits
et de beaucoup d'autres du même genre en présence
du comte. Celui-ci, ne desirant que le mal et les actions perverses, répondit qu'ils avaient bien fait; et

enchérisssant encore, il ajouta ces paroles : « Plût à
« Dieu que tous les moines fussent partis, et que le mo-
« nastère fût détruit de fond en comble ! Pourquoi
« les a-t-il fait excommunier? » Puis, arrachant un poil
du vêtement qui le couvrait, il dit : « Dût toute la mon-
« tagne de Vézelai être précipitée jusque dans le fond
« d'un abîme, je ne donnerais pas ce poil pour l'empê-
« cher. Je vous recommande de garder le trésor de
« l'église, ainsi que les offrandes; veillez soigneuse-
« ment à ce que l'abbé n'en puisse rien toucher ou
« recevoir; c'est à cause de lui surtout que je veux
« que les bourgeois dispersent tout, détruisent tout,
« et principalement qu'ils ruinent ceux qui tiennent
« pour son parti. » Or il arriva qu'un homme étant
mort sous le poids de l'anathème, les bourgeois l'en-
sevelirent sans l'assistance d'un prêtre, portant eux-
mêmes les bannières, et ensuite ils chassèrent le prêtre lui-même de sa maison.

L'abbé résidait toujours au Montet, et comme on
rapporta à l'abbé de Cluny que celui de Vézelai,
ayant envoyé un député à Rome, y faisait demander
au souverain pontife le monastère de Souvigny, l'abbé
de Cluny en fut très-irrité, et éluda par des délais
l'exécution de sa promesse. Craignant en outre que le
seigneur apostolique ne vînt à lancer un anathème
contre le comte et ses terres, et que, par là, les monastères qui ressortissaient de celui de Cluny, et dont
plusieurs se trouvaient sur les terres du comte, ne fussent mis en péril, l'abbé de Cluny employa ses amis
pour transmettre au comte un message et des avertissemens. « Tous, tant que nous sommes, lui mandait-
« il, qui portons le nom de chrétiens, nous ne pou-

« vons prétendre à nous soustraire complétement à la
« censure apostolique. Ainsi tu feras bien, si, te li-
« vrant sincèrement à de favorables espérances, tu
« conclus la paix avec l'abbé de Vézelai par notre in-
« termédiaire. Ce sera notre affaire d'arranger les
« choses des deux côtés, de telle sorte que tu trou-
« ves aussi ton profit à cette paix. » Ayant reçu ce
message, le comte consentit à la proposition, et expédia en toute hâte le prieur de Saint-Étienne, en qualité de l'un des plus anciens, à l'abbé de Vézelai, dont
la mort, qu'il desirait ardemment, lui eût été plus
agréable que toutes sortes de parures. Le prieur donc,
se rendant vers l'abbé, vanta beaucoup la fermeté et
la grandeur d'ame qui brillaient en lui ; mais il ajouta
que, s'il se laissait un peu adoucir dans son obstination, il n'éprouverait plus le moindre dommage dans
son monastère. Il l'exhorta à ne se montrer ferme
dans l'adversité que de manière à mettre son honneur à l'abri dans la fortune prospère ; il lui dit
que les chances de la guerre sont toujours incer-
taines, que rien au contraire ne serait plus solide,
plus assuré, ne lui donnerait plus de repos que la
paix, quoique les choses parussent poussées à l'extrême ; et il protesta enfin que s'il daignait recevoir
celle qui lui serait offerte de la main de l'abbé de
Cluny, le comte adopterait aussi ces arrangemens. Il
semble qu'on ne doive point se méfier de celui qui
est né du même sang ; car l'identité de nature qui se
trouve dans une telle parenté répugne à tout acte
d'hostilité, et celui qui se constitue juge en pareil
cas doit être vaincu dans son inimitié par les liens
du sang.

L'abbé crut donc celui qui cherchait à le persuader, et n'imagina pas qu'on pût lui faire aucun tort par surprise, lorsque toute sa cause était si bien d'accord avec la justice. L'abbé de Cluny, celui de Vézelai, et le comte de Nevers, se réunirent donc à Luzy, bourg du diocèse d'Autun. A cette conférence, furent présens Étienne, abbé de Saint-Michel de Cluse, et ..... [1] abbé de Moissac, ainsi que d'autres graves personnages de Cluny. Lorsque tous se furent réunis, et à la suite de plusieurs demandes injustes que le comte présenta pour des choses qui ne lui étaient point dues, ceux qui s'étaient rassemblés pour remplir l'office d'avocats, servant la partie adverse plutôt que la justice, sous l'apparence de pieuses intentions, conclurent par composition un certain traité de paix peu favorable à la liberté, propre à amener la servitude, et frappé du cachet de l'instabilité; ensuite ils invitèrent l'abbé Pons à accepter ce que l'amitié fraternelle et les soins de ses amis avaient réglé pour lui rendre la paix, l'engageant à racheter par là un temps précieux, à pourvoir à l'impérieuse nécessité, et lui représentant qu'il devait s'estimer heureux que son adversaire eût obtenu moins qu'il ne demandait. Mais l'abbé, dans sa sagesse, leur objecta à diverses reprises et son respect pour la Divinité, et l'injure faite à son honneur, et les supplia de nouveau de ne pas permettre que l'impie triomphât par les soins des ministres de piété. Enfin le comte promit solennellement, si l'abbé consentait aux arrangemens arrêtés par de si puissans amis, de dissoudre lui-même la commune ou la sacrilége confédération de

---

[1] Le nom manque.

ses hommes, de l'abolir complétement, et de rétablir l'abbé sain et sauf dans son monastère, en lui conservant tous les droits de la seigneurie. Comme on contestait encore sur beaucoup de points des deux côtés, et comme l'abbé insistait toujours sur ses demandes, en sorte que les affaires étaient sur le point de retomber dans la confusion, l'assemblée ayant tenu conseil s'ajourna à Nevers, pour terminer les conférences et conclure une paix définitive. Le tyran envoya donc un message aux plus considérables parmi les conspirateurs, pour leur donner ordre de venir assister à la réconciliation prochaine. L'abbé manda aussi au prieur et à quelques autres frères de son monastère qu'ils eussent à se rendre auprès de lui, après s'être concertés d'abord avec l'assemblée générale, pour savoir si elle approuvait la ratification du traité de paix conclu entre lui et le comte, par l'intervention des personnes ci-dessus désignées. Les frères du monastère répondirent à l'unanimité à leur seigneur et père, qui montrait pour eux tant de sollicitude, qu'ils tenaient pour ratifié, pour solide et inébranlable tout ce qu'il aurait réglé ou consenti dans sa paternelle prévoyance, sauf le maintien des priviléges et libertés de l'église.

L'assemblée s'étant reformée à Nevers, le comte envoya à l'abbé Pons quelques présens et quelques vases, pour faire parade de ses prétendues intentions pacifiques : en voyant cela, les traîtres et les sacriléges furent couverts de confusion, et craignirent d'être abandonnés par leur prince. Le comte s'étant rendu auprès de l'abbé de Cluny, celui-ci l'invita avec vivacité à rentrer en bonne amitié avec son parent. Lui alors, faisant mille protestations, jura qu'il ne chérissait personne plus tendrement que l'abbé; bien plus, qu'il ne lui demanderait jamais rien qui ne convînt parfaitement à ses intérêts et à son honneur; puis, allant jusqu'à fléchir le genou, et serrant dans ses mains les mains de l'abbé de Cluny, cet homme artificieux essuyait de belles larmes qu'il répandait en grande abondance.

Comme les hommes de Cluny se consultaient en secret pour travailler au rétablissement de la paix, et tenaient éloignés de leurs assemblées les compagnons de l'abbé, ils se rendirent par cette conduite suspects à ceux de Vézelai. Craignant donc que, sous le prétexte de cette paix, on ne leur imposât des conditions honteuses et préjudiciables à leurs intérêts, quelques-uns de ceux-ci se présentèrent devant l'abbé de Cluny et lui demandèrent instamment, au nom de Dieu et de la puissance apostolique, et de la part du chapitre de Vézelay, de veiller à ce que, sous le prétexte de la paix, on ne dirigeât aucune entreprise contre la dignité et les priviléges de leur monastère. A la suite de ces représentations, l'abbé de Cluny irrité ordonna tous les préparatifs de son départ; et ayant appelé son frère, il le gronda beaucoup, disant : « Qu'est-ce donc que tu fais? Pourquoi me dés-
« honores-tu si légèrement? Te semblé-je donc un
« enfant ou un homme en délire? Je travaille de
« tous mes efforts pour assurer ta paix et ton bien,
« je veille sans relâche pour défendre tes intérêts et
« te procurer le succès; et toi, en revanche, ce que
« j'édifie, tu le renverses; ce que je construis, tu le
« détruis; ce que je rassemble, tu le dissipes; ce que

« je dis ouvertement pour le bien de la paix, tu le
« contredis secrètement en m'accusant! Ainsi donc,
« puisque mes soins te paraissent superflus, porte à
« toi seul ton propre fardeau. » L'abbé de Vézelai,
fort étonné en entendant ces paroles, demanda qui
donc avait osé dire de telles choses ; les hommes de
Cluny lui répondirent que Guillaume, surnommé ¹....

La reine, mère du roi, sœur de l'épouse d'Archambaud de Bourbon..........

Et la fille.......... qui dans la suite fut mariée au comte de Saint-Gilles..........

Macaire, abbé du couvent de Fleury................
....

« Tandis qu'étant en trêve et jouissant dans mon
« monastère de la paix de votre révérence, j'admi-
« nistrais les droits de l'église, il arriva que j'entrai
« en procès avec un vassal de l'église, au sujet d'une
« propriété de cette même église, et je déclarai que
« ce procès devait être terminé par un combat sin-
« gulier. Mais lorsque le moment de ce combat fut
« arrivé, les hommes qui sont ici présens, s'étant
« soulevés séditieusement, m'assaillirent, moi, mes
« frères et mes serviteurs, et nous prenant ainsi à
« l'improviste, et sans que nous nous attendissions à
« rien, ils nous mirent en fuite, violèrent les clôtures
« du monastère, dispersèrent les ornemens, enlevè-
« rent des meubles de toutes sortes, brisèrent les voi-
« tures, répandirent les vins, et pillèrent des provi-
« sions de toute espèce ; le sanctuaire fut foulé aux

---

¹ Il manque ici vingt-huit feuillets qui sont enlevés dans le manuscrit. Mais on voit, par ce qui suit, que l'abbé Pons en appela au roi et que la cause fut plaidée à Moret.

« pieds et profané, nos moines et nos domestiques
« furent massacrés ; ils me cherchèrent pour me don-
« ner la mort, disant que partout où ils me trouve-
« raient, ils me couperaient en mille morceaux ; puis
« ils nous assiégèrent, nous inhabiles à combattre ;
« ils forcèrent les maisons, renversèrent les moulins,
« s'emparèrent de tout ce qui tomba sous leurs mains ;
« et au mépris de la majesté royale, ils se rassasièrent
« de nos souffrances. Enfin, ayant trouvé une occa-
« sion favorable, et en vertu d'un ordre apostolique,
« comme je puis le faire voir, je me suis réfugié vers
« toi, mon unique appui. Ainsi donc, me présentant
« devant ton équité pour obtenir justice, je viens
« demander à ces hommes le prix de mon sang, du
« sang des miens, de ma mort qu'ils ont voulue, des
« dommages que ma maison a soufferts, sauf le main-
« tien de tes droits et de ceux du seigneur aposto-
« lique, ne pouvant ni ne devant en aucune façon
« oublier de telles insultes. ». Après avoir dit ces
mots, il demeura en silence.

Le prince, c'est-à-dire le comte de Nevers, se levant alors, et soutenant la cause des perfides, dit :
« Comme il est certain que le bourg de Vézelai est
« peuplé de plusieurs milliers d'hommes de toute es-
« pèce, hommes qui ne mènent point le même genre
« de vie, n'ont point les mêmes habitudes, mais plu-
« tôt, et en majeure partie, étrangers qui arrivent d'un
« côté ou d'autre, apportant des dispositions fort di-
« verses, et se conduisant bien plus selon leurs ca-
« prices que selon la loi, on ne saurait justement im-
« puter aux indigènes d'élite, aux hommes qui sont
« éprouvés en tout point selon la loi et l'honneur,

« tous les crimes auxquels une populace aveugle peut
« s'être livrée dans son emportement. Si l'on confon-
« dait dans une même accusation le juste et l'impie,
« une telle justice ne serait plus justice. En outre,
« comme partout la populace est plus nombreuse, et
« par conséquent plus forte en quelque façon que la
« classe noble, pourquoi s'en prendre à un petit
« nombre d'hommes honnêtes, qui ne sont occupés
« que du soin de leurs affaires particulières, alors que
« l'autorité même du prince ne peut comprimer les
« mouvemens populaires? C'est pourquoi, et si votre
« prudence royale le juge convenable, que l'abbé dé-
« signe nominativement les auteurs du crime, afin que
« les innocens étant absous, la justice n'exerce ses
« rigueurs que contre les criminels. » Sur cela il fut
répondu : « Comme c'est un droit naturel et légitime,
« et qui appartient en propre aux citoyens de garder
« et défendre, et de préserver de tout péril leur sei-
« gneur et prince, de ne pas craindre, de braver
« même la mort pour son salut, il faut appeler non
« pas seulement coupables, mais en outre traîtres
« et déserteurs de leur seigneur, et par suite appeler
« en justice ceux qui, le voyant exposé à un si grand
« danger, l'ont privé frauduleusement de leur appui
« et de leur secours : c'est pourquoi il faut faire
« retomber sur leurs têtes tous les excès auxquels la
« populace s'est méchamment livrée, à leur instigation,
« avec leur assistance, et sous leur protection. » Alors
tous ceux qui n'étaient pas sortis de Vézelai avec
l'abbé, ou qui ne s'étaient pas réunis aux frères assiégés
dans le monastère, ou ne leur avaient pas porté secours, furent déclarés en justice coupables de trahison,

d'infidélité, de sacrilége, de parjure et d'homicide.

Cela fait, une sentence du roi remit la cause à la prochaine séance, afin que l'abbé pût fournir par témoins les preuves de ses pertes et de celles de son église, et que ceux qui seraient condamnés sur l'accusation capitale, restituassent intégralement tout ce dont il serait légitimement fait preuve. A cette séance, voici ce que dit l'abbé : « Comme il est publiquement connu qu'à
« raison de l'énormité de leur obstination, ces hommes
« ont été excommuniés et frappés d'anathème par
« trois seigneurs apostoliques, il me semble qu'il se-
« rait hors de propos de mettre en présence le sei-
« gneur devant des esclaves, la bonne foi devant la
« perfidie, la religion du serment devant des par-
« jures, l'autorité des témoignages devant des profa-
« nateurs, la loi devant des sacriléges. » L'évêque de Langres, qui s'était toujours et en tout lieu montré l'ennemi de la cause de Vézelai, et qui, de concert avec Humbert de Talaie, archidiacre de Nevers, et par l'intermédiaire du comte, avait pris sous sa protection les intérêts des traîtres bourgeois, répondit alors à l'abbé : « Comme la sentence n'a été que tout
« récemment promulguée, nous ne pensons pas que
« ces hommes soient soumis à la loi des excommu-
« niés, tant qu'ils n'auront pas été généralement et
« nominativement connus, appelés et proclamés par
« l'église; or nous ne savons nullement qu'aucune
« de ces choses ait été faite. » A cela l'abbé répondit : « Il y a ici présens le seigneur de Sens, le
« seigneur de Paris et le seigneur de Troyes, qui,
« d'après les ordres du pontife apostolique, ont dé-
« signé nominativement les traîtres sacriléges. » Les

évêques ayant attesté qu'ils avaient fait ainsi, on engagea cependant l'abbé à fournir ses preuves, lesquelles ne pourraient certainement nuire à ses droits. Mais comme tous les officiers et serviteurs de l'église, par lesquels les preuves devaient être fournies, n'étaient pas présens, on remit au samedi suivant, pour que toutes les personnes, tant présentes qu'absentes, eussent à se rassembler à Moret.

Ceci fut décidé le jour dit le mardi, c'est-à-dire, le troisième jour de la semaine. Lorsque ceux qui en avaient été requis se furent de nouveau réunis, tous sortirent ensemble avec le roi et les grands, et se rassemblèrent dans une forêt située au-dessus de Moret. Là l'abbé, ayant énoncé le montant des pertes dont il offrait la preuve, dit qu'elles s'élevaient en totalité à cent soixante mille sous, sans compter les dégradations commises dans les forêts et les cours d'eau, sans parler de l'insulte que lui avait faite la trahison, du sang des hommes massacrés et du sacrilége de l'envahissement et de la profanation de la très-sainte église. Après avoir entendu ceci, les coupables, remplis de consternation, se mirent aussitôt en fuite, sans attendre que l'abbé eût fourni ses preuves, et ils retournèrent, à l'insu du roi, auprès de leurs compagnons et des complices de leurs crimes! Cependant l'abbé, selon l'ordre du roi, administra ses preuves en présence du comte et de ses adhérens ci-dessus dénommés. Le roi ayant appris que les perfides s'étaient absentés et soustraits imprudemment à la juridiction de la cour royale, sans en avoir reçu la permission, dit alors : « Heureusement l'abbé a prouvé « son bon droit en même temps que ces traîtres ont

« donné la preuve de leur perfidie : c'est pourquoi,
« puisqu'ils se sont soustraits à notre justice, qu'on
« prononce une sentence telle qu'il convient à leur
« culpabilité. » Alors l'archevêque de Rheims parla
en ces termes : « Nous avons tenu une audience, et
« nous en aurions tenu d'autres si ces hommes eus-
« sent attendu, se montrant du moins dignes de se
« présenter ouvertement en justice. Or maintenant,
« puisque dépourvus de toute raison, ils sont déchus
« de tout droit à la justice, nous ordonnons, par le
« jugement du roi, que le comte de Nevers, qui en
« tant que fidèle du roi est ici présent, ait à se saisir
« de vive force de ces hommes profanateurs et traî-
« tres, et à les amener devant le roi pour être punis,
« et au lieu où il aura reçu l'ordre de les représenter.
« En outre, il livrera à l'abbé tous leurs biens, tant
« meubles qu'immeubles, sans exception, pour l'in-
« demniser des pertes qu'il a supportées. » On demanda au comte s'il acceptait la sentence prononcée de la bouche du roi, et il répondit : « Je l'ac-
« cepte. » Cependant l'évêque de Langres faisait des
efforts pour repousser ce jugement. Alors l'archevêque de Rheims lui dit : « Si le jugement qui vient
« d'être prononcé te paraît injuste, je t'appelle devant
« le tribunal de Rome, afin que tu y portes tes objec-
« tions, si tu en as à faire, en présence du souverain
« pontife, du juge universel. — Nullement, répondit
« l'évêque de Langres, je n'accepte cet appel, et ne
« récrimine point sur le jugement du roi ; au con-
« traire, j'approuve comme juste ce qui a semblé juste
« à son équité. » Le roi demanda de nouveau au comte
s'il acceptait le jugement prononcé, pour la remise à

faire des condamnés, et le comte répondit : « Si mon-
« seigneur le roi l'ordonne, je l'accepte, mais je de-
« mande qu'il me soit accordé le délai que je leur ai
« accordé moi-même, me confiant en la clémence
« du roi. » Le roi répondit alors : « J'ordonne par
« mon autorité royale, et te prescris, par la foi que
« tu m'as jurée, d'exécuter ce qui a été ci-dessus réglé,
« et de n'omettre aucun point de la sentence. Quant
« au délai, c'est ton affaire propre, car je n'en accorde
« aucun ni à toi ni à eux, si ce qui a été statué n'est
« accompli le dimanche de la semaine prochaine. »

Après deux jours de conseil tenu dans le même lieu, l'assemblée se sépara. L'abbé ayant pris congé du roi, des grands et de ses amis, se rendit auprès de Vézelai, et résida à Givry jusques au jour du dimanche ci-dessus indiqué. Mais le comte, s'affligeant pour les impies qu'il avait poussés à cette conspiration, et provoqués au crime, envers lesquels il s'était lié par serment, dont il avait épuisé les richesses, par suite de leur confiance en lui, par le secours desquels il espérait même pouvoir conquérir la seigneurie du monastère de Vézelai, désolé en outre que l'abbé l'eût vaincu, confondu et déjoué avec autant de force, et si publiquement, et eût triomphé complétement à son gré et de lui, et de ses satellites, et des complices de son entreprise insensée, le comte, dis-je, avait le cœur dévoré de douleur, et cherchait dans ses pensées par quels moyens il pourrait soulager les condamnés, ou venir au secours de ces hommes réduits au désespoir. Mais comme un esprit troublé est incapable de raison, ses projets furent déjoués; et par les dispositions de Dieu même, tandis qu'il cherchait à soulager son petit peuple du poids de ces condamnations, malgré lui, et sans le savoir, il portait secours à l'église, et faisait tourner au profit des opprimés tout ce qu'il s'efforçait de produire par ses artifices; en tendant lui-même le filet, il soulagea son rival, et n'étant pas rassasié de ce qu'il avait pris, il se prit lui-même à l'hameçon. Ayant donc envoyé des satellites, il leur ordonna de publier de sa part, par l'organe d'un héraut, que tous les habitans du bourg et du pays eussent à emporter tous leurs biens meubles, et à se réfugier dans les lieux de retraite qu'ils pourraient trouver, sans attendre nullement qu'il allât se réunir à eux, attendu qu'en exécution du jugement du roi, le jour qui suivrait le changement de lune, il se saisirait de tous ceux, tant qu'il y en aurait, qu'il trouverait dans Vézelai, et les traînerait, quoiqu'à regret, à Paris, pour être livrés au roi et punis. Alors Dieu envoya sa terreur sur tous ces hommes; et tous, tant qu'ils étaient, ennemis du monastère, s'enfuirent, depuis le plus petit jusqu'au plus grand, abandonnant leurs femmes, leurs enfans, leurs propriétés, leurs marchandises, en sorte que, de tant de milliers d'hommes, on ne vit plus absolument personne le lendemain de grand matin, et que le bourg sembla vide et désert, comme si des ennemis l'eussent envahi et mis au pillage. Or, le comte, rempli de ruse et d'artifice, imaginant que l'abbé n'oserait point, en son absence, rentrer dans son monastère, fit semblant d'être malade. Aussitôt l'abbé, prenant sa folie en pitié, rentra en triomphe à Vézelai, ce dimanche même, sur le soir, et reprit son monastère; et il y eut de grands transports de joie dans l'église, parce que son

adversaire avait été couvert de confusion, et son ennemi renversé. Puis, le tyran envoya ses satellites à Vézelai, comme pour accomplir les ordres du roi, et saisir les profanateurs, auxquels il avait donné ordre de se retirer. Les satellites étant donc entrés, dirent à l'abbé que leur seigneur, le comte, avait long-temps attendu un messager de lui, avec lequel il serait lui-même venu pour l'introduire en tout honneur dans son monastère; que pour eux, ils étaient fort étonnés que l'abbé fût rentré ainsi à l'improviste, sans craindre d'être troublé par ses ennemis; et ils ajoutèrent qu'ils étaient envoyés par leur seigneur pour exécuter, d'après les ordres de l'abbé, la vengeance qui lui était allouée contre ses ennemis. L'abbé leur répondit alors : « Ayant appris que votre seigneur était malade,
« je n'ai pas voulu lui être à charge, et me suis con-
« fié à Dieu seul et à la bienheureuse Marie-Made-
« leine, dont je défends la cause de tout mon cœur,
« et j'ai reçu de Dieu même ce que mon rival s'ef-
« forçait de me ravir. D'ailleurs, vous savez vous-mê-
« mes qui vous envoie. Si le comte vous a prescrit
« de faire quelque chose, c'est votre propre affaire
« d'exécuter ou non ses ordres. Quant à moi, j'atten-
« drai patiemment l'issue de l'événement. » En réponse à ces paroles, ils dirent à l'abbé qu'ils étaient envoyés pour se saisir des habitans du bourg, mais qu'étant arrivés, ils n'avaient trouvé personne que des femmes et leurs petits enfans. « Ainsi donc, re-
« prit l'abbé, vous êtes venus quatre hommes, pour
« en arrêter plusieurs milliers? » Et l'un des hommes de l'abbé dit alors : « Voici, si vous êtes venus pour
« vous saisir de ces traîtres perfides, vous en trou-

« verez environ quatre-vingts, qui se cachent, et font
« les brigands dans la forêt qui nous est contiguë. »
Mais eux répondirent : « Nous avons un autre chemin
« à faire; notre marche ne se dirige pas de ce côté. »
Et après quelque hésitation, ils s'en allèrent. Les artifices du maître se prouvent par les subtilités du disciple.

Quelques-uns des frères sortirent alors avec des jeunes gens armés, déchirèrent une affiche de l'impie Simon, et renversèrent le vestibule de la maison qu'il avait bâtie, sans en avoir le droit, pour faire affront aux frères, qui voulaient l'en empêcher, et dans laquelle il s'était maintenu, contre la volonté de l'église, espérant toujours le succès de la faction conspiratrice. Passant plus loin, ils détruisirent les pressoirs que l'impie Hugues Mange-pain, et le très-scélérat Hugues de Saint-Paul, avaient frauduleusement établis dans les souterrains de leurs maisons. Car alors ces impies s'étaient répandus dans les bourgs et les places du comte, et celui-ci avait ordonné à ses satellites et à ses prévôts de les cacher, de les protéger, de les traiter en toute humanité, mais seulement de leur interdire de rechercher sa présence. Les autres s'étant dispersés, et errant de tous côtés, beaucoup d'entre eux se trouvèrent exposés à être pillés et volés, et même réduits en captivité. Les pauvres et les vagabonds avaient occupé la forêt voisine, y avaient construit des cabanes; et de là, se livrant au brigandage, ils dépouillaient voyageurs et pélerins. Le jour, craignant la rencontre de ceux qui les cherchaient, ils se cachaient, se retirant vers ceux de leurs compagnons qui s'étaient établis dans des positions bien fortifiées; la nuit, ils demeuraient dans la susdite forêt, et envoyaient au bourg des espions bien déguisés en habit de pélerins, qui leur rapportaient les choses dont ils avaient besoin et les avis qu'ils pouvaient recevoir. Ces transfuges se réunirent une fois à Corbigny, et résolurent de faire une irruption, afin de reprendre de vive force leur résidence, qu'ils avaient abandonnée volontairement et par un sentiment de peur.

L'abbé leva alors une armée d'étrangers, troupe très-vaillante, composée d'hommes habiles à manier l'arc et l'arbalète; et ayant retenu les chevaliers dans le château, il distribua les autres avec ses serviteurs, et les établit au milieu des positions des méchans, afin que les impies fussent attaqués avec les mêmes moyens par lesquels ils s'efforçaient d'envahir les fortifications du monastère. Il prescrivit à tous ses gens de faire alternativement, de jour comme de nuit, des patrouilles et des rondes autour du bourg et des propriétés rurales. Tous ceux des fugitifs dont on s'emparait étaient punis, soit d'une misérable captivité, soit de châtimens afflictifs dans leurs personnes. L'église exerça ainsi le droit de justice qui lui appartenait, sans se voir contrainte à se présenter devant une cour despotique pour réclamer ses droits, et l'abbé Pons vengea l'église de son très-méchant ennemi, Hugues de Saint-Pierre. Il ordonna que tout ce qui lui appartenait lui fût enlevé, que tous ses biens fussent vendus aux enchères, que tous ses bâtimens fussent détruits, savoir ses maisons, ses moulins et ses étangs, qu'il avait construits avec un grand luxe, et dont il s'était enorgueilli et glorifié jusques aux cieux,

Ainsi toutes les propriétés de Hugues furent détruites, afin que son nom devînt comme une parabole et un proverbe pour toutes les générations futures. Quant aux agens de la sédition, savoir, Aimon de Saint-Christophe, que l'on appelait l'Insensé; Pierre, surnommé de Saint-Pierre; Aimon de Phalèse, Robert du Four, Renaud Daudet, Gautier le Normand, Gautier du Champ-Pierreux, Durand Gulos, Allard Claude, et Pierre Galimar, les peines d'une très-juste vengeance tombèrent aussi sur eux; leurs maisons furent entièrement renversées et brûlées, les biens dont ils avaient tant abusé leur furent enlevés. Pour d'autres, savoir, Eustache, Simon, Durand, Alburne, David, Hugues Mange-Pain, Félix et leurs autres complices, la pitié de l'abbé modéra les rigueurs de leur sentence, et les fidèles de l'église se bornèrent à leur enlever leurs vins. Entre autres objets saisis dans les maisons que l'on dépouilla, on trouva des boucliers et des armes de diverses espèces. Un plus grand nombre furent jetés dans les fers, jusques à ce que la justice du roi eût prononcé sur leur sort; ainsi l'orgueil des impies fut humilié, et l'insolente grossièreté des bourgeois de Vézelai se reconnut vaincue. Le comte vit alors que la justice prévalait, que l'impiété était confondue; il n'avait plus aucun moyen de porter secours aux victimes de ses déceptions, et il les redoutait, et ne pouvait supporter leur aspect, car il était convaincu de lâcheté, et sa conscience en était horriblement tourmentée. Cependant il défendit aux impies qui voulaient se livrer et offrir toute satisfaction à l'abbé, d'en rien faire, leur promettant de conclure une paix conforme à leurs desirs; et comme d'autre part, il n'osait intercéder pour eux, de peur de paraître leur prêter assistance, au mépris de ses sermens, il s'arrêta à une résolution offensante pour Dieu; et profanant les pratiques de la piété, prenant le bâton et la besace, comme pour aller visiter les oratoires du bienheureux Denis, dont la fête solennelle était prochaine, il partit pour se rendre auprès du roi. Celui-ci lui ayant demandé les motifs de son arrivée, il mentit, disant qu'il était pélerin du bienheureux Denis. Enfin, ayant sollicité une conférence avec le roi, il tomba à ses pieds, le suppliant très-instamment d'épargner ses malheureux exilés, d'épargner en même temps le monastère lui-même, qui, si le bourg était détruit, tomberait pareillement dans la désolation; promettant en outre, avec serment, d'amener ces hommes en présence du roi, de leur faire donner satisfaction à l'abbé et à l'église, au gré de la clémence royale, et de leur faire conclure un traité de paix perpétuelle.

Touché de ces prières, le roi fit assigner au comte un jour de rendez-vous à Auxerre, savoir le troisième jour après la fête de la Toussaint, et informa l'abbé des offres et promesses du comte, lui demandant aussi d'épargner les maisons de ces hommes jusqu'au jour fixé pour la réconciliation. Ayant reçu ce message, l'abbé communiqua tout de suite, à l'abbé de Fleury et à ses autres amis, les ordres du roi et les promesses du comte, et les pria de se trouver avec lui à la conférence proposée. Les grands avec lesquels le roi comptait se rendre à cette conférence pour l'affaire de Vézelai, déclarèrent à ce monarque qu'ils ne voulaient nullement se présenter en un lieu où ils devaient rencontrer le comte de Nevers. Celui-ci en ayant été informé, résolut impudemment de mettre à profit ces effets de sa méchanceté, et se rendant de nouveau auprès du roi, il lui demanda d'avancer le terme et de changer le lieu du rendez-vous convenu pour entendre la cause des habitans de Vézelai, prétextant les poursuites de ses ennemis, contre lesquels il avait besoin de se mettre en défense. Il espérait en effet, s'il pouvait trouver l'abbé dénué de conseils et isolé de ses amis, qu'il lui serait facile de le séduire par ses insinuations artificieuses; mais un esprit accoutumé déjà à ses tromperies ne pouvait être surpris sans moyens de défense. Le roi le crut cependant, et écrivit à l'abbé de se rendre le jour même de la Toussaint à Saint-Julien-des-Bois, pour la conférence convenue, afin d'y traiter de la paix et de la conclure, si on lui faisait des offres convenables. A quoi l'abbé, après avoir tenu conseil, répondit qu'il ne pouvait se présenter aussi promptement, qu'il avait convoqué pour le jour primitivement fixé ceux de ses amis avec les conseils desquels il voulait traiter et conclure la paix, si on lui faisait des propositions convenables; mais que sur toutes choses il ne lui convenait pas de soutenir à lui seul une conférence si importante, et pour une si grande affaire. Ayant entendu cette réponse de l'abbé, le roi dit qu'elle était juste, et décida qu'on ferait comme il avait été d'abord arrêté.

Au jour fixé, savoir le jeudi après la fête de la Toussaint, le roi et l'abbé se réunirent donc à Auxerre, avec les grands et les amis de l'église, et le comte s'y présenta avec les gens de Vézelai. Le jour suivant, que l'on appelle vendredi, le roi ayant pris place demanda aux bourgeois ce qu'il leur convenait le mieux de faire. Eux alors, répondant au roi, dirent qu'ils feraient toutes choses selon le bon plaisir de sa miséricorde. Il fut donc décidé par sentence du roi, qu'ils abjureraient complétement la conspiration et la confédération qu'ils avaient conclues, quelles qu'en fussent les conditions, et qu'ils saisiraient, s'il leur était possible et en quelque lieu qu'ils les pussent trouver, ou qu'ils livreraient du moins, selon la clameur publique et les indications qu'ils pourraient fournir, ceux qui avaient mis à mort les enfans de l'église ; qu'en outre ils jureraient sur l'autel de demeurer fidèles et de respecter la vie et tous les membres de l'abbé et des siens, de l'église et des siens; qu'ils paieraient à titre d'indemnité une somme de quarante mille sous; qu'ils détruiraient, dans un délai qui fut fixé jusqu'au jour de la fête de saint André, leurs fortifications et les enceintes de leurs maisons; et qu'enfin ils jureraient d'exécuter toutes ces conditions complétement et de bonne foi. Eux alors, ayant déjà le cou brisé, domptés et devenus humbles, promirent de faire toutes ces choses, et jurèrent de vénérer et défendre l'abbé comme leur seigneur. Ceux qui étaient présens s'engagèrent aussitôt par des sermens, tels qu'ils avaient été réglés, savoir Guibert de Lorraine, Hugues Mange-Pain, Durand, Alburne et d'autres, au nombre de plus de quarante. L'abbé retourna ensuite à Vézelai avec ses hommes devenus maintenant fidèles, de traîtres qu'ils avaient été. Ils entrèrent avec lui, transportés de joie, sautant et dansant beaucoup, et résidèrent en paix à Vézelai, comme des bêtes féroces apprivoisées. Tous ceux qui s'étaient dispersés de tous côtés ayant appris les conditions du traité de paix, s'en réjouirent et rentrèrent tous les jours en grande affluence et par bandes, pour prêter le serment et faire leurs soumissions. L'abbé désigna parmi eux des trésoriers qui prissent soin de recevoir de chacun la somme qui lui serait imposée, et voici comment la chose fut réglée. Il fut statué qu'on évaluerait, sous la foi du serment, les propriétés de chaque individu, et qu'après avoir dressé le tableau total des dommages à acquitter, chacun paierait la dixième partie d'une livre, c'est-à-dire qu'on donnerait deux sous sur chaque vingt sous. Parmi tous ces hommes il n'y en eut pas un qui fît résistance ou qui ouvrît la bouche pour contredire, car les cornes de leur orgueil avaient été abattues, et la verge de leur force brisée en mille pièces. Ainsi furent rétablies les libertés du monastère par le bras du très-excellent abbé Pons; ainsi furent couverts de confusion tous ceux qui avaient voulu faire offense à la chasteté de l'église. Toutefois les habitans hésitant encore tardèrent à renverser les enceintes de leurs maisons, car cet ordre était pour eux un grand sujet de douleur, et comme un aiguillon perçant qui pénétrait jusque dans le fond de leurs yeux.

Après la Nativité du Seigneur, l'abbé les convoqua et les invita à faire, selon les conditions du traité de paix, ce qu'ils n'avaient point fait encore, et à abattre les travaux de défense de leurs maisons, et il leur fixa un délai dans lequel ils devaient exécuter cet ordre. Comme ils différaient de nouveau, l'abbé les avertit encore en les menaçant et leur annonçant que, s'ils négligeaient plus long-temps d'obéir à ses commandemens, ils ressentiraient tout le poids de sa colère. L'abbé recevait très-souvent, en faveur de Simon, des lettres par lesquelles les princes du pays le suppliaient instamment de ne pas étouffer sa miséricorde sous sa colère au sujet de cet homme, mais plutôt d'avoir compassion de lui et d'épargner sa maison, lui qui cependant était la cause et le principe de tous les maux. Aussi l'impie Simon lui-même, comptant beaucoup sur la faveur et l'intervention des princes, méprisa l'abbé qui lui conseillait de renverser ce qu'il avait indûment édifié; il ajouta même l'insulte au mépris, construisit des retranchemens, et acheva de fortifier une tour qu'il avait commencée. L'abbé, voyant que les dernières traces de leur obstination et de leurs pensées orgueilleuses se retrouvaient encore dans leurs maisons, appela à lui une foule de campagnards qui habitaient dans les terres du monastère, et le jour de samedi, après le jour de la Présentation du Seigneur au temple, il les envoya, avec quelques-uns des frères, à la maison de l'impie Simon. Ils renversèrent entièrement l'enceinte, les retranchemens et la tour, tandis que Simon lui-même était assis devant le feu, dans sa propre maison, avec sa femme et ses enfans. Les autres ayant vu cela tremblèrent de frayeur, et gémissant, rougissant de honte, ils livrèrent des otages pour garantie de la destruction de leurs travaux de défense, dans le délai qui leur avait été donné.

L'an vingt fois cinquante-cinq et cinq fois onze (1155) de l'Incarnation divine, la seconde année du pontificat du seigneur apostolique Nicolas, qui fut appelé Adrien, sous le règne du pieux roi des Français Louis le Jeune, l'église de Vézelai retrouva le repos par le bras du très-célèbre et très-illustre abbé Pons, si excellent par sa naissance, ses vertus et ses dignités, et l'église recouvra la liberté la plus entière et la plus étendue, tant pour les affaires de l'intérieur que pour celles du dehors. En effet, quant aux affaires du dedans, le susdit abbé, ayant encore son ennemi en tête, avait invité Alain, pieux évêque d'Auxerre, et celui-ci avait consenti, à venir conférer à Vézelai les Ordres sacrés, dans l'oratoire de la bienheureuse Marie, mère de Dieu et toujours vierge, le samedi du jeûne du mois de mars, tandis que le cardinal sous-diacre, Othon de Bonne-Chaise, se trouvait dans le monastère; et l'évêque ayant pris connaissance des priviléges constitués par la puissance romaine, créa trois acolytes, un sous-diacre et quatre diacres; il promut en outre six frères au degré de la prêtrise, en présence et avec la coopération d'Étienne, abbé de Rigny. L'année suivante, c'est-à-dire l'année de la victoire et de la paix, deux évêques, savoir celui du Mans et celui d'Évreux, revenant de Rome avec l'abbé de Saint-Alban, s'arrêtèrent à Vézelai pour y faire la sainte Pâque, et sur la demande du vénérable abbé, ils célébrèrent l'office des saintes Vigiles, et conférèrent les Ordres sacrés en grande solennité. L'évêque d'Évreux ordonna des portiers, des exorcistes, des lecteurs et des acolytes dans l'oratoire de Marie, mère de Dieu, et l'évêque du Mans créa sept sous-diacres et un diacre, et consacra cinq prêtres. Dans toutes ces circonstances, l'adversaire de l'abbé, mortellement blessé dans ses sentimens de haine, et terrassé par l'autorité de la justice, garda le silence. Le même samedi l'abbé Pons reçut le saint chrême des mains de l'archiprêtre d'Auxerre.

Quant aux affaires du dehors, l'église recouvra enfin, en vertu de l'autorité apostolique et par le bras du roi, le libre exercice de son droit de justice sur les traîtres perfides et ses vassaux rebelles, non point à raison de son droit ou des anciens usages, mais par le fait même de la nécessité. Ensuite, et par les soins de l'abbé Pons, elle jugea avec puissance ses procès et ceux des siens dans sa propre cour, et en aucun temps ni aucun lieu aucune personne laïque, non plus qu'aucun clerc, ne parvint à se choisir à son gré une autre juridiction. Ainsi toute querelle fut éteinte parce que la confusion et la honte se répandirent sur ceux qui avaient suscité les querelles, et l'ennemi fut vaincu parce que le juste prévalut.

LIVRE QUATRIÈME.

De même que les pères thésaurisent pour leurs enfans en travaillant à l'augmentation de leurs biens et de leur fortune en argent, de même, dans leur prévoyance, les devanciers thésaurisent pour leurs successeurs en composant des livres et en racontant les événemens qui se sont accomplis. En effet, à l'aide de ces écrits, le passé est en quelque sorte uni à l'avenir, car l'écriture reproduit ce que l'antiquité emporte avec elle. Ainsi, après avoir rapporté dans les livres précédens les dignités, l'origine et les libertés de l'église de Vézelai, et les luttes qu'elle soutint avec constance et sans se lasser pour la défense légitime de ses libertés, nous reprenons la plume, non pour suppléer à ce qui a pu manquer à notre récit, mais pour le poursuivre et pour raconter les choses que nous avons vues et entendues; et nous entreprenons de faire connaître à de pieux enfans les vertus de leurs pieux parens, afin qu'ils prennent soin de conserver ce que leurs pères ont conquis avec une vigoureuse habileté, et non sans de rudes efforts.

Tous les ennemis des libertés de l'église de Vézelai ayant donc été vaincus, l'abbé Pons, de mémoire vénérable et à jamais précieuse, atteignit au plus haut faîte de ses dignités; et ayant en quelque sorte retrempé ses droits, il abolit entièrement tout ce que la rouille servile de l'erreur avait pu introduire d'abus, et ayant rétabli la paix, pendant cinq ans il gouverna paisiblement son monastère, armé de la verge de l'équité.

Mais, ô douleur! l'an 1159 du Verbe incarné, il s'éleva une honteuse dissension dans l'Église romaine. Le pape Adrien étant mort, Rolland, chancelier des archives sacrées, fut élu en sa place, de l'avis général et du consentement universel. Et comme celui-ci refusait humblement de se charger d'un si grand fardeau, pendant ce temps, Octavien, l'un des cardinaux apostoliques, et le plus noble des sénateurs de la ville, surprit frauduleusement les insignes apostoliques, et usurpa, ô crime! les honneurs du Saint-Siége, sans aucun respect pour la justice divine et la justice humaine, et n'ayant que trois hommes dans tout le consistoire apostolique pour fauteurs de son crime, savoir, Ismar, évêque de Tusculum, Gui de Crémone, Jean de Sainte-Martine, parmi lesquels Ismar et Jean moururent durant le schisme et avant le schismatique. Aussitôt que les cardinaux eurent connaissance de cette usurpation schismatique, ils sortirent sans délai de la ville avec leur élu, qui prit le nom d'Alexandre [1], et qui fut consacré par Humbaud, évêque d'Ostie. Et alors il s'éleva un schisme terrible dans l'église d'Occident, l'empereur de la Germanie soutenant Octavien, qui prit le nom de Victor; et le roi de Sicile ayant pris parti pour Alexandre, le pape catholique. Alexandre envoya des légats dans la Gaule et dans les îles de la Bretagne, au roi des Français Louis,

---

[1] Alexandre III, pape, de 1159 à 1181.

à Henri roi des Anglais, et à toute l'Église de ces deux royaumes. Ces légats étaient Guillaume de Pavie, Henri de Pise et Othon. Ceux-ci, après avoir traversé l'Italie, ne purent se faire recevoir à aucun titre dans le monastère de Cluny. L'abbé Pons de Vézelai fut le premier qui les accueillit parmi les personnages les plus importans de la Gaule ; il approuva et recommanda l'élection catholique du pape orthodoxe Alexandre à tous les princes des deux ordres. Alexandre ayant été reconnu dans les deux royaumes, les légats écrivirent aux gens de Cluny, pour le faire également reconnaître par eux. L'église de Cluny était alors gouvernée par Hugues, sage de conduite et simple d'esprit. Celui-ci ayant convoqué son chapitre, selon l'usage établi pour de pareilles affaires, consulta les frères sur la question de reconnaître Alexandre; mais les frères, qui détestaient l'élévation de leur père Hugues, et ne pouvaient cependant porter la dent de l'envie sur la personne de l'innocent, usant d'adresse, lui défendirent, après la discussion, de reconnaître tant le catholique que le schismatique, de peur qu'en soutenant celui qui serait vaincu, il ne leur arrivât, comme souvent il arrive en pareil cas, d'encourir la haine de celui qui demeurerait vainqueur; mais afin que Hugues ne redoutât point les dangers qui pourraient résulter d'une telle résolution, plus artificieuse que salutaire, ils lui promirent unanimement d'être tous du même avis et de subir le même sort que lui, quelque malheur qui dût arriver. Comme les légats apostoliques craignaient de s'approcher de Cluny et de lancer une sentence contre les schismatiques, ils y envoyèrent Henri, alors évêque de Beauvais, et plus tard archevêque de Rheims, qui, par sa qualité de frère du roi Louis, semblait pouvoir se rendre avec plus de sûreté dans ce pays, et avoir plus de moyens de tirer du fourreau le glaive de l'apôtre Pierre, qui lui était délégué de la part d'Alexandre par les légats ci-dessus nommés. Celui-ci s'étant avancé et arrêté à Luzy, comme il se disposait à lancer la sentence d'anathème contre les gens de Cluny, il différa sur la demande de Dalmatien et des autres princes du pays, et écrivit aux gens de Cluny, les exhortant à se repentir et à reconnaître Alexandre, comme l'avaient reconnu les autres monastères de France; leur déclarant qu'autrement, en vertu de l'autorité apostolique qui lui était déléguée, il ne tarderait plus un instant à lancer la sentence d'excommunication, tant contre eux-mêmes que contre tous leurs fauteurs. Il leur fixa un jour pour se rendre à Melun; mais ni l'abbé de Cluny, retenu frauduleusement par les siens, ni aucun répondant pour lui, ne se présenta : au contraire, les ennemis de l'abbé comparurent, savoir Thibaut, prieur de Saint-Martin-des-Champs, lequel auparavant avait occupé la place de prieur sous les ordres de l'abbé dans le monastère de Cluny, et avec lui plusieurs autres qui paraissaient être les chefs de l'église. Tels que des enfans parricides, ils accusèrent leur père, l'abbé lui-même, et rejetant loin d'eux le crime de schisme, ils se placèrent, eux et les monastères qui leur étaient soumis, sous la sujétion et la protection du catholique Alexandre, et par suite de leurs intrigues, l'évêque de Beauvais excommunia publiquement l'abbé de Cluny, Hugues, et tous ses subordonnés et partisans.

Notre père, de sainte mémoire, Pons, bien digne de son titre d'abbé, avait été appelé à cette conférence, de l'avis de quelques hommes qui voulaient, après avoir chassé Hugues, le mettre à la tête du monastère de Cluny. Mais la bienheureuse et glorieuse amie de Dieu, Marie-Madeleine, ne voulut point souffrir qu'il fût arraché de devant son candelabre, dont les rayons éclatans l'avaient environné de tant de splendeur; elle retint pour elle, par les liens du corps, celui qu'elle avait élevé dès son enfance, que le prince des anges, Michel, lui avait concédé, qu'elle s'était approprié tout entier, et qu'elle avait consacré à son service; elle ne permit point que l'ennemi de la liberté de son sépulcre se réjouît un seul moment à son sujet, de peur que, peut-être se contredisant lui-même, celui qui avait combattu pour sa patrie, ne se déclarât de quelque façon contre sa patrie, que la méchanceté ne triomphât de la force par la force, ou que la lâcheté ne l'emportât en sagesse sur la sagesse. Ainsi donc, frappé d'une maladie inattendue, l'abbé entra dans la voie de toute chair, la vingt-quatrième année de son ordination [1]; et ayant été enseveli, au milieu des larmes et de la douleur des siens, devant le sépulcre de la servante du sépulcre du Christ, il fut ravi au monde, comme il est permis de le croire, de peur que la vanité de la sagesse humaine ne changeât son cœur. Aussitôt après sa mort, les frères du monastère de Vézelai, formant les mêmes vœux, élurent pour leur père, du consentement général, un homme noble de naissance, illustre par ses vertus, instruit dès son adolescence dans les sciences

[1] En 1161.

sacrées, tant dans le monastère de Vézelai, qui l'adoptait en ce moment, que dans celui de Cluny, savoir Guillaume, abbé de Saint-Martin de Pontoise, monastère qu'il gouvernait depuis quinze ans, et qu'il avait enrichi d'un grand nombre de propriétés et de constructions nouvelles.

En ces temps, le comte de Nevers, Guillaume, fils de Guillaume le Chartreux, celui-ci fils de Renaud, fils de Guillaume, fils de Renaud, fils de Landri, lequel fut le premier de cette race qui tint du duc de Bourgogne la principauté de Nevers, le comte Guillaume, dis-je, à la suite de tous les maux qu'il avait suscités à l'église de Vézelai (et dont le récit se trouve en grande partie dans les livres précédens de cette histoire), ayant été atteint d'une maladie grave, s'abreuvait par avance du calice de la vengeance divine. Lorsque son fils Guillaume eut appris que les gens du monastère de Vézelai venaient d'élire leur abbé, croyant dans son insolence originelle que toutes choses devaient se faire selon son bon plaisir, il se rendit à Vézelai, rempli de colère, et dans une grande fureur, déclara nulle l'élection faite par les frères, en l'absence de son père, et sans qu'il eût été consulté, et établit des gardes, afin qu'aucun des frères ne pût se rendre de Vézelai auprès du nouvel élu. Combien une telle prétention était à la fois méchante et déraisonnable, c'est ce que prouvent les actes émanés des pontifes romains, les priviléges concédés par les rois de France, et en outre l'acte ci-dessous transcrit, et qui fut signé par l'aïeul du comte, lequel avait aussi attaqué avec une pareille arrogance l'élection de l'abbé Renaud, qui de-

puis est devenu archevêque de Lyon. « Moi, comte
« de Nevers, je fais remise à Dieu, aux bienheureux
« apôtres Pierre et Paul, et à la bienheureuse Marie-
« Madeleine, d'une certaine mauvaise redevance que
« j'exigeais de l'église de Vézelai; c'est à savoir que
« désormais on n'aura plus à requérir, ni de moi, ni
« de mes héritiers ou successeurs, aucun consente-
« ment au sujet de l'élection de l'abbé de ce même
« lieu, mais que l'église possédera réellement celui
« qui aura été élu, sans qu'aucun des nôtres puisse
« en porter aucune plainte, ni rien exiger de l'église,
« sur ce que cet acquiescement n'aura pas été donné
« par nous. Ainsi je promets de ne plus élever à l'ave-
« nir aucune prétention, au sujet de l'entrée ou de la
« sortie des abbés. »

Les moines de Vézelai dédaignant les injustes prétentions du jeune comte, firent donc partir Renaud
de Marlot pour aller chercher celui qu'ils avaient élu.
Celui-ci étant arrivé, ne voulut ni entrer dans le monastère, ni être reçu en procession solennelle par les
frères, à moins qu'on ne pût dire qu'il était entré par
la porte, car une translation semblable de monastère
à monastère, ou d'église à église, ne peut être recon-
nue authentique sans l'approbation du pontife romain.
Les moines de Vézelai écrivirent donc par Geoffroi-
l'Hôpital à Othon, cardinal et légat du Siége apostolique, pour lui notifier et le mode de l'élection, et le
nom de la personne élue. Le cardinal ayant pris connaissance des priviléges apostoliques, jugea que l'é-
lection était bonne, la déclara ratifiée au nom du seigneur apostolique, et remit à l'élu la charge de l'église
de Vézelai, de la part du seigneur pape, par l'entre-

mise de Pierre le Pisan, doyen de Saint-Aignan d'Orléans. L'abbé Guillaume entra alors à Vézelai, aux acclamations du peuple, et fut reçu par les frères, marchant en procession solennelle; ayant avec lui Macaire, abbé de Fleury, Thibaut, abbé de Saint-Germain-des-Prés, et Étienne, abbé de Rigny. Peu de jours après, l'abbé envoya au pape Alexandre le susdit Geoffroi et Jean l'Italien, son clerc, avec des lettres de son chapitre, contenant l'avis de son élection et des lettres du roi des Français, du roi des Anglais et des abbés ci-dessus désignés, par lesquelles tous lui recommandaient et la personne de l'élu et les procédés de l'élection.

Sur ces entrefaites, le pape Alexandre fuyant les embûches d'Octavien le schismatique, arriva par mer à la ville de Gênes. En ayant été informés, les députés de Vézelai partirent pour cette ville. Accueillis avec honneur par Alexandre, ils résidèrent quelques jours avec lui dans le palais. Là, Alexandre ayant pris place au milieu de l'assemblée générale des cardinaux, et en présence d'une nombreuse réunion de personnes de divers pays, il entendit les députés du monastère de Vézelai, reçut d'eux-mêmes les lettres qu'ils lui portaient, ratifia l'ordination de Guillaume en qualité d'abbé, et accorda à celui-ci et à tous les frères du monastère un privilége par lequel, conformément aux antiques priviléges donnés par les pontifes romains, il statua que les frères du monastère de Vézelai exerceraient, après la mort de leur abbé, le droit de libre élection, pour donner un successeur au défunt, sans qu'aucune personne pût, sous quelque prétexte que ce fût, même de religion, entreprendre d'usurper ou requérir de toute autre manière le droit de donner son assentiment à la susdite élection. En effet, cette liberté, dont l'église de Vézelai avait joui tranquillement et sans réclamation dès l'époque de sa fondation et durant près de trois cents ans, et en vertu de laquelle elle s'était toujours donné pour chefs des pères choisis indistinctement, tant parmi ses frères que parmi ceux des autres monastères, cette liberté, dis-je, les moines de Cluny, d'une origine fort postérieure, s'efforcèrent de s'en emparer par surprise, s'arrogeant d'abord le droit d'assentiment, ensuite le droit même de faire l'élection, et mentant en disant que le pape Pascal leur avait confié la charge de conférer les Ordres à l'église de Vézelai. Ce fut pour une affaire de ce genre que cette même église, sous le pontificat du pape Innocent II, vit s'élever dans son sein de grands scandales, et réclama sa liberté originelle, lorsque, par l'effet des violences de ce même Innocent et du comte de Nevers, les moines de Cluny lui imposèrent un intrus, un certain Albéric. A cette occasion, presque tous les frères du susdit monastère furent chargés de fers, envoyés en Provence, en Italie, dans la Germanie, en Lorraine, en France, dans l'Aquitaine, et dispersés honteusement de tous côtés, tandis que des étrangers s'introduisaient furtivement sur le sol même de la plus parfaite liberté ; et se rassemblant de toutes parts comme sous un nouveau Sennachérib, y gagnaient le nom de Samaritains, par lequel on les désigne encore.

Mais comme, au temps de la tentation, le monastère de Cluny s'était enflé d'orgueil, comme celui qui jusqu'alors avait toujours été plus spécialement membre de l'Église romaine, se sépara alors de l'unité romaine, ce fut à bon droit qu'il plut à la sagesse apostolique que la fille du bienheureux Pierre, l'église de Vézelai, cessât enfin d'être sujette des prétentions des schismatiques, surtout puisque le pape catholique, Alexandre, était, par la volonté de Dieu, et aussi bien que l'avaient été Pascal et tous ses autres prédécesseurs apostoliques, en possession et en jouissance des clefs du bienheureux Pierre, par lesquelles on pouvait bien justement se croire fondé à remettre ou à délier ce qu'on prétendait avoir été autrefois confié ou lié, sous prétexte de religion. En effet, l'insolence des moines de Cluny avait mis en grand péril les libertés de l'église de Vézelai, non seulement sur ce point, mais même dans tout le reste. Comme les étrangers dont j'ai parlé ci-dessus abusaient de l'extrême abondance qu'ils avaient trouvée, et comme les indigènes, habitans des lieux voisins, pillaient sans cesse les biens de l'église, ces étrangers s'abandonnant à leur paresse et à leur lâcheté, bien plus qu'occupés de défendre les libertés légitimes de l'église, attirèrent à eux le comte de Nevers, et, sous des apparences d'amitié, lui fournirent l'occasion d'établir une tyrannie inaccoutumée et d'exiger des prestations tout-à-fait inusitées. De leur temps en effet s'invétérèrent et les abus d'une juridiction illégitime, et les désordres des logemens sans cesse renouvelés, et les charges imposées à tout prétexte, et la soumission à toutes sortes d'injustes prestations : de notre temps, tous ces abus avaient presque entièrement anéanti cette église; le venin empesté de la servitude imposée par le monastère de Cluny et de la tyrannie des comtes de Nevers, s'insinuant peu à peu, avait enfin infecté, de la plante des pieds jusqu'au sommet de la tête, tous les seigneurs de ce temps, jusqu'au moment de la venue de l'abbé Pons, de bienheureuse mémoire (qu'avait produit la noble terre d'Auvergne, féconde en hommes illustres), et de son successeur, l'abbé dont il est maintenant question, Guillaume de Marlot, issu de la race vaillante du grand Charles de La Roche-Marlot. Ceux-ci, véritablement fils de leur véritable mère, se sont affligés de sa destinée, et ont combattu jusqu'au sang pour défendre ses droits.

Le pape Alexandre, ayant ensuite quitté la ville des Génois, vint aborder au port de Maguelone [1], et le susdit abbé de Vézelai, Guillaume, accourut aussitôt à sa rencontre. Et de même que son prédécesseur Pons avait accueilli dès son arrivée la légation apostolique, non sans déplaire à quelques-uns des siens et des grands du pays, de même Guillaume fut le premier de tous les prêtres de la Gaule à recevoir le souverain pontife lui-même, mettant pied à terre, sur le rivage de la mer. Guillaume trouva grâce devant les yeux d'Alexandre, et Alexandre le glorifia en présence de toute l'église romaine rassemblée en foule. Puis ayant de nouveau pris connaissance du testament du comte Gérard, et ayant comparé les actes anciens qui avaient constitué des priviléges avec les actes plus modernes, le pape Alexandre, de l'avis général, du consentement et du libre arbitre de tous les évêques, prêtres, diacres, sous-diacres et cardinaux, confirma dans le consistoire qu'il tint à Montpellier, et par un acte que nous transcrivons ci-des-

---

[1] Le 11 avril 1152.

sous, l'intégrité des libertés de l'église de Vézelai et son droit absolu d'élire ou de substituer un abbé à un autre.

« Alexandre, évêque, serviteur des serviteurs de
« Dieu, à ses fils chéris, Guillaume, abbé du monas-
« tère de Vézelai, et à ses frères, tant du temps pré-
« sent qu'à ceux qui feront à l'avenir profession de
« la vie monastique, à perpétuité !

« La très-sainte Église romaine, qui rend à chacun
« selon le mérite de ses œuvres, est dans l'usage de
« traiter avec une plus grande bienveillance ceux
« qu'elle trouve fidèles, et d'honorer de ses privi-
« léges ceux qu'elle reconnaît plus ardens à lui rendre
« hommage. Or on sait, comme nous l'avons appris
« par un privilége de notre prédécesseur, de bien-
« heureuse mémoire, le pape Calixte, que notre pré-
« décesseur, de précieuse mémoire, le pape Pascal,
« voyant que la religion avait presque entièrement
« péri à cette époque dans le monastère de Vézelai,
« lequel est placé sous la juridiction propre et spé-
« ciale du bienheureux Pierre, et considérant com-
« bien à cette même époque la ferveur religieuse
« était grande dans l'église de Cluny, confia à cette
« même église le soin du susdit monastère, et que le
« pape Calixte confirma cette décision par un privi-
« lége de son autorité ; de telle sorte que, après la
« mort de l'abbé qui se trouverait institué dans le-
« dit monastère en cette qualité, on dût procéder à
« son remplacement du commun consentement des
« frères, ou du moins de la partie la plus saine du
« conseil, avec l'approbation des abbés de Cluny.
« Mais nous, prenant dans la plus sérieuse consi-

« dération le constant dévoûment et la ferme foi
« que vous, ainsi que Pons, abbé de Vézelai, de
« précieuse mémoire, vous avez déployées, dans ces
« temps d'orage, envers l'Église romaine; considé-
« rant en outre combien l'église de Cluny a grande-
« ment et manifestement erré dans ces temps de
« trouble, en abjurant ses anciens sentimens religieux
« et son antique honneur, et se rendant étrangère à
« l'unité de l'Église; et d'un autre côté votre susdit
« monastère persistant très-fermement dans son dé-
« voûment et sa fidélité envers l'Église, et la reli-
« gion y étant, par la grâce de Dieu, complétement
« rétablie; afin qu'il paraisse que chaque église reçoit
« des récompenses selon ses mérites, nous avons jugé
« convenable, du commun consentement de nos frères,
« de révoquer la commission que notre prédécesseur
« le pape Pascal avait délivrée, en sorte que le susdit
« monastère ne soit plus en aucune façon soumis à
« l'église de Cluny, et ne soit tenu d'aucune obliga-
« tion envers aucune église, si ce n'est envers l'Église
« romaine; que vous ayez en tout point la liberté de
« votre élection, et que l'on n'ait en aucune manière à
« demander ni l'avis ni le consentement des abbés de
« Cluny. Bien plus, nous voulons qu'il vous soit donné
« et préposé pour abbé celui que les frères, ou la plus
« saine partie du conseil des frères, auront élu d'un
« commun accord, dans la crainte de Dieu et selon
« l'institution du bienheureux Benoît, et que le pontife
« romain aura indiqué à l'avance comme devant être
« ordonné, ou à l'ordination duquel il aura consenti,
« sur la proposition des moines du même lieu. Or,
« afin que cette présente décision soit dans les temps

« à venir observée et inviolable, nous la confirmons
« par notre autorité apostolique, et nous la sanction-
« nons par le privilége du présent écrit, déclarant
« qu'il ne sera permis absolument à aucun homme
« d'enfreindre cet acte de notre volonté, ou de rien
« faire de contraire en quoi que ce soit. Que si quel-
« qu'un ose le tenter, après avoir été réprimandé
« une seconde et une troisième fois, et s'il ne répare
« son entreprise audacieuse par une satisfaction con-
« venable, qu'il soit privé de son pouvoir et de ses
« honneurs, qu'il sache qu'il sera responsable devant
« la justice divine de l'iniquité par lui commise, qu'il
« soit rendu étranger au corps et au sang très-sacrés de
« Dieu et de notre Seigneur Jésus-Christ, et qu'au jour
« du dernier jugement il soit soumis à une vengeance
« sévère. Que ceux au contraire qui respecteront la
« présente décision jouissent de la paix de notre Sei-
« gneur Jésus-Christ, afin que, même en ce monde,
« ils recueillent le fruit de leur bonne action, et qu'ils
« trouvent auprès du Juge équitable les récompenses
« de la paix éternelle. *Amen.* »

Après que l'abbé Guillaume eut demeuré plusieurs jours avec le seigneur apostolique Alexandre, comblé de ses grâces et de sa bénédiction, et de la bienveillance de toute l'église romaine, il se retira chez lui; à son arrivée, il fut reçu en grand honneur par les frères et par tout son peuple, réunis en procession solennelle, toutes les places étant bien ornées, et au milieu de la fumée de l'encens; et ayant, selon l'usage, prononcé un discours, il présenta à l'offrande deux pièces de soie précieuses et deux très-beaux tapis : tous les ennemis de la liberté de l'église de

Vézelai furent frappés de confusion; et les hommes bavards, et ceux dont c'est l'habitude de porter envie à la prospérité des gens de bien, se soulevèrent, et commencèrent à calomnier l'abbé Guillaume auprès du jeune comte (car son père était mort), comme si Guillaume eût dilapidé tous les biens de l'église, et donné de fortes sommes d'argent aux seigneurs de Rome, disant que c'était une impiété de ruiner ainsi une si noble église, et que cette impiété retomberait bien justement sur la tête du comte, si, étant le tuteur et le défenseur de l'église, il ne s'opposait pas à une telle dévastation.

Or, il y avait parmi les ministres de l'abbé Pons un certain jeune homme nommé Guillaume, fils de Pierre de Mont-Réal, jeune sans doute par son âge, mais d'un esprit déjà très-exercé. Cet homme adroit, et sachant se rendre agréable par ses services, obtint une si grande faveur auprès de l'abbé Pons, qu'il surpassa en puissance tous les courtisans, et parvint presqu'à occuper le second rang dans l'exercice du pouvoir. Celui qu'il excluait était exclu, celui qu'il accueillait était accueilli, celui qu'il justifiait était justifié, celui qu'il condamnait était condamné. Le juste et l'injuste, les charges et les mérites, la faveur même, qui semble en tout état de fortune briller de plus d'éclat que tout le reste, n'étaient estimés absolument rien, si l'on n'avait la protection de Guillaume; ceux que leur âge et leur sagesse avaient dès longtemps rendu les intimes amis de l'abbé Pons lui devinrent étrangers; et comme dans l'ardeur de sa jeunesse, Guillaume entreprenait de jour en jour de plus grandes choses, il en vint à calomnier tous les frères, et lui qui était serf par sa condition et ses mœurs, il osa accuser ses maîtres; enfin, les ayant tous écartés, demeuré seul, il abusa en son nom seul de la bienveillance de son seigneur. Le bien et le mal étaient indifférens à cet homme qui ne s'appliquait qu'à étendre ses propriétés au détriment des pauvres, et qui, abusant de la confiance de son seigneur, rendait trente contre cent, et recevait cent pour un denier : par là, il augmenta immensément ses biens, et gagna des sommes incalculables. Mais tandis qu'il se pavanait dans la faveur d'un seul, et en abusait ainsi, il soulevait contre lui la haine de tous, tant au dedans qu'au dehors. En effet, cet homme orgueilleux, arrogant et impur, dédaignait, accusait, déshonorait tous les hommes honnêtes, et jusques à ceux qui étaient le mieux éprouvés, car, à force d'adresse et d'adulation, il avait tellement circonvenu le cœur simple du pieux abbé, qu'il en obtenait absolument tout ce qui lui plaisait, sans restriction. Ce jeune homme s'étant ainsi enflé et merveilleusement élevé, et ayant pendant quatre ans grandi en insolence plus encore qu'en force et en santé, en un moment, dans l'espace d'une nuit, tout-à-coup, le malheureux s'abîma et creva, et devint comme s'il n'eût jamais été; et plût à Dieu qu'il n'eût jamais été! Lorsque l'abbé Pons, de bienheureuse mémoire, eut rendu le dernier souffle de vie, ce traître serviteur, qui eut dû en ce moment mourir de douleur, négligeant le soin des funérailles, enleva soudainement les clés, pilla les armoires, et emporta tout ce qu'il lui fut possible d'enlever. Mais, comme il voulut recommencer à plusieurs reprises ces vols sacriléges, il fut enfin arrêté et saisi par les frères. Interrogé sur les trésors de l'abbé et sur un candelabre d'or que l'impératrice Mathilde, mère du roi des Anglais, Henri, avait autrefois donné au monastère de Vézelai, il nia tout : mais on se mit à visiter sa maison, on obtint enfin de ses serviteurs la clef, qu'il niait avoir prise, et l'on trouva le candelabre, qu'il avait nié, et en même temps le sceau de l'abbé et le sceau du chapitre, que les frères n'avaient plus retrouvé depuis deux ans. Le lendemain matin, il donna aux frères cinq cents livres, comme gage qu'il se soumettrait à la justice, et se livrerait entre les mains du futur abbé, lequel fut élu, d'un commun accord, le jour même de la mort du vénérable Pons, l'an 1061 de l'Incarnation divine, le sixième jour de la semaine, et le quatorzième jour du mois d'octobre.

Sur ces entrefaites, l'impie Guillaume de Mont-Réal se rendit auprès du jeune comte de Nevers, qui célébrait les funérailles de son père, lequel avait quitté la vie de ce monde le huitième jour après la mort du pieux abbé Pons. Là, après avoir beaucoup menti et dit beaucoup de faussetés, il promit au jeune comte quatre-vingts livres et dix-sept tasses d'argent, s'il lui prêtait secours contre ceux de Vézelai, s'engageant en outre à donner tous les ans au comte deux marcs d'argent, pour s'assurer sa protection. Le comte lui promit en échange de lui prêter appui contre tout le monde.

Après que l'abbé Guillaume, nouvellement élu, eut été solennellement installé, tous les moines se récrièrent, d'une voix unanime, contre Guillaume de Mont-Réal, qui, se confiant dans la protection du comte, refusait de se soumettre à la justice. L'abbé donc ayant donné ordre d'arrêter Guillaume, il fut arrêté et jeté en prison. Mais alors, usant de ses artifices accoutumés, et se voyant dépourvu du secours qu'il avait attendu, il commença par supplier les abbés qui étaient venus à Vézelai, pour assister à l'entrée du nouvel abbé, savoir l'abbé de Fleury et l'abbé de Paris; sous l'apparence d'une confession, qu'il n'est jamais permis aux prêtres de révéler, il leur déclara tout ce qu'il dit savoir sur les trésors qu'on lui redemandait, et leur protesta qu'il se soumettrait à leur décision sur les griefs allégués contre lui, si le nouvel abbé y donnait son consentement; et celui-ci, se rendant aux prières et aux conseils des abbés, déclara qu'il y consentait. Aussitôt, et vers le crépuscule du soir, on apporta les reliques des saints dans l'appartement de l'abbé, et l'impie Guillaume, tiré de sa prison, jura sur les saintes reliques qu'il exécuterait tout ce que les susdits abbés lui prescriraient le lendemain matin, et que jusque là il ne prendrait point la fuite. Mais quelle confiance peut-on avoir dans un perfide? il n'y a nul gage de sincérité là où il n'y a nul fermeté dans la foi; et comme on dit vulgairement qu'il ne faut jamais se fier à celui que l'on a déjà reconnu pour ennemi, de même il ne faut accorder aucune confiance au traître qui prête un serment; l'impie jure de la bouche, sa bouche parle selon le vrai, mais dans le fond du cœur il parle selon sa méchanceté; et, tombant dans l'abîme des maux, il méprise la justice, et poursuit les pensées de l'impiété. Ainsi ce scélérat Guillaume, méprisant son serment, dédaignant la confiance de ceux qui s'étaient faits ses garans, impudent et parjure, prit la fuite cette même nuit. Aussitôt que l'abbé Guillaume en fut informé, et apprit l'issue de l'événement, il envoya ses serviteurs dans la maison du traître fugitif, fit enlever tant les grains que les vins, les vases, les étoffes et tout le mobilier qui se trouva dans la maison, et exigea des cautions la somme d'argent de cinq cents livres, que Guillaume avait promise en nantissement. Le sacrilége Guillaume s'enfuit secrètement auprès du comte, lequel l'accueillit, et quelques jours après le ramena lui-même à Vézelai. Alors l'abbé ayant demandé au comte pourquoi il avait accueilli le fugitif perfide envers lui, et pourquoi il le ramenait à Vézelai, au mépris des usages du lieu, car il ne lui était permis ni de recevoir un homme qui était sous la protection du monastère, ni de fournir un sauf-conduit à un ennemi du lieu, pour l'y faire rentrer, on convint d'un jour pour se réunir à Rigny, et terminer les différends élevés sur ces divers points, et sur d'autres encore. Lorsqu'on se fut rassemblé en ce lieu, l'abbé se plaignit d'abord de ce que le comte accueillait et protégeait ses hommes, placés tous sous sa protection, au mépris des usages de l'église, et demanda qu'il lui rendît sans délai son fugitif, Guillaume de Mont-Réal, lequel était serf et sujet de l'église, et de plus, convaincu de trahison et de parjure. Alors le comte interrogea ses grands sur le mérite de cette plainte, qui alléguait les droits d'une coutume. Mais tous répondirent à l'unanimité que le comte n'avait aucun droit de protection sur les hommes de l'église de Vézelai, ni contre l'église, ni de toute autre manière. Aussitôt le comte renvoya le fourbe Guillaume, et lui prescrivit de retourner auprès de son légitime seigneur, et de se soumettre en toutes choses à ses ordres. Guillaume voyant qu'il n'avait pu réussir en rien, se soumit bon gré malgré aux ordres de l'abbé; et ayant abandonné sa maison, ainsi que quelques-unes de ses propriétés, il affranchit ses cautions.

Après cela il arriva que le comte tomba mortellement malade. L'abbé Guillaume, l'ayant pris en grande compassion, le servit généreusement, aussi bien qu'il le put, quoiqu'il fût bien certain de la haine qu'il lui portait ; et tous les jours l'église de Vézelai faisait à Dieu une prière pour le comte. Mais lorsque celui-ci se fut rétabli à la suite des prières de l'église, l'ingrat oublia tous les bienfaits dont il était redevable à cette église et à l'abbé, et ouvrant l'oreille aux insinuations des méchans, il chercha dans son esprit des prétextes pour harceler l'abbé ou le monastère. Il écrivit à l'abbé d'avoir à lui restituer l'argent que l'impie Guillaume, surnommé de Mont-Réal, lui devait en vertu d'un compromis ; en même temps il donna ordre au député qui portait sa lettre, dans le cas où l'abbé différerait ou refuserait de lui rendre cet argent, de dévaster aussitôt ses terres. En conséquence, un jour de dimanche, ce député, qui s'appelait Geoffroi de Melun, présenta à l'abbé la lettre que le comte lui écrivait sur cette affaire, et l'abbé lui répondit sur-le-champ qu'il ne devait aucun argent au comte, et que, si l'impie Guillaume lui en devait, le comte n'avait qu'à le lui redemander. Geoffroi lui répondit que ce n'était pas son affaire, et qu'il se bornerait à accomplir exactement les ordres de son seigneur. « Ainsi donc, lui dit l'abbé, ce dimanche
« même tu iras piller nos biens ? — Non, répondit

« Geoffroi, mais demain je ne pourrai me dispenser
« d'exécuter l'ordre de mon seigneur. Si cependant
« il te plaît d'envoyer quelqu'un auprès de mon sei-
« gneur, je partirai moi-même volontiers avec ton
« messager, et j'intercéderai pour toi. » L'abbé lui
ayant indiqué un certain moine qui résidait à Champ-
Mol, et qui serait son messager, et Geoffroi l'ayant
accepté pour se rendre avec lui auprès du comte,
chemin faisant Geoffroi quitta le moine, et se dirigeant vers Château-Censoir, il y choisit les jeunes
gens les plus vigoureux, et tout aussitôt, le dimanche
même, vers le soir, il enleva tous les troupeaux de
moutons appartenant à l'abbé, et qu'il trouva à
Champ-Mol, où le même jour il avait pris un repas
avec l'abbé. Mais la vengeance divine ne tarda pas à
le poursuivre. Sept jours ne s'étaient pas encore écoulés que Geoffroi, frappé de démence, sauta de la
fenêtre de sa maison dans le fleuve de l'Yonne, qui
coulait au-dessous; on l'en retira à moitié mort, mais
alors il se mit lui-même à déchirer son propre
corps, et indigne de vivre, il mourut dans un accès
de folie. Ensuite tous les frères et tout le peuple de
Vézelai ayant poussé des cris contre le très-scélérat
Guillaume, qui attirait sur eux l'inimitié d'un si
grand prince et le pillage de leurs propriétés, l'abbé
enjoignit à ce même Guillaume de donner satisfaction au prince sur ce qu'il lui avait promis, ou du
moins d'indemniser l'église des dommages qu'elle
avait soufferts. Guillaume, n'ayant fait ni l'un ni
l'autre, fut chargé de fers et jeté en prison. Ainsi
lié de chaînes et plongé dans les ténèbres, il ne
put être déterminé par la puanteur de sa prison à

renoncer à son argent, et aima mieux subir en entier son misérable sort, que se dessaisir volontairement d'une partie de sa fortune. Il l'avait gagnée en des lieux divers à force d'usure, et pour la conserver il supporta l'infection horrible de sa prison, les tourmens de la faim, et, ce qui est pire encore, l'affront fait à son honneur. Vaincu cependant par les longues souffrances de sa prison, il abandonna de nouveau ses propriétés, et fit sa paix. Dès lors il fut comme un loup au milieu des moutons, cherchant à surprendre ses voisins, accusant les pauvres et insultant les riches. Toutefois le comte, non content des misères de Guillaume et de ses propres torts, fit enlever le gros et le menu bétail, et piller même les hommes du monastère de Vézelai. Et comme on dit dans un proverbe vulgaire, que tout prétexte est bon à celui qui veut faire le mal, le comte n'ayant aucun motif légitime, allait cherchant toutes sortes de mauvaises raisons pour parvenir à soumettre l'église à sa seigneurie et pour la dépouiller de ses libertés.

En ce temps, l'Église d'Occident était travaillée d'un schisme très-sérieux. Or Henri, comte de Troyes, tenait pour le parti de l'empereur. D'un autre côté, Louis, roi de France, envoya ses députés auprès du pape catholique Alexandre, savoir Thibaut, abbé de Saint-Germain-des-Prés, et Cardeu, son clerc; mais Alexandre ayant reçu les députés moins bien qu'ils ne s'y attendaient, à leur retour ils vinrent à Vézelai. Là, l'abbé Thibaut tomba malade, se mit au lit, mourut le 24 juillet, et fut enseveli en dessous de la porte de la basilique de la bienheureuse Marie-Madeleine, basilique dont il avait été moine.

Lorsqu'il apprit que les députés avaient été repoussés, le roi Louis, irrité, se repentit d'avoir adopté Alexandre, au mépris de Victor, et écrivit à ce sujet, par l'intermédiaire de Manassé, évêque d'Orléans, à Henri, comte de Troyes, lequel à cette époque se rendait en hâte auprès de l'empereur des Germains. Le comte Henri, tout joyeux de cette circonstance favorable, proposa à l'empereur d'entrer en conférence avec le roi, en présence des grands des deux royaumes et des hommes de l'église, lui protestant avec serment que le roi, après avoir fait examiner l'élection de l'un et l'autre seigneur apostolique, et d'après le jugement de personnes choisies dans les deux royaumes, se prononcerait pour son avis, de lui comte Henri. En conséquence le lieu de la conférence fut fixé à Saint-Jean de Losne, bourg situé en deçà du fleuve de la Saône, et sur le territoire du royaume de France. Il fut statué aussi qu'Alexandre le catholique et Victor le schismatique assisteraient à la conférence, et seraient confrontés, au sujet de leur élection, en présence de toute l'église. Dès qu'il fut informé de ceci, Alexandre envoya des députés au roi Louis, savoir Bernard, évêque de Porto, et Jacinthe, son diacre, qu'il chargea d'apaiser la colère du roi et de lui proposer une conférence amicale. Alexandre et Louis se réunirent donc à Souvigny, bourg appartenant aux moines de Cluny. Le roi Louis demanda à Alexandre de se rendre à la conférence convenue, ou, s'il redoutait la présence de l'empereur, de se diriger du moins vers ce côté jusqu'au château de Vergy, lequel était inexpugnable. Mais comme Alexandre ne voulait point y consentir : « Je te conduirai, lui dit le roi,

« toi et toute ta suite, et je te ramènerai sain et sauf
« aussi bien que ma propre personne. » Et comme
Alexandre ne voulait pas consentir même à cette proposition, redoutant les artifices de l'empereur, le roi
lui répondit : « Il est étonnant que celui qui a la
« conscience de son bon droit refuse de soutenir son
« innocence et de produire sa cause en justice. » Et
le roi partit alors pour se rendre à la conférence
convenue avec l'empereur, car il ne connaissait pas
encore les conditions que le comte Henri avait arrêtées de sa part avec ledit empereur.

Le roi s'étant donc rendu au château de Dijon, le
comte Henri se porta à sa rencontre, et lui déclara
alors pour la première fois les conventions qu'il avait
conclues avec l'empereur, lui disant : « Consultant à
« la fois le respect dû à Ta Majesté et l'avantage de
« ton royaume, ô roi mon seigneur, j'ai réglé cette con-
« férence sur le fleuve de la Saône, afin que toi, mon-
« seigneur et roi, et l'empereur Frédéric, vous réu-
« nissant avec les évêques, les abbés et les grands
« des deux empires, ton seigneur apostolique et le sei-
« gneur apostolique de l'empereur étant aussi présens,
« des deux côtés on élise des hommes éprouvés par
« la sagesse, tant dans l'Église que parmi les cheva-
« liers, lesquels hommes jugeront l'élection de chacun
« des deux seigneurs apostoliques. Et s'il est prouvé
« que l'élection de Rolland a été meilleure, l'élection
« d'Octavien sera cassée, et l'empereur tombera aux
« pieds de Rolland ; si au contraire l'élection de Vic-
« tor vient à prévaloir, celle de Rolland sera annu-
« lée, et toi, seigneur roi, tu tomberas aux pieds
« d'Octavien. Que s'il arrive qu'Octavien soit absent,

« l'empereur se détachant de lui se soumettra à ton
« Alexandre; et si au contraire c'est Alexandre qui ne
« se présente pas, il en arrivera de même, et toi, roi, tu
« te déclareras pour Victor. Mais si Ta Majesté ne vou-
« lait ni consentir aux susdites conditions, ni donner
« son assentiment à la sentence arbitrale des juges,
« j'ai juré par serment de passer de l'autre côté, et
« livrant à l'empereur tout ce que je tiens en fief du do-
« maine du roi, je le tiendrai dès lors de l'empereur. »
Le roi Louis frappé d'étonnement répondit à ce discours : « Je cherche avec étonnement d'où a pu te
« venir une telle confiance, de conclure de pareilles
« conventions avec l'empereur à mon insu, et sans
« m'avoir consulté : » Henri lui répondit : « C'est toi-
« même, ô roi, qui m'as inspiré cette confiance par
« l'entremise de Manassé, évêque d'Orléans. » Et
celui-ci interrogé à ce sujet, et redoutant le roi,
commença par nier, dissimulant les artifices qu'il
avait employés pour entraîner Henri dans ce traité.
Alors Henri produisit une lettre du roi dans laquelle
il était dit que les députés du roi avaient été repoussés par Alexandre, et que, par ces motifs, le roi indigné mandait à Henri d'aller en toute assurance trouver l'empereur Frédéric, et d'arrêter avec lui une
conférence pour entendre les deux parties, certain
que le roi serait en tout point de son avis.

Or l'empereur Frédéric s'était fait construire un
palais d'une dimension extraordinaire dans un lieu appelé Dole, sur les frontières de son empire, quand les
Français apprirent que le schismatique Victor n'était
pas avec l'empereur, et ils se réjouirent fort de son
absence. Mais, dès qu'ils en furent informés, les Teu-

tons ou Germains coururent en très-grande hâte, et ramenèrent Victor avec eux le même jour. L'empereur l'ayant pris avec lui, le conduisit au milieu de la nuit sur le milieu du pont et le ramena aussitôt, comme s'il eût satisfait à ses conventions. Or le roi Louis étant sorti comme pour aller à la chasse, traversa une forêt, se rendit au lieu fixé pour la conférence, et envoya Josse, archevêque de Tours, Maurice, évêque de Paris, Guillaume, abbé de Vézelai, et quelques autres grands de son royaume, auprès des députés de l'empereur, lesquels, s'étant réunis au même lieu, attendaient le message du roi. Parmi eux encore était le comte Henri, qui, à raison d'une étroite parenté, favorisait entièrement le parti de Victor le schismatique. Les députés du roi demandèrent donc au comte même un délai convenable, attendu que les conventions réglées pour cette conférence avaient été inconnues au roi jusqu'à l'avant-veille, puisque l'empereur avait forcé le comte Henri à jurer de ne révéler sous aucun prétexte lesdites conventions avant le jour fixé pour cette conférence, ajoutant qu'il serait inconvenant de terminer si légèrement une si grande affaire. Et comme les députés de l'empereur Frédéric refusèrent le délai qui leur était demandé, le roi s'en retourna à Dijon. Alors les cardinaux que le pape Alexandre avait envoyés, espérant que la conférence était rompue, retournèrent à Vézelai. Le roi nomma des surveillans, chargés de garder les frontières de son royaume. Le lendemain de grand matin le comte Henri se rendit auprès du roi, dans le palais du duc de Bourgogne, pour lui déclarer qu'il n'était nullement libéré des conventions, qu'en conséquence, lui comte Henri se verrait dans la nécessité de se retirer de lui et de se livrer entre les mains de l'empereur, en sorte que tout le territoire qu'il avait jusqu'alors tenu en fief du roi, il le livrerait désormais à l'empereur, le recevrait de celui-ci, et lui rendrait hommage. Toutefois il ajouta que, par respect pour le roi, il avait obtenu de l'empereur un délai de trois semaines, sous la condition que le roi remettrait des otages et promettrait à l'empereur de revenir au jour qui serait fixé, d'amener avec lui Alexandre, d'entendre à cette nouvelle conférence la cause des deux prétendans, et de se soumettre au jugement d'hommes sages choisis dans l'empire et dans le royaume, faute de quoi le roi se livrerait lui-même à l'empereur, dans la ville de Chrysopolis [1], noble cité appartenant aux Bisontins. Le roi consentit à tout, le courage lui manqua, son cœur était chargé d'ennuis; il promit de faire ainsi qu'il était proposé, et donna des otages, savoir.... le duc de Bourgogne.... le comte de Flandre, et Guillaume, comte de Nevers [2]. En apprenant les arrangemens que le roi avait conclus, tout l'ordre ecclésiastique fut profondément affligé, et tous élevèrent leur voix et leur cœur vers le Seigneur, le suppliant de prendre en pitié sa très-sainte Église, et de délivrer le roi des fraudes de ceux qui le circonvenaient.

Le roi se rendit donc au bourg ci-dessus nommé de Saint-Jean-de-Losne, où l'empereur devait se porter à sa rencontre : mais ce dernier trompa le comte Henri, et envoya à sa place le principal fauteur du schisme, Renaud, son chancelier, de l'église

---

[1] Besançon.
[2] Il y a deux blancs dans le manuscrit.

de Cologne. Et lorsqu'en présence de celui-ci, on eut rappelé les conditions que le comte Henri avait proposées au roi de la part même de l'empereur, la puissance divine se prononça tout aussitôt en faveur de son Église et de la pieuse simplicité de la majesté royale. Renaud, fauteur des profanes erreurs, répondit que l'empereur n'avait nullement souscrit de telles conventions, c'est-à-dire n'avait point promis de reconnaître à aucune assemblée le droit de juger l'Église romaine, laquelle subsiste en vertu de son propre droit. Alors le roi, rempli de joie, demanda au comte Henri si les conventions n'avaient pas été arrêtées dans la forme que lui-même lui avait proposée. « Voici, « ajouta le roi, que l'empereur qui, selon tes paroles « mêmes, devait se présenter ici, est absent : et voici « encore que les députés veulent changer les condi- « tions arrêtées en ta présence et selon ton témoi- « gnage. — Cela est vrai, dit le comte Henri. « Et le roi reprit : « Ne suis-je donc pas affranchi de toute « convention? — Affranchi, répondit Henri. » Et le roi dit alors à tous les grands, ainsi qu'aux évêques et aux abbés qui étaient présens : « Vous avez tous vu « et entendu comment j'ai accompli volontairement « tout ce qui est en mon pouvoir : dites maintenant « si je vous semble dégagé des conditions du traité. » Et tous répondirent : « Tu as affranchi ta parole. » Et aussitôt le roi, lançant un cheval très-rapide sur lequel il était monté, poursuivit promptement sa marche. Les Teutons, extrêmement confus, se jetèrent sur ses pas, le suppliant de revenir auprès de l'empereur, lequel serait tout prêt à exécuter les conditions que le comte Henri avait proposées. Mais le roi ne tenant aucun compte de ce qu'on lui disait, et n'envisageant qu'avec horreur le piége auquel il venait d'échapper, répondit : « J'ai fait ce qui était de « mon devoir. » Et ainsi la conférence ayant été rompue, le roi retourna dans son royaume.

Cependant le pape catholique Alexandre, redoutant la colère du roi Louis, se rendit dans la ville de Bourges, métropole de l'Aquitaine, et au monastère de Dol, situé auprès de Châteauroux, et y passa l'hiver. Puis, vers l'époque du carême suivant, il se rendit auprès du roi Louis, dans la ville de Paris. Le roi l'accueillit très-honorablement, et le pape, selon l'usage de l'Église romaine, porta lui-même la rose d'or, le jour de dimanche où l'on chante le *Lœtare Jerusalem*. Ayant ensuite célébré les fêtes solennelles de Pâques, le pape consacra la basilique du couvent du bienheureux Germain-des-Prés, que gouvernait alors Hugues de Monciel, moine de l'église de Vézelai. Guillaume, abbé de cette église, se rendit de nouveau à Paris, pour demander au souverain pontife Alexandre de confirmer une troisième fois, et plus complétement, les libertés et les propriétés de son église, ainsi que les immunités dans la banlieue de son monastère, selon que ses prédécesseurs les avaient déjà réglées. Le pape donna son saint consentement à cette demande, et délivra à l'abbé un troisième privilége. De là il se rendit à la ville métropolitaine de Tours, et y tint un concile de tous les évêques, savoir, les évêques de Lyon, de Narbonne, de Vienne, de Bourges, de Sens, de Rheims, de Rouen, de Tours, de Bordeaux, d'Auch, des Alpes, des Apennins, des Alpes maritimes, au nombre de cent cinq. Il y avait en outre les évêques de Cantorbéry et d'York, et des évêques écossais et irlandais, ainsi que des abbés et des personnes de divers ordres qui accoururent en foule et de toutes parts avec empressement. Plusieurs évêques de la Germanie écrivirent aussi secrètement au pape Alexandre, lui rendant humblement obéissance, et lui témoignant toutes sortes de respects, selon que le leur permettaient le temps et le lieu. Une grande partie de l'Italie s'y joignit aussi, les uns par écrit, les autres en personne. La Sardaigne et la Sicile, toute la Calabre, toute l'église d'Orient et l'Espagne inclinèrent humblement la tête devant le pape catholique Alexandre, et lui vouèrent obéissance.

Étienne, abbé de Cluny, et Guillaume, abbé de Vézelai, assistèrent pareillement à ce concile. Ceux de Cluny méditèrent d'intenter une action contre ceux de Vézelai au sujet de leur séparation ; mais ayant la conscience de leur mauvais droit et de la justice de l'Église de Rome, ils demeurèrent tous en silence, et n'osèrent pas même faire entendre un murmure, car plusieurs controverses du même genre furent portées de part et d'autre devant ce même concile et terminées par lui. Telle fut la cause des clercs de Paris et des moines du couvent de Saint-Germain-des-Prés : elle fut examinée à fond, et le jugement imposa un silence éternel aux injustes prétentions des clercs. Alexandre ayant fermé le concile synodal, retourna ensuite dans la ville de Bourges, capitale de l'Aquitaine. Aux approches de la saison d'automne, il se rendit dans la ville de Sens, et y séjourna sans interruption durant dix-huit mois. L'auteur du schisme, Octavien, qui a été appelé Victor, ayant terminé sa vie par un accident malheureux, les schismatiques mirent à sa place Gui de Crémone, lequel avait été le premier apostat parmi ceux qui avaient concouru à l'élection d'Alexandre.

Cependant le comte de Nevers tracassait cruellement l'église de Vézelai; et à l'aide de ces sortes d'individus qui cachent leurs mensonges sous les apparences de la candeur, il ne cessait de diffamer la conduite de l'abbé Guillaume et de ses frères. Animé du seul desir de soumettre Vézelai, il était travaillé d'une vive haine contre l'abbé, qui résistait à ses entreprises criminelles, tantôt par adresse, tantôt avec une grande vigueur. La force d'ame de ce dernier éclata principalement en cela, qu'il sut également lutter contre les artifices de la dissimulation et contre les violences du brigandage; c'est pourquoi, voyant que toutes les perfidies de la haine demeuraient entièrement stériles, et ne produisaient aucun résultat, se trouvant en outre dépourvu de toute espèce de droit, le comte méconnaissant enfin toute justice, dédaignant tout sentiment d'honneur, et foulant aux pieds tout respect religieux, recourut dans sa rage insensée aux armes d'une audacieuse tyrannie. Après s'être péniblement appliqué à chercher, à travers mille tergiversations, les moyens de mal faire, sans pouvoir trouver aucun motif légitime de nuire à l'église, il lui redemanda, au mépris de tout droit et de toute justice, ces mêmes redevances usurpées, dont son père, après avoir échappé au péril de son naufrage, avait fait lui-même la remise, et dont il avait confirmé la concession dans le chapitre de Vézelai, en présence même du comte et de sa mère.

L'abbé s'étant refusé à ce qui lui était injustement redemandé, le comte lui envoya une déclaration de guerre. Des amis des deux partis intervinrent, et convinrent d'ouvrir une conférence auprès de l'étang de Noverre, pour chercher s'il ne serait pas possible de terminer à l'amiable cette nouvelle contestation. Le comte ayant interpellé l'abbé au sujet de ses susdites prétentions, celui-ci lui répondit que ce que son père avait remis, ce que lui-même avait concédé, il ne pouvait le redemander, non plus que lui, abbé, ne pouvait le rendre, surtout puisque l'église s'en trouvait alors investie, et par la remise que son père en avait faite, et par sa propre concession. Aussitôt le comte, rempli de colère, grinçant des dents, et comme insensé, se rendit à Vézelai (c'était la veille de la nativité du précurseur du Christ); et entrant dans le monastère, tandis que les frères, informés de son arrivée, venaient de fermer toutes les clôtures, il les força lui-même, et, saisissant une hache, brisa le premier la porte d'une cuisine. Ses satellites ayant vu cela, s'emparèrent aussitôt des maisons de l'église, brisèrent les autres portes, et massacrèrent les moines qui voulaient les repousser. Puis ils passèrent cette même nuit dans l'hôtellerie du monastère; et malgré l'opposition des frères, ils servirent leur seigneur avec toutes les provisions du monastère. Les frères déposèrent les croix et les chasubles, mirent les autels à nu, et cessèrent de célébrer les offices divins dans toutes leurs églises.

Cette nuit même, l'abbé se retira à Champ-Mol, et la nuit suivante à Givry, d'où il expédia un message au roi, et lui-même en partit, pour se rendre auprès du pontife romain, lequel, étant revenu du concile de Tours, se trouvait à cette époque dans le monastère de Dole. Mais comme dans ce même temps, le roi avait entrepris une expédition contre les Auvergnats, il ne voulut pas irriter le comte; toutefois il l'invita à ajourner le procès qu'il voulait engager, jusques au moment où lui-même serait revenu de son expédition. Alexandre, de son côté, méditant sur le schisme qui affaiblissait l'Église, et craignant, s'il montrait un peu trop de dureté contre les princes séculiers, que l'Église elle-même ne fût affligée d'un plus grand scandale, se borna à adresser au comte un simple écrit, pour l'inviter à cesser de tourmenter l'église de Vézelai, qui était fille du bienheureux Pierre, et alleu de l'Église romaine. Mais le cœur de ce comte, semblable aux Pharaons, s'endurcit; et au lieu d'être comme une source d'eau douce, il prit la dureté de la pierre. Méprisant à la fois et les exhortations apostoliques, et celles du roi, et menant avec lui une armée nombreuse de cavaliers, d'hommes de pied et de toute sorte de menu peuple, comme pour aller attaquer un peuple ennemi, il arriva à Vézelai, le jour même de la sainte solennité de la bienheureuse Marie-Madeleine. Aussitôt qu'il fut entré, les frères suspendirent les offices divins; et, ayant fermé les portes du cloître, ils offrirent leurs prières à Dieu, à voix basse, dans la chapelle de la Mère de Dieu, jugeant qu'il serait inconvenant d'ouvrir les lieux sacrés devant un sacrilége. Quant à l'abbé, il descendit à Saint-Pierre. Le comte entra donc dans le monastère, selon son usage, descendit dans l'hôtellerie, avec une suite inusitée, et prit de ses mains, et pour lui-même, les provisions que les frères lui avaient refusées.

Cette nuit même, l'abbé monta au sépulcre de la bienheureuse Marie-Madeleine, y célébra, selon les circonstances, les cérémonies solennelles dues à Dieu; et au point du jour, il descendit à Écouan, et offrit à Dieu l'hostie consacrée. Renaud de Marlot, son cousin germain, le suivit, avec Durand Albourg, et le supplia de se reposer un peu en ce lieu, car il avait envoyé un message à Givry, pour qu'on y préparât les alimens dont ils avaient besoin pour réparer leurs forces. Renaud remonta ensuite, et s'entretint avec le comte des moyens de rétablir la paix. L'abbé ayant été rappelé, on fit la composition suivante. Le comte s'engagea à donner satisfaction publique devant l'autel, pour la violation du monastère, à payer vingt livres pour l'usurpation de la redevance, à concéder enfin, et à confirmer par écrit, la remise que son père avait faite des redevances casuelles; à faire faire les mêmes concessions par Renaud, son frère, Gui, également son frère, et par sa sœur; et il promit en outre (donnant pour gage de sa foi des otages, savoir Ignace, vicomte de Joigny, Étienne de Pierre-Pertuis, et Hugues de Tournoille) que ses frères, lorsqu'ils seraient arrivés à l'âge légal, renouvelleraient la susdite remise. En faveur de cette confirmation par écrit, et pour assurer le maintien de la paix à perpétuité, il fut arrêté aussi que l'abbé donnerait au comte sept cents livres, et que, pour la redevance de ce jour, il paierait deux cent cinquante-trois livres, sous cette condition que le comte ferait remise entière de la même redevance pour la fête de l'année suivante, et qu'il n'exigerait de nouveau que cent livres pour une autre redevance. Les choses ainsi réglées et accordées de part et d'autre, à la sixième heure du jour, les cloches sonnèrent, et les frères célébrèrent les solennités de la fête sacrée. Le comte, se présentant devant l'autel, y donna satisfaction pour l'insulte faite par lui au monastère, et, selon les conventions, déposa vingt livres, pour l'accomplissement de la justice. Le jour suivant, il se rendit au chapitre des frères, présidé par l'abbé, et, en présence d'eux tous, il leur concéda de nouveau la remise des susdites redevances casuelles, que son père avait faite, confirma cette remise par écrit, et y ajouta la garantie de son sceau.

Après cela, le comte Guillaume tomba dangereusement malade à Nevers, tellement qu'on désespéra de sa vie. Mais, comme il offrit à Dieu les prières de l'humilité, enfin il se rétablit, et alla invoquer la protection des saints dans l'oratoire de la bienheureuse et très-pieuse vierge Marie, dans le Puy, ville du Velay : de là, étant revenu de son corps dans sa patrie, et de son cœur aux sentimens de haine qu'il nourrissait toujours contre Guillaume, abbé de Vézelai, il manda à celui-ci de se rendre en sa présence, pour lui faire justice de n'avoir pas satisfait au droit du sel, et de venir en jugement devant sa cour, à Nevers. L'abbé répondit : « J'espérais avoir fait ma paix
« avec le comte, au sujet de toutes les querelles du
« temps passé. Cependant, comme je suis ignorant,
« et ne pense pas connaître encore complétement les
« usages du monastère, je conférerai avec les plus
« anciens de la ville et avec d'autres hommes sages ;
« et selon le conseil qui nous sera inspiré par le ciel,

« je répondrai au comte par mes propres députés. »
Alors Abbon de Mont-Galguier (car c'était lui qui
avait porté le message du comte) dit à l'abbé : « S'il
« te plaît d'accepter l'ajournement que je te dénonce
« de la part du comte, c'est bien; sinon, le comte
« agira comme si tu avais refusé de lui faire justice. »
Ensuite Abbon se retira, et fit au comte un rapport
pire que ce qu'on lui avait dit. L'abbé cependant tint
conseil, et fit partir ensuite des députés chargés de
répondre au message du comte. Mais ceux-ci rencontrèrent en chemin les satellites du comte, marchant
en avant de leur seigneur, lequel venait à Vézelai,
dans un nouvel accès de folie. Et, aussitôt après, le
comte faisant irruption dans le monastère, envahit
les appartemens de service, et expédia sur-le-champ
ses hérauts dans la banlieue de Vézelai, d'Écouan et
de Saint-Pierre, prescrivant à tous les hommes du
monastère qu'ils eussent à se rassembler pour le lendemain, et à se présenter devant lui. Mais eux mépri-
sèrent à l'unanimité de pareils ordres. Alors, emporté
par la fureur, et au mépris des usages du lieu, le
comte fit proclamer par son héraut que quiconque
ne se présenterait pas devant lui serait arrêté, si on
le rencontrait, et que sa maison serait mise publiquement en vente. En entendant cela, tous furent stu-
péfaits, et plusieurs, saisis de terreur, se présentèrent
devant lui. Eux réunis, le comte leur dit : « Comme
« l'abbé a refusé de me faire justice, je me suis investi
« de mon propre droit : je veux donc que, renonçant
« à cet abbé, vous vous engagiez de fidélité envers
« moi, et que, dès ce moment, vous ne payiez plus
« aucune redevance, ni à l'abbé, ni aux moines. » A

cela, les bourgeois répondirent : « Nous avons juré fi-
« délité à l'abbé et à l'église ; il nous semble qu'il serait
« injuste et très-honteux, du moins pour nous, de
« nous parjurer sans motif; ainsi nous te demandons
« de nous donner un délai, afin que nous puissions
« nous entretenir avec notre seigneur, et que nous
« allions le trouver, pour lui rapporter tout ceci.
« — Votre seigneur est ici, leur dit-il, et vous pourrez
« lui parler tout de suite. — Permets-nous donc, ré-
« pondirent-ils, d'aller vers lui. » Et alors il leur dit :
« Choisissez parmi vous deux ou trois hommes qui
« aillent porter vos paroles à l'abbé, et qui vous rap-
« portent sa réponse. »

Alors Simon de Souvigny et Durand Albourg, qui servaient vivement les projets impies du comte, se levèrent, et se rendirent, avec quelques autres, devant l'abbé; celui-ci connut alors le discours du comte, et vit bien que le comte avait retenu ses hommes, pour les empêcher de se rendre auprès de lui. Aussitôt il appela Jean Caprin et quelques-uns des plus anciens de l'église, et les envoya sur-le-champ à l'hôtellerie auprès de ses bourgeois, avec les paroles suivantes : « A vous, qui devez fidélité à l'abbé et à
« l'église, l'abbé vous ordonne et commande, par cette
« fidélité que vous lui avez jurée et que vous lui de-
« vez, de vous retirer de devant ce tyran, plus promp-
« tement que vous n'êtes venus vers lui. » Et aussitôt ils se retirèrent. Après qu'ils eurent conféré longtemps, et de côté et d'autre, sur la demande du comte, les bourgeois supplièrent l'abbé de se ménager, et de les ménager eux-mêmes dans un si grand péril, de gagner du temps, et d'accepter l'ajournement, sous la

condition de ne faire cependant pour le comte que ce qu'il serait de son devoir de faire. L'abbé se rendit à l'avis des siens, et manda au comte : « Comme « tu as envahi ma maison tyranniquement et à l'im- « proviste, et quoique ce que tu demandes soit abso- « lument injuste, j'accepte cependant ton ajourne- « ment à Auxerre, comme ayant subi une violence, « me réservant toutefois de ne faire en ce lieu que ce « qui me sera démontré de mon devoir. » Aussitôt le comte, frustré dans ses projets (car il avait eu le dessein par cette démarche de faire passer Vézelai sous sa seigneurie), se retira, réprimant son impétuosité insensée. Le jour fixé s'approchant, l'abbé envoya au comte, à Decizes, les principaux de son église, savoir Gilon, alors prieur; Geoffroi, né anglais; Pons, prieur, et Gilbert l'aumônier. Le comte leur dit de le suivre à Nevers, où il les entendrait. Lorsqu'ils eurent fait ainsi, ils refusèrent, de la part de l'abbé, de se présenter au jour qui leur avait été indiqué, et demandèrent qu'on leur assignât un autre jour, et en un lieu plus voisin. Le comte ayant refusé de recevoir cette déclaration, ou d'indiquer un autre jour, les députés ajoutèrent : « Le seigneur abbé « de Vézelai te répond par notre bouche qu'il n'est « tenu, en vertu d'aucun droit, d'obéir à ton ordre : « si donc tu veux le lasser par la violence, il t'appelle « lui-même devant le tribunal apostolique, auquel « appartient en propre la seigneurie du monastère de « Vézelai, et devant le tribunal du seigneur roi, sous « la garde et la protection duquel le même monastère « est aussi placé; et il te désigne le jour après l'octave « de Pâques, pour te présenter devant le pape Alexan-

« dre; dans cet intervalle, il se met, lui et les siens,
« sous la sauve-garde du seigneur apostolique et du
« roi. » Et lorsqu'ils eurent dit ces mots, ils demandèrent au comte la permission de s'en aller, et ne l'obtinrent point, tant était grande sa colère. Alors s'étant un peu écartés, ils retournèrent à leur hôtellerie, dans le monastère de Saint-Étienne, qui est contigu à la ville, feignant de vouloir revenir le lendemain devant la cour du comte. Mais la nuit étant venue, ils montèrent à cheval, et retournèrent à Vézelai. Quant à l'abbé, il voulut se soustraire aux fureurs insensées du comte, et partit pour la France.

Il se rendit auprès du pape Alexandre, et lui fit connaître comment et combien injustement, lui et l'église de Vézelai étaient opprimés par le comte. De là, il alla vers le roi, et lui porta ses plaintes des vexations injustes dont le comte l'accablait. Le roi, touché de compassion pour le plaignant, et poussé en même temps par les représentations du pape Alexandre, désigna au comte un jour, pour conférer avec lui dans la ville de Sens. Ils s'y réunirent en effet de part et d'autre; des deux côtés, on porta des plaintes, et l'on conféra très-long-temps, mais sans pouvoir parvenir à aucune possibilité d'arrangement; enfin, sur la demande du roi, le comte retarda l'ajournement qu'il avait donné à l'abbé par ses précédentes invitations, pour comparaître devant lui en justice. Le roi Louis passa le jour de l'Épiphanie à Vézelai; l'abbé l'y accueillit, et lui rendit hommage avec empressement. Après son départ, le comte, entraîné par sa haine, fixa un jour à l'abbé pour se rendre à Auxerre; l'abbé accepta l'ajournement, en tant qu'il pouvait appartenir au comte de le donner, et en même temps il envoya au pape des députés, pour le consulter sur ce qu'il avait à faire. Ceux-ci revinrent, après avoir pris conseil du pape, qui leur donna son avis en secret, et avec précaution.

Un certain frère de Vézelai, nommé Renaud, étant sorti du monastère situé dans le voisinage de Moret, avec les reliques de la bienheureuse Marie, mère de Dieu, de saint Blaise et d'autres saints, pour travailler à l'édification de la basilique de ce même monastère, faisait une grande collecte d'aumônes parmi les fidèles. Après avoir parcouru divers lieux et éclairé le pays d'Amiens de la grâce divine à l'aide de la grande puissance des saints, il arriva avec ces mêmes reliques à un château que l'on appelle Arborée. Après qu'il y eut demeuré quelques jours, pendant lesquels de nombreux miracles furent faits par les mérites des saints, l'on vit accourir de toutes parts un grand concours de peuple. Lorsque enfin le frère voulut partir de ce lieu, les fidèles s'empressèrent de tous côtés, comme c'est l'usage, pour s'emparer de la litière, mais ils ne purent la faire sortir de l'église, pas même l'enlever un peu. Après qu'ils s'y furent tous essayés, se relevant tour à tour, les plus forts prenant la place des forts, enfin le seigneur de ces lieux nommé Alelme, s'étant joint à un autre homme illustre, souleva la litière, mais il ne lui fut pas possible d'atteindre au seuil de la basilique. Ils replacèrent donc la litière sur l'autel et se mirent en prière avec ferveur. Alors l'un des frères qui avaient suivi le frère Renaud, et se nommait Pierre, poussé par une témérité insensée, se mit à frapper sur la litière à coups de verges, comme pour forcer les saints à sortir de l'église. Tout aussitôt la vengeance s'appesantit sur sa tête; une paralysie le frappa de dissolution, et en peu de jours il perdit la vie. L'illustre Alelme considérant que de telles choses arrivaient par la volonté du ciel, rendit grâces à Dieu, auteur de tous biens, du don précieux qu'il lui conférait, et il donna sur les confins de son château, et en propre alleu, un local où l'on pût construire un oratoire, dans lequel les reliques des saints seraient déposées, et où les frères célébreraient les offices religieux en leur honneur et pour la gloire de Dieu. Il voulut en outre que ce lieu fût placé sous l'administration de l'église de Vézelai, et desservi par elle, puisque les précieux restes des saints y avaient été transportés de cette église même, et par les frères qui lui appartenaient. Lorsque l'abbé Guillaume, ayant été appelé, se rendit lui-même en ce lieu, il apporta avec lui d'autres reliques et une grande quantité d'ornemens précieux qu'il y laissa en l'honneur des saints et de la dévotion que montraient les fidèles du pays; et ce lieu fut aussi nommé Arborée, du nom du château voisin. Ainsi, au milieu même des orages de la persécution, les efforts vertueux des gens de bien prennent un plus grand développement, et par cela même que l'Église est en péril, par cela même aussi elle est de plus en plus comblée de faveurs.

Cependant le comte Guillaume persistait toujours dans sa violente haine contre l'abbé Guillaume; et comme il ne pouvait accomplir tout ce qu'il voulait entreprendre, il assouvissait sa fureur en enlevant les ânes, les bestiaux, et en pillant les propriétés appartenant au monastère. Il y avait un homme très-méchant, Hugues, surnommé Léthard, redevable au monastère d'un droit de capitation, car sa mère était cousine germaine de Simon, fils d'Eudes, prévôt de Vézelai, et par conséquent vassal de l'église; lequel Simon trahit et frappa son seigneur, Artaud, abbé du monastère de Vézelai. Le comte avait fait cet Hugues son prévôt à Château-Censoir, et il persécutait l'église plus violemment que tous les autres satellites du comte. Il serait impossible de dire de combien de manières diverses il tourmentait l'église, la nuit comme le jour, agissant injustement et demandant sans cesse justice, exigeant toujours la justice et ne reconnaissant aucun droit ; bien plus, considérant comme de son droit tout ce qu'il extorquait avec violence, au mépris de tout droit et de toute justice. L'abbé ayant donc porté de nouvelles plaintes aux oreilles du pape Alexandre, au sujet des oppressions iniques et multipliées que lui et les siens avaient à subir de la part des satellites du comte, Alexandre écrivit au comte et à sa mère dans les termes suivans :

« Alexandre, évêque, serviteur des serviteurs de
« Dieu, à son fils chéri, homme noble, Guillaume,
« comte de Nevers, et à Ida, sa mère, salut et béné-
« diction apostolique !

« Plus il est connu de tous que le monastère de
« Vézelai appartient spécialement à la juridiction
« du bienheureux Pierre et à notre propre autorité,
« plus nous nous intéressons d'un zèle ardent à sa
« prospérité et à son bien-être, et nous demeurons
« rempli d'une vive sollicitude pour son repos et la
« conservation de ses biens. De là vient qu'étant de

« toutes façons fort préoccupé d'assurer la tranquil-
« lité et les intérêts de ce même monastère, nous en-
« voyons vers votre noblesse notre fils chéri, Pierre
« le sous-diacre, suppliant, invitant et exhortant votre
« grandeur, par cet écrit apostolique et au nom du Sei-
« gneur, afin que vous vous appliquiez de toutes sortes
« de manières à procurer le repos et le bien-être de
« la susdite église, à veiller à la conservation et à la
« défense des choses qui lui appartiennent, par res-
« pect pour le bienheureux Pierre et pour nous; que
« vous preniez soin d'entendre et même d'exaucer sur
« ce sujet notre susdit sous-diacre Pierre, et que vous
« empêchiez absolument les nobles des environs et
« vos puissans barons de faire aucune insulte, aucune
« tracasserie au susdit monastère. Rendez-vous sur
« ce point à nos prières et à nos admonitions, afin
« que nous aussi nous soyons obligé d'accueillir plus
« favorablement vos prières et vos demandes, de leur
« accorder, dans notre indulgence, de prompts et utiles
« effets, et d'aspirer en tout temps et avec plus de fer-
« veur à tout ce qui doit tourner à votre honneur.
 « Donné à Sens, le 7 de septembre. »

Pierre, sous-diacre de l'église romaine, après avoir passé à Vézelai les fêtes solennelles de la Nativité du Seigneur, se rendit donc auprès du comte et de sa mère, et leur remit les lettres du seigneur apostolique. Et comme il était lui-même fort lettré, il voulut, après la lecture de l'écrit apostolique, faire entendre à ces oreilles endurcies ses propres exhortations; eux en réponse commencèrent à proférer des injures et à dire toutes sortes de mensonges contre l'abbé et ses frères, cherchant à les diffamer dans leur bonne réputation. Et lorsque Pierre voulut traiter de paix avec les ennemis de la paix, il ne trouva aucun moyen d'y réussir, à moins que l'abbé ne se présentât en justice devant la cour du comte, au mépris des usages et de la dignité de son église. L'abbé ayant alors tenu conseil avec tous ses frères, ils délibérèrent tous d'un commun accord qu'il valait mieux souffrir l'exil, et même la mort, que de se soumettre à une telle servitude. En conséquence l'abbé, mettant de côté toute dissimulation, et renonçant à toute nouvelle demande de délai, accepta l'ajournement fixé au commencement du carême, et s'adressa en même temps au pape pour lui demander du secours, et le pape lui envoya Jacinthe, cardinal-diacre de l'église romaine, Pierre de Bone, son sous-diacre, et Jean, son maréchal.

En ce temps, les frères de Pontoise étaient en présence de la cour apostolique, appelés devant elle par ceux de Cluny, tant parce qu'ils avaient cédé Guillaume, autrefois leur abbé, au monastère de Vézelai, sans les consulter, que parce qu'ils avaient élu un autre abbé à sa place : mais les frères de Cluny manquèrent à leurs propres poursuites, et n'osèrent se présenter au jour fixé. En conséquence, les frères du monastère de Pontoise, absous par le pontife romain, retournèrent chez eux en possession de leur liberté. Pendant ce temps, leur abbé Lescelin était à Vézelai, où il était venu attendre l'issue de cette affaire. En effet, les frères de Cluny, dans leur excessive arrogance, avaient dédaigné de le traduire en cause, et n'avaient appelé que les frères, comme s'ils eussent été dépourvus de chef ; ils portèrent donc plainte contre les moines seulement, et non contre l'abbé, comme s'il n'y avait point d'abbé; c'est pourquoi le pape Alexandre donna audience aux frères et non à l'abbé. Mais comme il ne se présenta point de Satan, ni aucune mauvaise difficulté, le pape, avec l'approbation de tous les cardinaux, confirma les libertés déjà reconnues du monastère de Pontoise.

Guillaume, abbé de Vézelai; Lescelin, abbé de Pontoise; l'abbé du monastère de Saint-Jean-des-Prés; beaucoup d'autres frères et d'amis du monastère de Vézelai, se réunirent à Auxerre, et les légats apostoliques se joignirent aussi à eux. Mais le comte, redoutant la présence de ces derniers, voulut alors, de son pur mouvement, changer le jour que jusques alors il n'avait pas voulu retarder, même quand on l'en avait prié. L'abbé consulta à ce sujet des hommes sages; et Jacinthe lui répondant, dit alors : « Jusqu'à « présent, tu as été travaillé de la fièvre tierce, veux-« tu donc maintenant subir la fièvre quarte? Ah! plu-« tôt renonce à tant de détours, et défends, sans autre « délai, les droits de tes libertés. » L'abbé de Vézelai voulut charger l'abbé du monastère de Saint-Jean-des-Prés de parler en son nom; mais celui-ci, non plus qu'aucun autre, n'osa parler, par l'effet de la crainte qu'inspirait le comte. Voyant cela, les enfans de l'église de Vézelai, armés de la foi, rejetèrent tout sentiment de frayeur, jugeant qu'il serait indigne d'eux que leur propre liberté fût défendue par la bouche des étrangers. Gilon, qui était à cette époque prieur du couvent de Vézelai, se leva donc, et dit au comte : « Jusqu'à présent, le seigneur de Vézelai a écouté tes « prétentions; il en est quelques-unes qui peuvent

« être facilement terminées par un arrangement; mais
« il en est d'autres qu'il réglera lui-même, car tu pré-
« tends vainement qu'il doit se soumettre à ta justice,
« attendu que tu n'as jamais eu aucun droit qui puisse
« l'y obliger. » Ayant entendu cette réponse, le comte
fut saisi d'une extrême fureur, et les paroles qui venaient d'être prononcées en opposition à ses prétentions le firent rougir de honte. L'abbé se retira avec
les siens hors de la présence du comte. Jacinthe voulut tenter de calmer l'ame féroce du prince, et le
pressa vivement de faire la paix. Mais repoussé sur ce
point, il supplia du moins le comte d'accorder une
trève à l'église. Celui-ci y consentit, et promit une
trève trompeuse jusqu'à l'octave de Pâques.

Aux approches des saintes solennités de la Résurrection du Seigneur, l'évêque de Segni se rendit
à Vézelai, envoyé de la part du seigneur pape, pour
visiter et fortifier les frères. Il y consacra le saint
chrême et les huiles saintes, le jour de la Cène; et le
saint samedi de Pâques, il conféra les Ordres ecclésiastiques. Il donna à Henri, à Pierre et à Humbert, moines de l'église, l'Ordre de la prêtrise; Géraud, clerc
du même lieu, fut fait également prêtre; en outre,
trois moines, savoir Anselme, Guillaume et Geoffroi,
furent ordonnés diacres; les jeunes Guillaume et
Gui furent faits sous-diacres, et Laurent de Moret
acolyte.

Thomas[1], archevêque de Cantorbéry, fuyant la colère du roi Henri, vivait alors en exil à Pontigny. Cet
homme, autrefois intimement lié avec ce même roi, et
illustré par une éclatante valeur, avait été son chan-

---

[1] Thomas Becket.

celier, et nul n'avait paru plus puissant que lui auprès du roi d'Angleterre. Mais lorsqu'il accepta la charge d'un gouvernement ecclésiastique, il prit soin de préférer en toutes choses Dieu à l'homme, d'où il arriva que, tel qu'un nouveau Jonas, il résista constamment au roi, qui voulait, comme un autre Osias, usurper les droits de l'Église. Le roi donc indigné, et substituant une haine implacable à son inestimable faveur, se disposa à le faire arrêter, et à réunir tous ses biens au domaine royal; mais la prévoyance de l'innocent devança les efforts de l'impie; l'archevêque passa secrètement la mer, avec une faible suite, se présenta devant Louis, roi des Français, et se mit, lui et les siens, entre ses mains. Le roi l'accueillit avec une extrême bonté, et lui donna généreusement les secours dont il avait besoin. Cependant Thomas jugea convenable de se rendre auprès du pape Alexandre, et de se diriger entièrement d'après ses conseils. Lorsqu'il fut arrivé auprès de lui, et lui eut exposé les motifs de sa venue, le pape prit part à sa douleur, et le confia à Guichard, abbé du monastère de Pontigny, qui, dans la suite, fut consacré par le même Alexandre en qualité d'archevêque de Lyon. Le roi Louis envoya un message à Henri, roi des Anglais, pour l'affaire de Thomas, et pour d'autres affaires. Les deux rois se donnèrent rendez-vous pour une conférence; et comme Alexandre avait l'intention d'y assister, il se rendit à Paris. Mais Henri en ayant été informé, contremanda la conférence promise par lui au roi Louis, car il était prononcé contre le pape Alexandre, par suite de sa haine pour Thomas de Cantorbéry. Alexandre avait déjà reçu, pour la seconde fois, une députation des Romains, qui le suppliaient de retourner auprès d'eux, pour reprendre possession du siége du bienheureux Pierre; et en conséquence, ayant pris congé du roi Louis, il se rendit dans la ville de Bourges.

Cependant le très-impie Hugues Léthard, serf et méchant par sa naissance ainsi que par sa conduite, continuait obstinément à enlever et à piller les hommes et les propriétés de Vézelai; et en même temps, la vieille Hérodias, nouvelle fille de Jézabel, de la race d'Amalech, je veux dire la mère du comte de Nevers, Guillaume, laquelle se nommait Ida, de sa bouche empestée soufflait sans relâche le poison de la haine dans le cœur de son fils; et ennemie de tout sentiment d'honneur, dépourvue de toute bonté, et embrassant chaudement le parti de son fils, elle ne cessait d'exciter vivement ses satellites à persécuter le monastère de Vézelai. De là, les meurtres, les rapines, les détentions, les tourmens de toutes sortes, les diverses espèces de mort, et toutes les autres inventions qui découlèrent de ce repaire de la perversité féminine; en sorte qu'il n'était plus possible à aucun citoyen de Vézelai de sortir librement de chez lui. Les frères avaient fait faire un four à chaux d'une immense grandeur, pour construire un dortoir; et quand on y mettait le feu, ils allaient chercher du bois dans la forêt voisine, et le transportaient sur des chariots. A cette occasion, cette hydre de femme, embrasée du poison de la haine, fit partir ses satellites, afin que, le jour même de la fête solennelle du Saint-Esprit, ils enlevassent les chevaux des chariots avec lesquels on transportait le bois; et ainsi, le feu s'étant éteint, le travail commencé dans le four, et dont la valeur était de cent livres, fut perdu. Le fils de cette hydre, véritable vipère, avait donné ordre d'observer tous les pas de l'abbé Guillaume, comme pour le déshonorer à son insu en l'entourant de vils esclaves. Enfin, affligé de tant de maux survenant de toutes parts, l'abbé Guillaume marcha sur les traces du pape Alexandre; et l'ayant atteint dans la ville ci-dessus nommée (Bourges), il lui rapporta, autant qu'il le put, toutes les persécutions qu'il endurait de la part du comte et de sa mère, et lui dit que sa cause était la cause même du seigneur pape et de toute l'église romaine, à la juridiction de laquelle son monastère appartenait directement; qu'ainsi il était juste que le seigneur apostolique considérât l'affaire de Vézelai comme sa propre affaire, principalement puisque ce même monastère était mis en péril uniquement pour ce motif, qu'il se déclarait très-hautement romain, et ne voulait être dépendant de personne, si ce n'est du seul prélat de Rome. I ajouta encore que, si Alexandre négligeait de venir au plus tôt au secours du monastère ainsi mis en péril, celui-ci, comme s'il était répudié, se jetterait entre les bras d'un père adultérin, et ne se tiendrait plus désormais pour obligé à lui payer une rente, surtout puisqu'en la présence même du seigneur apostolique, les statuts, tant anciens que modernes, délivrés par les pontifes romains, et les actes portant institution de priviléges, étaient impunément attaqués et ébranlés, puisqu'à la vue même du pasteur, la rage des loups se déchaînait avec fureur, et qu'il n'y avait plus aucune garantie pour des libertés que quelques paroles de justice pourraient cependant mettre à l'abri de toute attaque. Il dit en outre que ce n'était ni par pusillanimité, ni par orgueil, qu'il avait tant de fois appelé l'attention du seigneur apostolique contre le comte, puisque très-souvent aussi il avait racheté les bonnes grâces de celui-ci, soit à force de prières, soit à prix d'argent; que cependant ce même comte ne l'avait payé, dans son ingratitude, qu'en lui faisant éprouver de nouvelles calamités, tellement que déjà lui, abbé, se trouvait épuisé et réduit presque à la dernière misère; et que le comte ne s'était pas seulement borné à taxer les hommes, ou à dilapider les possessions du monastère, mais que déjà, depuis près de deux ans, il enlevait aux frères eux-mêmes ce qui devait assurer leur entretien de tous les jours. L'abbé dit encore que, quoique ce dernier fait affligeât profondément le monastère, toutefois il déplorait bien plus encore l'insulte faite à ses libertés natives, à ces libertés que le comte s'efforçait d'anéantir complétement, sous prétexte de quelque usurpation, ou de quelque redevance surprise à la négligence de quelques-uns de ses prédécesseurs, puisque ces libéralités, qui autrefois avaient pu être accordées par pure faveur, n'étaient plus demandées comme des dons concédés gratuitement et par affection, mais exigées tyranniquement à titre de dette et de servitude : que ceux qui d'abord se présentaient en petit nombre, et se contentaient de ce qu'on leur offrait, venaient maintenant en grande troupe, n'aspirant qu'à enlever du butin, à tel point qu'il en avait coûté deux cent cinquante livres, et même plus, pour la dépense d'une seule hôtellerie.

Après de telles paroles, l'abbé poursuivit encore, disant que la fille du bienheureux Pierre, c'est à savoir l'église de Vézelai, serait exposée à toutes sortes de maux, puisque déjà, depuis la plante des pieds jusqu'au sommet de la tête, il n'y avait plus en elle rien de sain. « En effet, ajouta-t-il, elle a été livrée
« à tout passant pour être pillée et foulée aux pieds;
« et plus elle a paru d'abord brillante de jeunesse,
« plus on la voit maintenant de plus en plus abais-
« sée ; et ceux qui précédemment portaient envie à
« sa liberté, maintenant l'insultent, hochent la tête
« devant elle, et se rient de la dignité romaine, à
« cause de l'abandon auquel elle livre l'église de
« Vézelai. Déjà Autun provoque Cluny, et Cluny à
« son tour provoque Autun, et tous deux s'excitent
« et s'encouragent à l'envi à s'élever contre Vézelai.
« Il est temps, disent-ils, après avoir brisé la tête à
« cette citadelle de Rome, de lui arracher aussi les
« yeux, et de nous soumettre cette esclave fugitive,
« qui se glorifie du titre de fille du bienheureux
« Pierre. » Et voici maintenant Autun représente Moab,
« et Cluny représente l'Idumée ; et considérant Véze-
« lai dans les attaques qu'ils lui livrent comme une
« nouvelle Jérusalem, ils disent : « Ce peuple est in-
« sensé, pauvre et orgueilleux. Moi donc, Autun, je
« rabattrai son orgueil; toi, tu éclateras de rire en
« voyant sa folie, et sa pauvreté comblera le vide de
« nos richesses. Invitons donc par nos prières, exci-
« tons par nos insinuations, attirons par nos présens
« un nouvel Assur, qui écrasera son arrogance avec
« une verge de fer et d'un bras vigoureux; et puis-
« qu'il n'y a ni auxiliaire ni défenseur qui se présente

« pour la délivrer, partageons-la entre nous, et que
« chacun en prenne sa part. Toi Cluny, tu t'empare-
« ras de la citadelle du chapitre; moi Autun, je re-
« vendique l'autel. Quant à Assur, c'est-à-dire le
« comte, il pillera la ville. » Et qui donc, poursui-
« vit l'abbé, qui donc, ô seigneur très-saint père,
« pourra résister à de tels efforts? Ah! plût à Dieu
« qu'une émigration nous fut permise! plût à Dieu
« que nous fussions partagés au sort! plût à Dieu
« qu'un avenir éloigné fût assigné à nos espérances!
« Peut-être un jour le Seigneur susciterait en notre
« faveur un Aod dont le bras ferait le salut d'Israel!
« Mais maintenant nous sommes égorgés sur nos
« siéges, nous sommes réduits en servitude dans
« notre maison même; au lieu de pouvoir compter
« sur l'avenir nous nous voyons subjugués à perpé-
« tuité. Et pour mettre le comble à tant de maux,
« pour accroître encore notre misère et notre extrême
« déshonneur, c'est sous les yeux de notre père que
« nous sommes immolés; on nous arrache aux em-
« brassemens de notre pasteur; nous sommes tra-
« duits en justice en présence de notre protecteur
« légitime; et ce qui enfin renferme en un seul mot
« toutes nos misères, nous sommes condamnés par le
« silence du juge souverain. Si du moins l'action
« nous était intentée ouvertement, si la raison in-
« tervenait, si le droit et la règle, si une règle de
« justice étaient écoutés, la perte serait moindre, la
« peine préjudicielle que nous subissons serait abré-
« gée, quoiqu'au jugement de la conscience, elle
« ne parût pas moins injuste; mais maintenant notre
« cause s'agite dans la bouche du peuple, notre

« jugement est écrit de la main de nos ennemis ! »

En entendant ces paroles, Alexandre s'affligea, et avec lui toute l'église romaine ; et il écrivit au comte d'avoir à indemniser le monastère de Vézelai des dommages qu'il lui avait causés, et de s'abstenir désormais de toute nouvelle dévastation, ajoutant que, s'il croyait avoir à prétendre quelque droit contre l'abbé, il eût à se rendre en sa présence à Clermont pendant l'octave de Pâques, pour donner d'abord satisfaction à l'abbé et se voir ensuite allouer par le pape le droit qui lui serait dû. Mais le comte dédaigna complétement les ordres apostoliques, et tendit à l'abbé de nouvelles embûches, le tenant si étroitement enfermé, que ses chevaux même ne pouvaient aller s'abreuver. L'abbé envoya donc Jean, son clerc, auprès d'Alexandre, et le comte dissimulant son mépris, lui envoya aussi Thibaut, doyen de Nevers, Humbert, archidiacre, et Bernard, prieur de Saint-Étienne. Le pontife apostolique les accueillit avec bonté, et leur demanda s'ils arrivaient avec des pouvoirs suffisans pour se porter répondans du comte. Mais comme ils présentaient des excuses plutôt qu'ils ne se montraient disposés à se soumettre à la justice, le pape les renvoya, et écrivit, par leur intermédiaire, au comte, lui prescrivant, huit jours après qu'il aurait reçu sa lettre, d'avoir à restituer à l'abbé et aux frères du monastère de Vézelai les choses qu'il leur avait enlevées, les bourgeois qu'il retenait captifs ; de leur renvoyer leurs otages libres et sans aucune rétribution ; de leur rendre la faculté d'entrer librement sur la voie publique et d'en sortir de même, ainsi qu'il en avait usé dès une époque très-ancienne ;

et enfin de venir se présenter ensuite devant l'apostolique, afin que celui-ci réglât une composition, entre lui comte et l'abbé susnommé ainsi que les frères : que si cette obligation de se rendre en présence de l'apostolique lui semblait trop onéreuse, il eût à se transporter devant les archevêques de Sens et de Bourges, ainsi que l'abbé, et que ces deux archeques rétabliraient entre eux la paix et la concorde. En conséquence Alexandre transmit aux archevêques de Bourges et de Sens la copie de l'ordre qu'il avait adressé au comte de Nevers, leur prescrivant que, si le comte déférait à son commandement, ils eussent à régler une composition convenable entre lui et l'abbé; et pour le cas contraire, il manda et ordonna au seul archevêque de Sens d'avoir à procéder selon la teneur d'une autre lettre qu'il lui adressa aussi, et dont voici le texte :

« Alexandre, évêque, serviteur des serviteurs de
« Dieu, à son vénérable frère Hugues, archevêque de
« Sens, salut et bénédiction apostolique! Nous pen-
« sons qu'il est parvenu à la connaissance de ta fra-
« ternité de quelle façon le noble homme comte
« de Nevers et sa mère ont étendu leur bras plus
« que de coutume sur le monastère de Vézelai, et
« mettant de côté toute crainte et tout respect de
« Dieu et de la bienheureuse Marie-Madeleine, dont
« le corps repose dans le même monastère, n'ont
« nullement redouté d'enlever et d'emmener en
« d'autres lieux les chevaux, les bœufs, les ânes
« et les troupeaux, tant du monastère que des terres
« de son obédience. Le susdit comte en outre acca-
« ble de ses menaces et de ses embûches l'abbé du

« même lieu, en sorte que ce dernier n'ose plus sor-
« tir de son monastère sans frayeur et sans danger
« pour sa propre personne. En conséquence, et comme
« il est bien connu que ce monastère fait spéciale-
« ment partie de la juridiction et de la propriété du
« bienheureux Pierre et de nous, et ce n'est pas un
« des moindres membres de l'église romaine, nous te
« mandons, pour autant que tu as à cœur la bien-
« veillance du bienheureux Pierre et la nôtre, que
« tu t'occupes très-promptement et en toute dili-
« gence d'aller trouver le susdit comte et sa mère, et
« de les exhorter instamment à rendre audit abbé
« et à ses frères, tout délai cessant, les choses qu'ils
« leur ont enlevées, à leur donner satisfaction con-
« venable des pertes qu'ils ont supportées, des in-
« sultes qu'ils ont reçues, et à s'abstenir désormais en-
« tièrement de toute nouvelle attaque et de toute
« oppression injuste. Autrement, et dans un délai de
« vingt jours après cet avertissement, tu interdiras
« absolument, et sur toutes leurs terres, tous les offi-
« ces divins, à l'exception du baptême pour les petits
« enfans, et du sacrement de repentance pour les
« mourans; et si même alors ils ne viennent à rési-
« piscence, tu ne différeras plus de promulguer con-
« tre leur propre personne une sentence d'excom-
« munication. Tu signifieras par tes lettres à nos
« vénérables frères les évêques d'Autun, de Langres,
« d'Auxerre et de Nevers, et tu leur enjoindras for-
« mellement de notre part, qu'ils prennent soin d'ob-
« server inviolablement la sentence qui aura été lancée
« par toi sur les terres ou sur la personne du susdit
« comte ou de sa mère, jusqu'à ce qu'ils aient donné

« convenable satisfaction. Et nous-même nous leur
« prescrivons aussi par nos propres lettres qu'aussitôt
« qu'ils auront reçu des lettres de toi sur ce sujet, ils
« aient à s'y conformer fidèlement. »

« Alexandre, évêque, serviteur des serviteurs de
« Dieu, à ses vénérables frères Henri d'Autun,
« Gautier de Langres, Alain d'Auxerre, et Bernard
« de Nevers, évêques, salut et bénédiction aposto-
« lique !

« Nous pensons qu'il est parvenu à la connaissance
« de votre fraternité, etc. (et comme ci-dessus, jus-
« qu'à ces mots : *n'est pas un des moindres mem-*
« *bres de l'église romaine*). Nous avons donné
« ordre à notre vénérable frère l'archevêque de Sens
« de s'occuper très-promptement et en toute dili-
« gence d'aller trouver le susdit comte et sa mère, et
« de les exhorter instamment à rendre audit abbé et
« à ses frères, tout délai cessant, les choses qu'ils leur
« ont enlevées; à leur donner satisfaction convenable
« des pertes qu'ils ont supportées, des insultes qu'ils
« ont reçues; et à s'abstenir désormais entièrement de
« toute nouvelle attaque et de toute oppression in-
« juste. Autrement, il leur doit interdire absolument et
« sur toutes leurs terres tous les offices divins, à l'ex-
« ception du baptême pour les petits enfans et du sa-
« crement de repentance pour les mourans; et si même
« alors ils ne viennent à résipiscence, il doit ne plus
« différer de promulguer contre leur propre per-
« sonne une sentence d'excommunication; et il devra
« vous signifier par ses lettres et vous enjoindre for-
« mellement de notre part, que vous preniez soin
« d'observer inviolablement la sentence qui aura été

« lancée par lui-même sur les terres ou la personne
« du susdit comte ou de sa mère, jusqu'à ce qu'ils
« aient donné convenable satisfaction. C'est pour-
« quoi nous mandons à votre fraternité, par cet écrit
« apostolique, que dès que vous aurez reçu des lettres
« de cet archevêque à ce sujet, vous vous confor-
« miez positivement à ce qui aura été statué par lui,
« tout autant que vous avez à cœur la bienveillance
« du bienheureux Pierre et la nôtre ; et que vous le
« fassiez observer inviolablement par vos paroisses :
« car autrement, et avec l'aide du Seigneur, nous
« réprimerions plus durement le transgresseur de nos
« ordres. — Donné à Clermont, le jour des nones de
« juin. »

« Alexandre, évêque, serviteur des serviteurs de
« Dieu, à son fils très-chéri en Jésus-Christ, Louis,
« illustre roi des Français, salut et bénédiction apos-
« tolique !

« Nous pensons qu'il est parvenu à la connais-
« sance de ta Sérénité royale de quelle façon le no-
« ble homme, comte de Nevers, et sa mère, ont
« étendu leur bras plus que de coutume sur le mo-
« nastère de Vézelai, et mettant de côté toute crainte
« et tout respect de Dieu et de la bienheureuse Marie-
« Madeleine, dont le corps repose dans le même
« monastère, n'ont nullement redouté d'enlever et
« d'emmener en d'autres lieux les chevaux, les bœufs,
« les ânes et les troupeaux tant du monastère que des
« terres de son obédience. Le susdit comte en outre
« accable de ses menaces et de ses embûches l'abbé
« du même lieu, en sorte que ce dernier n'ose plus
« sortir de son monastère sans frayeur et sans danger

« pour sa propre personne. Et non seulement il
« usurpe la voie publique et ancienne, mais en
« outre il contraint les voyageurs à passer par un sien
« château; et à cette occasion il a fait prisonniers
« quelques bourgeois qui revenaient des foires. En
« conséquence, et comme il est bien connu que ce
« monastère fait partie de la juridiction et de la pro-
« priété de l'église romaine, et relève de la protection
« de la grandeur royale, par cet écrit apostolique nous
« prions, invitons et exhortons par le Seigneur ta Sé-
« rénité à admonester vivement le susdit comte et
« sa mère, à les engager très-fortement, et même, s'il
« est nécessaire, à les contraindre par ton pouvoir
« royal à restituer au susdit abbé et à ses frères, tout
« délai cessant, toutes les choses qu'ils leur ont en-
« levées; à leur donner satisfaction convenable des
« pertes qu'il ont souffertes, des insultes qu'ils ont
« reçues; et à s'abstenir désormais entièrement de
« toute nouvelle attaque et de toute oppression in-
« juste, afin que tu sois en état d'obtenir très-heureu-
« sement du Seigneur tout-puissant une récompense
« infinie pour une telle conduite, et que nous soyons
« tenus nous-même d'en rendre à ta clémence de
« très-abondantes actions de grâces. Nous avons in-
« vité par nos lettres le susdit comte et sa mère à
« prendre soin de réformer leurs erreurs, et de s'abs-
« tenir désormais entièrement de pareilles entreprises.
« — Donné à Clermont, le jour des nones de juin. »

« Alexandre, évêque, serviteur des serviteurs de
« Dieu, à ses fils chéris Guillaume, abbé, et aux frères
« de Vézelai, salut et bénédiction apostolique!

« Ayant reçu vos lettres et ayant mûrement réflé-

« chi sur les tribulations et les tourmens que vous
« endurez, selon le récit que contenait ces lettres,
« nous nous en sommes affligé dans le fond de notre
« cœur et avec une tendresse paternelle, car nous
« savons que votre monastère est le patrimoine direct
« du bienheureux Pierre, nous vous chérissons d'un
« amour tout particulier dans le Seigneur, comme
« des enfans spécialement consacrés à l'Église, et
« nous aspirons avec un extrême empressement à
« votre plus grand bien. C'est ce qui fait que nous
« adressons nos lettres, au sujet de votre affaire, à
« notre fils très-chéri en Jésus-Christ, Louis, illustre
« roi des Français, à nos vénérables frères Hugues,
« archevêque de Sens, aux évêques d'Autun, de Lan-
« gres, d'Auxerre et de Nevers, et enfin au noble
« homme comte de Nevers et à la comtesse sa mère,
« ainsi que vous en aurez une plus entière connais-
« sance par les copies que nous vous transmettons.
« Quant à vous, employez tous vos soins et vos efforts
« pour mettre un terme à ces maux, et, vous adonnant
« sans relâche à la prière, en observant la clôture et
« les règles de la religion, élevez vos voix vers le
« ciel afin que le Seigneur tout-puissant vous donne
« promptement le terme de tant de maux et vous ac-
« corde enfin la paix et la tranquillité que vous dé-
« sirez. Donné à Clermont, le jour des nones de juin. »

En conséquence, Hugues, archevêque de Sens, se
conformant aux ordres apostoliques, fixa un jour au
comte et à sa mère pour qu'ils eussent à restituer à
l'église de Vézelai les choses qu'ils lui avaient enlevées, et à se présenter devant lui et l'archevêque de
Bourges, afin d'entrer en composition avec ladite

église. Mais le comte et sa mère demandèrent à l'archevêque de Sens de leur désigner un seul et même jour pour eux et pour l'abbé, assurant qu'ils entreraient volontiers en composition avec l'abbé, selon les conseils de l'archevêque. L'archevêque et l'abbé, suivi de ses frères et de ses amis, se réunirent donc à Saint-Julien du Saule. Or le comte et sa mère y envoyèrent leurs députés, non pour entrer en composition, mais pour y dénoncer un appel au tribunal apostolique. L'abbé Guillaume, dans sa prévoyante sagacité, avait pourvu à ce cas, et peu auparavant il avait expédié en toute hâte un message au pape, le suppliant de retirer tout moyen d'appel au comte et à sa mère, lesquels cherchaient bien plus un nouveau subterfuge qu'une décision juridique. Ayant donc obtenu ce qu'il demandait, le messager revint très-promptement, et le quatrième jour de la dénonciation de l'appel il entra dans la ville de Sens, y trouva l'abbé, et lui remit la lettre tant désirée du seigneur pape. Aussitôt l'abbé se rendit auprès de l'archevêque et lui remit les ordres apostoliques, lesquels portaient que, si le comte et sa mère ne restituaient à l'église les choses qu'ils lui avaient enlevées, ne lui donnaient satisfaction des injures qu'elle avait reçues, le tout dans le délai de vingt jours, tel qu'il avait été fixé par les lettres antérieures, et ne renonçaient désormais à toute nouvelle agression, l'archevêque, mettant de côté tout appel, eût à promulguer la sentence d'excommunication, selon la teneur de ces mêmes lettres, contre leur personne et leurs terres. Ayant entendu cela, l'archevêque de Sens fut frappé de stupeur, s'étonnant beaucoup de la promptitude avec laquelle on faisait rejeter la voie de l'appel, car il était furieux qu'on lui eût remis le soin de dénoncer la sentence apostolique, attendu qu'il redoutait le ressentiment du comte de Nevers. Quant à celui-ci, accablé d'une grande masse de dettes, et ayant appris qu'il y avait beaucoup de richesses dans une certaine ville d'Auvergne, appelée Mont-Ferrand, il alla, subitement et sans être attendu, attaquer ce peuple qui vivait en repos et ne se doutait de rien, enleva tout le butin qu'il put ramasser dans ce lieu, et retint prisonnier le seigneur même du lieu, pour garantie d'une somme que celui-ci lui promit. Là, tandis qu'il se livrait aux transports d'une fureur tyrannique, un messager de l'archevêque Hugues se rendit auprès de lui, et lui présenta de la part de son seigneur, l'archevêque de Sens, une lettre dont voici la teneur :

« Hugues, par la grâce de Dieu, archevêque de
« Sens, à son très-chéri le noble comte de Nevers,
« salut et amour!

« Nous avons reçu des lettres du seigneur pape en
« faveur de l'église de Vézelai, que vous avez oppri-
« mée de toutes sortes de manières, ainsi que les
« moines en ont porté plainte; et aussitôt nous avons
« envoyé vers vous Guillaume, notre frère, pour vous
« inviter expressément à restituer toutes les choses en-
« levées, à réparer tous dommages et toutes insultes,
« et nous vous avons fixé un jour pour cela. Mais avant
« ce jour, selon la plainte des moines, vous avez fait
« enlever vingt-quatre bœufs; et lorsque ce jour est
« arrivé, vous avez envoyé devant nous vos répon-
« dans, toutefois insuffisans pour répondre, à ce qu'il
« a paru, car ils ne portaient pas de lettre de vous

« par laquelle vous eussiez déclaré que vous obser-
« veriez tout ce qu'ils feraient pour vous dans cette
« affaire; c'est pourquoi ils ne purent agir pleine-
« ment pour la même affaire. Cependant l'abbé de-
« manda l'entière restitution des objets enlevés,
« selon que le prescrivait le seigneur pape; et
« qu'à défaut de cette restitution dans le délai de
« vingt jours, comme cela était également réglé dans
« les mêmes lettres du seigneur pape, il fût fait
« complétement justice sur vous et vos terres. Les
« vôtres répondirent sur cela qu'ils feraient enten-
« dre raison à l'abbé; mais l'abbé s'en tint toujours à
« demander l'entière restitution. Au milieu de ces
« discussions et d'autres, les vôtres dénoncèrent
« enfin un appel au seigneur pape, et dès lors nous
« cessâmes de procéder plus avant dans cette affaire.
« Mais ensuite nous reçûmes du seigneur pape une
« lettre par laquelle il nous était enjoint, si vous
« n'aviez fait restituer toutes les choses enlevées et
« réparé tous les dommages, de mettre de côté tout
« nouveau prétexte et tout appel, et de promulguer
« dès lors, contre vous et vos terres, une sentence
« d'excommunication. Que si donc vous n'avez fait
« ainsi dans un délai de dix jours après que vous
« aurez lu cette lettre, de l'autorité et du commande-
« ment du seigneur pape, nous promulguerons, quoi-
« qu'avec tristesse et malgré nous, une sentence d'ex-
« communication contre vous et vos terres. »

L'archevêque de Sens adressa un pareil écrit à Ida,
mère du comte; et le délai déterminé expira trois
jours avant la fête de la bienheureuse Marie-Madeleine, et le comte et sa mère encoururent la sen-

tence apostolique. Le comte n'en eut pas moins l'audace de se rendre à Vézelai, pour se faire payer, le jour de la fête, la redevance ordinaire, non pour rendre à la servante de Dieu l'honneur qui lui appartient. Mais l'abbé étant absent, les frères n'osèrent payer la redevance à un homme excommunié par le seigneur pape; et même lorsqu'il se présenta, ils suspendirent la célébration de l'office divin. Sur quoi, vivement blessé, le comte voulut faire violence au monastère et aux bourgeois; mais il en fut détourné par Milon et par ses autres barons.

En outre, Satan appesantit encore sa main sur le monastère de Vézelai, et entra dans le cœur de quelques faux moines, afin que, comme si les calamités extérieures ne suffisaient pas à anéantir la dignité du monastère, une guerre intestine lui enlevât complétement sa propre liberté. Un certain Pierre, auvergnat de naissance, nourri dès sa jeunesse dans le monastère, cachait l'astuce de la vipère sous l'apparence d'une ame simple, ou du moins sous des dehors hypocrites. Et comme d'ordinaire une vertu simulée surprend plus aisément la simplicité des gens de bien, il arriva qu'après avoir été promu par tous les degrés jusqu'au prieuré du monastère, enfin par les soins et avec l'assistance de l'abbé Pons, de respectable mémoire, Pierre fut mis à la tête du monastère de Tonnerre. Indigne de cette dignité à laquelle il était injustement parvenu, Pierre, lâchant aussitôt la bride à tous ses vices, réduisit à rien les biens de cette maison. Diffamé en outre pour ses liaisons avec un jeune homme nommé Thibaut, qu'il avait revêtu du saint habit, il fut souvent averti par les frères du monastère, et souvent aussi admonesté par Godefroi de Langres, son propre évêque. Mais n'ayant jamais déféré ni à ces avertissemens, ni à ces réprimandes, il fut enfin contraint par le susdit évêque à renoncer à sa liaison avec ce frère. Et après qu'il eut ajouté aux dilapidations de sa maison l'ignominie d'un parjure, il fut enfin éloigné, par un jugement canonique, du gouvernement du monastère de Tonnerre. Après sa déposition, le vénérable abbé Pons, se livrant à sa bonté naturelle, l'accueillit et le traita avec beaucoup d'honneur; ce qui cependant ne lui était pas dû. Lorsque le même Pons fut allé se réunir à ses pères dans le sein de la paix, ce Pierre insensé essaya, à force de sollicitations, de faire renoncer les frères du monastère de Vézelai à leur sainte liberté, et employa tous les moyens possibles pour empêcher l'élection de ce Guillaume, dont il est maintenant question; mais les conseils d'Achitophel furent déjoués, et toutes les machinations de Satan rendues vaines. Cependant, à force de paroles, Pierre infectait les cœurs des insensés, et suscitait des haines dans l'intérieur du monastère. Geoffroi de Latigny, homme puissant en paroles, habile à persuader, et plus habile encore par ses artifices, s'associa à sa perversité.

Cet homme donc s'étant allié avec ce Thibaut, dont nous avons ci-dessus parlé, cherchait, dans des conférences furtives et des entretiens nocturnes, à solliciter tantôt l'un, tantôt l'autre; il excitait, irritait, provoquait tour à tour à tous les scandales de la calomnie et de la haine. L'un et l'autre, dans leur impure association, suscitèrent un enfant de dissension, source de scandale, tison d'inimitié, instrument de discorde, Barthélemi le Bâtard, né d'une femme débauchée et dans un commerce adultère.

Ces quatre hommes s'attelèrent, comme des chevaux, devant les quatres roues du char de Pharaon, et avec eux, quatre autres encore, dont les noms sont passés sous silence, soit parce qu'ils n'étaient là que pour faire nombre, soit parce qu'à l'époque de l'exécution, ils abandonnèrent leurs desseins, et reconnurent leur démence. A l'aide de tous ces hommes, de sourds murmures circulaient peu à peu de tous côtés, et ne laissaient pas de porter quelque atteinte à la discipline du saint ordre. Après avoir rallié à leur confédération tous ceux qu'ils purent attirer à eux, et à la suite d'une délibération prise à l'unanimité, ils écrivirent à Pierre (celui qui avait été chassé de Tonnerre, et qui, peu de jours auparavant, était parti avec la faveur et la bénédiction de l'abbé, pour aller visiter les terres de son obédience, situées dans les terres d'Auvergne), et ils le supplièrent instamment de venir en toute hâte assister la maison de Vézelai dans sa désolation, lui assurant que c'était l'avis unanime de tous les frères de se diriger d'après ses conseils, dans une si pressante nécessité. Ayant reçu ces nouvelles, Pierre arriva inopinément; sa présence réjouit infiniment les méchans, et les autres furent fort étonnés de le voir revenir si promptement, et quand il n'était pas attendu. Les machinateurs de cette infâme sédition se rendirent secrètement auprès de lui, versèrent dans ses oreilles le poison de la trahison qu'ils avaient concertée; et se livrant complétement à lui, lui demandèrent et le supplièrent instamment de prendre en main leur cause abominable contre l'abbé, ou plutôt contre l'église, lui promettant de ne jamais l'abandonner jusqu'à la mort, et même d'attirer dans leur parti la majorité du couvent. Alors Pierre alla trouver le comte en secret, au moment où, comme nous l'avons dit ci-dessus, il était venu pour la fête, et lui révéla les espérances des séditieux. Le comte, se livrant à des transports de joie inexprimables, engagea aussitôt sa foi à Pierre et à ses complices, et leur promit de leur prêter en toutes choses un très-ferme appui, de leur fournir des chevaux, de pourvoir à leurs dépenses; et même, si cela devenait nécessaire, de leur livrer de bons lieux de refuge dans toute l'étendue de ses terres. Il leur donna en otages quatre chevaliers choisis parmi ses grands, et ceux-ci s'engagèrent aussi par serment, promettant que le comte tiendrait exactement sa parole, tant envers Pierre qu'envers tous ceux qu'il pourrait entraîner dans son parti contre l'abbé. Pierre et Thibaut jurèrent au comte de lui être fidèles contre l'abbé, et même d'engager dans la même fidélité envers le comte la majeure partie du couvent, et de travailler à faire tourner Alexandre, le pontife universel, contre le même abbé Guillaume. Cette conjuration fut liée le jour même de la fête de Marie-Madeleine, sainte servante de Dieu, dans la chapelle supérieure de Saint-Laurent, par l'entremise d'Étienne de Pontoise, de Milon et de Hugues d'Argenteuil. Ainsi les impies et les enfans de l'adultère profanèrent ce jour sacré, tandis que les frères et les enfans de la femme libre s'attristaient et s'affligeaient de ne pouvoir célébrer assez dignement la fête solennelle de leur patrone. Il y avait aussi dans le monastère Henri de Pise, cardinal, l'évêque élu de Mayence et l'évêque élu de Chartres, lesquels faisaient semblant d'agir pour le bien de la paix, mais qui, possédés de l'esprit de la chair, servaient de plus en plus le parti du comte et de sa mère.

Aussi le comte lui-même, devenu plus entreprenant par les instigations des traîtres, demanda-t-il à entrer dans le chapitre des frères, et l'ayant obtenu, il y porta plainte contre l'abbé, par lequel il se disait exhérédé et accablé de toutes sortes d'insultes. Il souffrait, dit-il, tous ces maux bien injustement; mais surtout ce qui l'affligeait profondément, c'était la désolation d'une église, jadis opulente en possessions, illustrée par des personnes honorables, estimée pour la rigueur de sa discipline religieuse et pour sa charité hospitalière; qui en cela, ainsi qu'en toutes sortes d'autres prospérités, était autrefois, et après Cluny, fort supérieure à toutes les églises des Gaules, et qui maintenant n'était plus signalée que pour l'excès de sa misère, pour les dettes qui l'accablaient, pour l'exiguité des personnes qui la composaient, pour la dissolution de ses mœurs, pour l'inhumanité de son hospitalité; en sorte qu'elle était devenue la fable, non seulement de toutes les églises, mais même des plus viles personnes, parmi le peuple, et que l'on tenait pour constant que tout cela était provenu de l'orgueil et des déréglemens de l'abbé, ainsi que de l'approbation que les frères eux-mêmes avaient donnée à sa conduite. « Où sont, ajouta-t-il, où sont ces personnages
« autrefois si imposans et si honorables, le gardien
« des celliers, l'hospitalier, le sacristain, l'aumônier,
« le camérier, qui par leur sagesse et même leur puis-

« sance, faisaient jadis prospérer cette maison ? Déjà
« même il n'y a plus parmi vous personne qui puisse
« en secourir un autre, ou répondre à quiconque vien-
« drait le consulter, ou qui ait seulement conservé le
« vain simulacre d'un nom honoré. Aussi, votre pro-
« pre dissolution est-elle évidente aux yeux de tous,
« et devenus semblables à celui que vous favorisez,
« vous supportez des insultes, pour ainsi dire gra-
« tuites. Quant à moi, jusqu'à présent aussi j'ai sup-
« porté des insultes, jusqu'à présent j'ai toléré la
« ruine de cette église; mais comme cependant cette
« église est mienne, comme elle se trouve bien réel-
« lement placée sous mon inspection, que votre abbé
« le veuille ou ne le veuille pas, dès ce moment je
« ne supporterai plus tant de honte, et un si lourd
« fardeau : c'est pourquoi je desire que vous soyez
« bien avertis par avance, afin que vous puissiez dé-
« terminer votre abbé à ménager enfin cette église, à
« s'abstenir désormais de toute nouvelle destruction,
« et à me restituer ce qui fait partie de mon droit. En
« effet, je n'exige rien de nouveau, mais je réclame
« les droits antiques de mes pères. Comment pour-
« rais-je opprimer, par des prétentions nouvelles ou
« injustes, l'église que je dois défendre contre les
« agressions de tous les hommes ? Je vous invite donc
« à vous consulter entre vous ; autrement je deman-
« drai raison à vous tous de l'assentiment donné à
« tant de perversité. »

Ayant entendu ces mots, Gilon le prieur se leva
pour préparer une réponse ; il convoqua les anciens
de l'église, et même ce nouveau Judas, dont la trahison était encore inconnue ; il se retira dans l'oratoire

de la bienheureuse Marie, mère de Dieu, avec les frères et les bourgeois; et après avoir tenu une conférence, il répondit au comte en ces termes :
« Ainsi que tu l'as déclaré toi-même, seigneur comte,
« nous aussi nous savons et nous reconnaissons que
« tu es le tuteur et le patron de nous et de cette
« église. Nous avons pour agréable et doux de te voir
« compatir à la désolation de notre maison; c'est
« pourquoi nous demandons très-affectueusement à
« ta grandeur que, dans les choses qui se rapportent
« à ta personne et à la personne des autres princes,
« tu t'efforces et prennes soin de pourvoir aux inté-
« rêts de cette église, qui est placée sous ta garde. Et
« quoiqu'au dedans elle ait assez de vigueur par la
« paix et la concorde qui unissent ses frères, quoi-
« qu'elle ait des vêtemens et des vivres en suffisance,
« il est vrai qu'au dehors elle est travaillée, et par une
« diminution dans ses propriétés, et par les charges
« que lui imposent certains ennemis. Nous ne savons
« point encore qu'elle soit écrasée de dettes, et à notre
« connaissance sa dette ne va pas au-delà de sept cents
« livres. Quant à la régularité de ce chapitre, à la dis-
« cipline du couvent, et même à la conduite des per-
« sonnes, il nous semble qu'elles ne répandent pas un
« moindre éclat que de coutume, et si l'église est
« souillée de quelque tache honteuse, il le faut attri-
« buer' non point à la vérité des assertions portées
« contre elle, mais à la haine de ses rivaux. Et comme
« nous desirons que la personne de notre abbé soit
« bonne et honorable, de même aussi nous le croyons
« tel; et si quelqu'un, aveuglé par la haine, en juge au-
« trement, il est convaincu de mensonge à la balance

« de la raison. C'est pourquoi nous nous réjouissons
« d'être sages comme lui, de penser de la même ma-
« nière que lui, comme il convient aux membres dans
« leurs rapports avec la tête; et nous comptons bien
« qu'il n'y a aucune espèce de tort dans cet accord si
« naturel et si légitime de la tête et des membres.
« Toutefois, si par l'effet de quelque faute personnelle,
« ou de quelques insinuations étrangères, il a excité
« en vous un juste sentiment de haine, nous en som-
« mes affligés et le déplorons grandement, quoique
« jusqu'à ce jour nous n'ayons pu découvrir en quoi
« ni comment il aurait mérité cette haine. Ainsi donc
« lorsqu'il sera revenu, nous l'inviterons humblement,
« comme des moines le doivent à leur abbé, des sujets
« à leur seigneur, à faire ses efforts pour mériter la
« bienveillance de votre grandeur. Du reste, nous
« supplions ta bonté qu'elle ménage cette église, qui,
« comme tu dis, est placée sous ta surveillance, en
« sorte que tu n'entreprennes pas, en haine d'un seul
« homme, de détruire celle qui, autant du moins qu'il
« est en elle-même, en même temps qu'elle a été sou-
« mise à son abbé, t'a été toujours très-dévouée. »

Lors Pierre le traître fit recommander secrètement
au comte, par l'organe de Simon de Souvigny, qu'il
eût à parler aux frères avec plus de douceur, surtout
en ce qui pourrait avoir trait aux reproches sur leur
propre déshonneur, de peur qu'en s'attachant à poursuivre l'abbé, il n'en vînt à irriter les frères et à perdre leur faveur. En conséquence, le comte leur répondit : « Certes, je ne blâme point votre conduite,
« mais je m'afflige de cette excessive pauvreté à la-
« quelle vous êtes réduits par les dilapidations que

« l'abbé a exercées sur les biens de cette église; et
« ainsi, comme je l'ai déjà dit, ou bien vous-mêmes
« vous pourvoirez au soin de vos intérêts et de ceux
« de l'église, ou bien je ne supporterai pas plus long-
« temps de telles profusions. Car lorsque je n'avais
« pas encore été publiquement atteint par l'ordre ca-
« nonique, sur le commandement de votre abbé, et
« seulement à cause de ma présence, vous avez sus-
« pendu les offices divins, et vous ne m'avez pas payé
« la redevance (qui m'est bien due, le monde en est
« témoin), sans que je sache pour quel motif. Quant
« à ce que vous dites que la dette de l'église ne dé-
« passe pas sept cents livres, je sais que vous en devez
« plus de mille; et quant aux plaintes que vous faites
« sur les oppressions de vos ennemis extérieurs, elles
« retombent sur la tête de votre abbé, dont l'insolence
« est si grande, comme chacun sait, qu'il n'accorde,
« ni à moi, ni à tout autre, rien de ce qui est juste.
« Cependant je ne vos traîne point en justice, et
« me borne à vous inviter à y bien réfléchir, et à
« pourvoir à vos intérêts. Que si vous faites ainsi,
« vous trouverez en moi un fidèle appui en toutes
« choses; sinon, ce sera votre propre affaire, et moi
« j'aurai soin de ce qui me concerne. » Il dit ces paroles afin d'encourager les traîtres, et d'exciter les
autres à s'entendre avec eux. Étant donc sorti du chapitre, il alla parler à Pierre le traître, et ils tinrent
conseil ensemble, pour arrêter que Pierre se rendrait
devant le pape Alexandre, pour accuser l'abbé auprès
de lui, et qu'on enverrait avec lui l'abbé de Bouras,
qui, cachant sa dent de loup sous le faux air de la
brebis, mordrait plus rudement l'innocent; et afin de

tenir secrets les artifices dressés dans cet entretien, le comte promit à Pierre qu'il lui ferait rendre l'argent que l'église de Tonnerre lui devait encore pour l'expédition de quelques actes d'obédience.

Le jour assigné au comte et à l'abbé par l'archevêque de Sens, pour tenir une conférence, étant arrivé, ni le comte, ni l'abbé, ne se présentèrent; cependant le prieur Gilon comparut, de la part de l'abbé, et avec lui ce même Pierre, qui tenait toujours sa trahison secrète. Et comme ils se trouvèrent des deux parts réunis à Bassou, en présence de l'archevêque, Gilon le prieur demanda devant le comte la restitution des dommages qu'il avait causés à l'église. Alors Pierre ne pouvant contenir la perfidie qui fermentait avec force dans son cœur, ne cessa de réprimander vivement Gilon, comme s'il eût parlé au comte trop durement et avec irrévérence. En entendant ces reproches, Gilon, Geoffroi, alors hospitalier, et d'autres frères, qui étaient venus là pour l'abbé, rougirent d'une violente indignation. Le comte donna des otages pour la restitution des dommages qu'il avait faits. Quant aux autres griefs, il demanda, et l'archevêque de Sens lui accorda la remise à un autre jour, préparant tous deux à l'innocent un piége dans lequel ils tombèrent eux-mêmes. En effet, l'archevêque adressa une lettre d'excuse au pape Alexandre, le suppliant de déléguer un autre juge pour suivre la sentence rendue contre le comte, de peur que, dans sa fureur, le jeune prince ne se livrât à de terribles excès contre lui ou contre les siens, et que le châtiment d'un seul homme n'en enveloppât deux dans une ruine commune. De son côté, le comte se disposa à envoyer auprès du pape Alexandre ce Pierre dont j'ai déjà parlé, et quelques autres de sa cour, porter la parole contre l'abbé Guillaume de Vézelai. Et leur espoir était que l'archevêque s'excusant d'une part, et le comte accusant d'autre part, le pape déléguerait des juges qui examineraient l'affaire sur les limites mêmes des territoires du comte et de l'abbé. Mais il en arriva tout autrement, et les projets de l'insensé furent déjoués.

Rien n'ayant été terminé, chacun se retira de son côté; Gilon se rendit auprès de l'abbé, à Saint-Julien-du-Saule, et lui rapporta ce qui s'était passé à Vézelai l'avant-veille et jusqu'au jour où il lui parlait, et combien ils avaient été couverts de confusion par la façon dont Pierre, son ami intime, les avait contredits en présence du comte et de l'archevêque. L'abbé ne fut pas médiocrement étonné de tout cela; mais, par une surabondance de bonté, il n'ajouta aucune croyance aux paroles qui lui étaient portées : bien plus, renvoyant Pierre, sans conserver contre lui aucun soupçon, il lui ordonna de se rendre dans sa maison de Salis, après qu'il aurait reçu l'argent qui lui était dû à Tonnerre, de l'attendre, lui, abbé, dans ladite maison, attendu qu'il partirait bientôt pour aller trouver le pape Alexandre; ou bien, s'il recevait un messager de sa part, de l'aller rejoindre au Puy, et de se préparer à faire avec lui le voyage. Or, l'abbé avait envoyé en avant, à la cour du pape, son clerc, nommé Jean; mais lorsqu'il eut reçu de celui-ci une lettre qui lui annonçait que le pape Alexandre mettrait en mer vers les calendes du mois d'août, l'abbé retarda son départ projeté, et se rendit, par le territoire du duc de Bourgogne, à Vézelai, où il arriva le surlendemain de l'octave de la fête de la bienheureuse Marie-Madeleine. Tous ceux qui étaient attachés à la faction de Pierre furent étonnés de ce retour subit et inattendu de l'abbé, car ils espéraient bien qu'il ne rentrerait pas à Vézelai, à son honneur, et déjà ils l'avaient annoncé à tous leurs compagnons, d'une voix prophétique, ou pour mieux dire, dans l'excès de leur démence.

Cependant l'abbé, s'étant mieux assuré des intentions des traîtres, appela auprès de lui Vincent le doyen, et lui raconta comment il avait appris les mêmes choses par le récit d'une autre personne. Il appela aussi Gilon le prieur, et lui fit connaître tout ce qu'il avait recueilli. Ces détails mêmes lui eussent paru incroyables, s'il n'eût rappelé dans sa mémoire les paroles perverses de Pierre. Geoffroi le supérieur ayant été aussi mandé, fut frappé de stupeur en entendant tout ce qu'on lui disait; et certes, il ne faut pas s'étonner d'un semblable étonnement pour des faits si nouveaux. Durant trois cents ans et plus, l'église de Vézelai avait brillé d'un tel éclat par le maintien de la paix et des principes de l'honneur, que jamais, jusqu'à ce jour, aucune tache honteuse, aucun bruit scandaleux ne l'avaient souillée. L'abbé exhorta donc tous les frères réunis à demeurer en paix, en repos et en silence, et à s'adonner à la charité; et les supplia de se livrer avec une nouvelle ardeur à la prière, et d'élever leurs mains vers le ciel, pour résister à Amalech. Puis, ayant, selon l'usage, célébré une procession solennelle, il offrit à Dieu le saint sacrifice. Ceux qui avaient abjuré leurs projets de sédition écrivirent à Pierre et à Thibaut, pour les engager à renoncer à leur entreprise, parce que ce serait en vain qu'ils voudraient se révolter contre l'éperon, depuis surtout que leurs desseins se trouvaient déjoués, et qu'eux-mêmes, ayant été surpris, avaient abjuré leurs perverses résolutions. En même temps ils écrivirent au souverain pontife Alexandre et à tous les cardinaux de la cour apostolique, pour leur annoncer comment ils avaient été trompés par un homme des mauvais jours, endurci dans le vice, leur demandant instamment que cet homme, s'il venait se jeter aux pieds de la cour apostolique, pour s'élever contre son abbé et contre l'église, sa mère, ne fût point accueilli, afin que les ténèbres ne pussent obscurcir la lumière, l'erreur étouffer la vérité. Toutefois, des vases d'iniquité, enfans de Bélial, savoir Geoffroi de Latigny et Guillaume Pidet, persistant dans le venin de leur méchanceté, et méditant d'insensés artifices, demandèrent à l'abbé de leur permettre de marcher sur les traces de Pierre et de Thibaut, afin de les ramener, ou du moins, de les convaincre de trahison, en présence de la cour romaine. La simplicité de la colombe ne se tient jamais suffisamment en garde contre l'astuce du serpent ; à peine, après avoir reconnu la méchanceté, conserve-t-elle quelque méfiance.

Après le dîner, l'abbé Guillaume fit en secret les préparatifs de son départ, et le soir il se rendit à Avalon, château appartenant au duc de Bourgogne. Étant parti de là, il entra, le septième jour, dans la ville de Montpellier, conduisant à sa suite Geoffroi, né Anglais, sous-prieur ; Vincent le doyen ; Francon, son chapelain, et Hugues de Poitiers, son secrétaire, et auteur du présent écrit. Or Hugues de Varennes était parti déjà pour suivre les traîtres Pierre et Thibaut, et il les rencontra au château appelé de Gannat, avec l'abbé de Bouras, qui y était arrivé avant eux. Hugues ayant donc tiré de sa poche les lettres de l'abbé Guillaume et de tout le chapitre de Vézelai, les remit à Pierre; mais Thibaut, lançant sur lui un regard farouche, dit à Pierre : « Qu'est-ce donc que tu as fait, « toi, le plus insensé des insensés? Qu'est en effet cet « abbé au nom duquel tu as accepté ces dépêches? Quant « à nous, nous ne tenons point pour abbé celui qui mé- « connaît sa fidélité envers le comte. » Sur ce, il enleva des mains de Pierre les dépêches, encore intactes, et les jeta par terre, pour les fouler aux pieds. Hugues, s'adressant alors à Pierre et à Thibaut, leur dit : « Une telle insulte n'est pas dirigée seulement contre « l'abbé; elle atteint encore toute la communauté du « monastère de Vézelai. De la part donc de l'abbé « Guillaume, et de la part de tout le chapitre, je vous « dis que vous ayez à retourner à Vézelai dans quatre « jours, pour y répondre sur les griefs qui seront allé- « gués contre vous. Sinon, et en vertu de l'autorité « apostolique, l'abbé et tout le monastère prononcent « contre vos personnes une sentence d'excommunica- « tion, et moi, je vous dénonce cette sentence de leur « part. » Et Hugues étant alors sorti, courut rejoindre l'abbé dans la ville de Puy, en Velay, et lui rendit compte de la rebellion des traîtres. Ceux-ci devancèrent l'abbé dans sa marche; mais ayant été reconnus d'avance par Jean, clerc de l'abbé, ils ne purent obtenir aucun accès auprès de la cour romaine.

L'abbé, arrivé auprès du pape Alexandre, fut reçu avec beaucoup d'honneur et une parfaite bienveillance par le pape et par toute la cour. Et comme les traîtres faisaient tous leurs efforts pour réussir à s'approcher de la cour, et en étaient repoussés honteusement, tels que des hommes prévenus de trahison, même par les portiers, l'abbé de Bouras s'y introduisit, comme ayant à suivre les affaires particulières de son Ordre. Mais lorsqu'il commença à soutenir le parti du comte, et à agir en faveur des traîtres, hommes innocens, dit-il, députés de l'église de Vézelai, venant plaider leur cause contre l'abbé, comme si celui-ci eût été le dilapidateur de ses biens et le destructeur de son Ordre, il fut repoussé tout aussitôt par le pape Alexandre, et Humbaud, évêque d'Ostie et cardinal, lui résista en face. Cependant Henri de Pise, cardinal, et l'élu de Mayence, soutinrent de tout leur pouvoir le parti du comte et des traîtres. Ayant fatigué le pape à force de prières, ils obtinrent de lui, non sans beaucoup de peine, d'écrire au comte excommunié. Dès que l'abbé en fut informé par les secrétaires, il se présenta devant le pape, et fléchissant le genou, lui dit : « Qu'est-ce donc, seigneur, « que tu as fait? nous n'avons pas encore obtenu « pleine justice, et tu nous retires déjà le peu que tu « nous avais accordé. — Comment cela? dit le pape. « — En écrivant, reprit l'abbé, contre l'usage apostolique, à celui que tu as toi-même excommunié! — « La sentence a-t-elle donc été déjà promulguée? » « Oui, » dit l'abbé. Et le pape dit : « Montre-moi ton « rescrit; » et il le lui donna. Tout aussitôt Alexandre envoya au dépôt des archives de ses secrétaires, et ordonna qu'on y retînt l'écrit qui lui avait été surpris; et lorsqu'il sut que l'élu de Mayence l'avait déjà en ses mains, il fut fort indigné, et prescrivit qu'on allât le lui redemander sur-le-champ. Après l'avoir rendu, l'élu de Mayence se présenta devant le pape, et lui demanda de lui faire remettre sa lettre apostolique; mais le pape commença par le réprimander de lui avoir surpris un tel écrit; et l'élu de Mayence, ne pouvant supporter d'être repoussé dans sa prière, fondit en larmes. Le pape, touché, lui dit alors : « Tiens, « voilà ce que tu veux, mais désormais tu n'en tireras « aucun avantage pour ton parent, car nous avons fait « un nouvel écrit à la place de celui-là, qui nous « avait été surpris. » Pierre et Thibaut, les traîtres, voyant donc qu'ils ne pouvaient réussir, se retirèrent. Chemin faisant, ils rencontrèrent Guillaume Pidet et Hélie, celui-ci dépourvu de toute science, mais, en revanche, amplement pourvu de folie. Ces deux derniers, ayant repris ce qu'ils avaient rendu, et étant retournés à l'infidélité qu'ils avaient abjurée, étaient sortis secrètement et de nuit du couvent, avaient escaladé les murs du monastère, et s'étaient glissés en dehors avec des cordes. En ce moment, il arriva que, la corde s'étant cassée, Hélie tomba, et se fit mal au bras.

Tous deux cependant ayant fui durant toute la nuit, se rendirent auprès du comte, se plaignirent d'avoir été horriblement tourmentés par l'abbé, et uniquement en haine de lui, et le comte leur donna des chevaux et de l'argent pour leur dépense, et les envoya se réunir à Pierre et à Thibaut. Lors donc qu'ils se furent rencontrés les uns les autres, ils retournèrent tous ensemble auprès de la cour romaine, et ayant guetté le moment de la sortie du pape Alexandre, attendu qu'ils n'avaient aucun autre moyen de parvenir jusqu'à lui, ils le joignirent enfin au moment où il sortait de l'Oratoire. Là Guillaume Pidet se prosternant devant lui, se plaignit d'avoir été battu et incarcéré par l'abbé Guillaume, après la dénonciation de l'appel porté devant la cour apostolique. « Quoi donc, lui dit le pape, serais-tu l'un de ces « traîtres excommuniés de ton église ? » Et alors tous les assistans ayant poussé de grands cris, les traîtres furent rejetés hors de la présence d'Alexandre. Ainsi l'abbé ne s'inquiéta nullement d'eux, et ne daigna pas même en dire un seul mot à la cour. Cependant il desirait que la délégation du pape pour l'exécution de la sentence apostolique lancée contre le tyran et sa mère fût retirée à l'archevêque de Sens, et confiée à tout autre, quel qu'il fût; et de son côté, l'archevêque le desirait vivement aussi, et l'avait même demandé par écrit. Toutefois, comme la meilleure et la majeure partie des terres du comte était située dans le diocèse de Sens, l'Apostolique ne voulut pas transférer cette délégation à un autre; mais afin que l'archevêque procédât avec plus de sécurité et de vigueur à l'exécution de la sentence, le pape lui donna pour adjoint Étienne, évêque de Meaux, et écrivit à l'un et à l'autre qu'ils eussent à aller trouver le comte de Nevers et sa mère, pour les exhorter à traiter à l'amiable avec l'église de Vézelai; faute de quoi il leur enjoignit de promulguer la sentence qui leur était transmise contre tous ceux qui la mépriseraient, sans plus s'arrêter à aucun écrit qui pourrait lui être surpris, ou à tout appel qui serait interjeté ; ajoutant qu'ils eussent en même temps à dénoncer cette sentence aux évêques d'Autun, de Langres, d'Auxerre et de Nevers, pour être par eux exécutée, selon la teneur des lettres que le pape leur avait lui-même adressées.

Il arriva, le jour du changement de lune qui suivit l'Assomption de la vierge Marie, toujours pure et mère de Dieu, que le très-saint pontife universel, Alexandre, pape catholique, monta à l'autel et offrit à Dieu la victime sainte et vivifiante pour l'ame d'Ives, doyen de l'église de Chartres : pendant que le sacrifice s'accomplissait, les traîtres se prirent de querelle avec Geoffroi l'anglais, et Geoffroi s'avança vers Humbaud, évêque d'Ostie, et lui fit connaître quelle excessive irrévérence les traîtres avaient montrée pour le seigneur pape. L'évêque d'Ostie s'étant retourné vit en effet ces traîtres détestables, et dit ensuite à Alexandre : « Quoi donc, seigneur, peux-tu « souffrir que ces traîtres profanes de Vézelai vien- « nent, toi présent, assister à l'office divin? — Où « donc sont-ils? » dit le pape. Et l'évêque répondit : « Ils sont ici présens. » Et le pape dit : « Rejette-les « au plus tôt au dehors. » Et comme ils refusaient de sortir, les évêques d'Ostie et de Segni ayant appelé les officiers de l'église, les firent chasser. L'élu de Mayence, qui par hasard s'entretenait en ce moment avec l'abbé de Vézelai, ayant vu cela, sortit après eux, ne pouvant contenir son indignation. L'abbé de Bouras, à côté duquel les traîtres se tenaient toujours placés, se voyant frustré dans ses projets, devint aussi tout rouge et se retira : les traîtres le suivirent et rapportèrent auprès du comte leur seigneur, la confusion et l'ignominie qu'ils avaient bien méritées. Quant à l'abbé Guillaume, il ne se retira point, jusqu'à ce qu'il eût accompagné le pape Alexandre sur les bords de la mer. Alors il s'en retourna chez lui fort heureusement, comblé des bénédictions apostoliques, et fit son entrée à Vézelai le dernier jour du mois d'août. De là, et peu de jours après, il se rendit à Paris, où il remit les lettres apostoliques à Hugues, archevêque de Sens, et à Étienne, évêque de Meaux, et ceux-ci tout aussitôt fixèrent un jour de rendez-vous à Joigny, tant pour lui que pour le comte. Lorsqu'ils se furent réunis en ce lieu, l'abbé produisit les actes authentiques des priviléges des pontifes romains et ceux des rois des Français, et en même temps il présenta les lettres du pape Alexandre, par lesquelles celui-ci avait délégué aux susdits évêques le soin de veiller à l'exécution de sa sentence ou au réglement d'une composition. Après que l'on eut de part et d'autre présenté diverses allégations, le jour finit sans que la controverse fût terminée. Alors les évêques reconnaissant que le comte seul arrêtait la conclusion du traité, promulguèrent, en vertu de la délégation du pape Alexandre, la sentence d'excommunication lancée contre le comte et sa mère.

Le jour suivant, et sur la demande des évêques eux-mêmes, on se rassembla de nouveau de part et d'autre à Bassou. Après avoir fait l'énumération des pertes de l'église, quelques-uns voulurent tenter d'arranger une composition telle que l'abbé fît un entier abandon de ses prétentions, sous la condition que le comte demeurerait par la suite en paix avec l'abbé et l'église, et que toutes les anciennes querelles seraient ainsi éteintes. Mais l'abbé répondit alors : « Quelle caution le comte me donnera-t-« il donc pour le maintien de la paix ? » Et ils lui dirent : « Il sera tenu seulement par sa parole ; « mais si tu le forces à cet arrangement, il engagera « sa foi en mettant sa main entre les mains des évê-« ques. — Et s'il méconnaît sa parole, dit l'abbé, au « sujet de la paix qu'il aura promise, qui me rendra « justice ? » Et ils lui répondirent : « Tu verras alors. » Mais l'abbé ne consentit point à faire la remise de pertes aussi considérables, au contraire il insista formellement pour que le comte renonçât tout-à-fait à des redevances trop onéreuses, car, en vertu de l'autorité du premier testateur et des priviléges qu'elle produisait, l'église n'était tenue envers personne à aucune redevance, si ce n'est de bonne volonté et par charité. Le comte répondit qu'il consentirait plutôt à être déshérité qu'à abandonner les redevances acquises par ses ancêtres. Bien plus, il ajouta que, si l'abbé ne lui payait ce jour même trois cents livres pour la redevance de logement qui lui avait été dernièrement refusée, il ne lui accorderait aucune composition. L'abbé Guillaume dit alors : « Je ne suis « nullement venu ici comme un changeur va à la « foire, apportant mon petit sac. Voilà qu'on voit « apparaître d'une manière bien patente l'excès de la « tyrannie ou de la rapacité du comte, qui pour son « entretien d'un seul jour exige de moi trois cents « livres ! Quelle paix pourrait se maintenir sous le « poids d'un tel fléau ! » Ainsi le comte ayant refusé tout arrangement pacifique, chacun se retira. Le prieur Gilon alla passer cette nuit à Pontigny avec l'évêque de Meaux, qui célébra à Vézelai la fête de tous les Saints. Geoffroi le sous-prieur, Renaud l'aumônier et leurs autres compagnons se rendirent, non sans crainte, à Auxerre, et, s'étant levés pendant la nuit, ils partirent et entrèrent à Vézelai le matin du même jour. Quant à l'abbé, il passa cette même nuit à Saint-Julien-du-Saule avec l'archevêque de Sens et l'abbé de Saint-Germain-des-Prés. De là il alla à Moret se présenter devant le roi, le suppliant vivement, au nom de la piété qu'il portait dans son cœur, et par respect pour les ordres apostoliques, de prêter appui à l'église de Vézelai dans ses pressantes nécessités. Le roi lui répondit qu'il ne manquerait jamais à la bienheureuse Marie-Madeleine, non plus qu'à ses serviteurs; bien plus, qu'il combattrait pour le monastère de Vézelai comme pour la couronne de son royaume. Il ajouta que l'abbé devait résister avec modération, éviter de provoquer les fureurs d'un tyran insensé, et attendre de voir si celui-ci oserait se porter jusques au sacrilége, afin que s'il l'accomplissait, le monde entier pût rendre témoignage de la punition.

L'abbé se conformant aux conseils du roi, envoya Hugues son secrétaire à l'archevêque de Sens, pour l'inviter à proclamer publiquement l'excommunication du comte et de sa mère, en vertu des ordres apostoliques. En conséquence, l'archevêque étant placé devant les saints autels, lorsqu'on eut achevé la lecture apostolique en présence de tout le peuple, l'archevêque adressa un discours au peuple, et lui fit connaître de quelles terribles persécutions le comte de Nevers et sa mère accablaient le sépulcre de la bienheureuse Marie-Madeleine, amie de Dieu, sépulcre très-célèbre dans le monde entier. « En raison de ces « persécutions, ajouta-t-il, et par ordre du seigneur « pape, nous promulguons contre l'un et l'autre une « sentence d'excommunication; et s'ils ne viennent à « résipiscence, d'ici à la fête prochaine du bienheu- « reux Martin, nous plaçons toutes leurs terres sous « l'interdit de l'office divin, à l'exception du baptême « des petits enfans et du sacrement de repentance « pour les mourans. » Le même archevêque Hugues communiqua aussi cette sentence à Alain d'Auxerre, à Bernard de Nevers, à Henri d'Autun et à Gautier de Langres, évêques, par des lettres conçues dans les termes suivans :

« Hugues, par la grâce de Dieu, humble ministre « de l'église de Sens, à ses vénérables frères et amis, « Henri d'Autun, Gautier de Langres, Alain d'Auxerre, « et Bernard de Nevers, évêques par la même grâce, « salut et amour dans le Seigneur !

« Nous annonçons à votre prudence que le sei- « gneur pape, par des lettres qu'il nous a écrites sou- « vent, et à plusieurs reprises, de Clermont, du Puy « et de Montpellier, pour nous avertir, aussi bien que « pour nous commander par son autorité apostoli- « que, nous a informé des exigences injustes et op- « pressions iniques que le comte de Nevers exerce, à « la connaissance de tous, sur le monastère de Véze- « lai et les hommes qui lui appartiennent. Enfin ce « pape nous a prescrit, ainsi que vous pouvez le voir « par la teneur des lettres que nous vous envoyons « de sa part, d'aller en toute hâte trouver l'un et l'au- « tre, savoir le comte et sa mère, et de les engager, le

« plus promptement possible, à rendre sans délai à
« l'abbé du susdit monastère les choses qu'ils lui ont
« enlevées, à lui donner satisfaction pour les pertes
« qu'il a supportées et les insultes qu'il a reçues, et à
« s'abstenir désormais de toute attaque nouvelle et de
« toute injuste surcharge. En outre, et si, dans le dé-
« lai de vingt jours, ils dédaignent de déférer à nos
« invitations, il nous a été enjoint de prononcer contre
« eux une sentence d'excommunication, d'interdire
« absolument, et sur toutes leurs terres, tous les offi-
« ces divins, à l'exception du baptême des petits en-
« fans et du sacrement de repentance pour les mou-
« rans, et de vous donner communication de cette
« même sentence, en vertu de l'autorité apostolique,
« sans admettre aucun délai d'appel, ni aucun autre
« prétexte de retard, pour être ladite sentence in-
« violablement observée par vous. Nous donc, exé-
« cutant les ordres de notre seigneur, et attendu que
« nous n'avons rien obtenu par nos admonitions,
« nous avons promulgué contre ces deux personnes
« une sentence d'excommunication; mais nous avons
« différé jusqu'à ce jour, et avec intention, de vous en
« donner connaissance. En effet, desirant rétablir la
« paix entre le comte et l'abbé, nous avons persisté
« dans ce dessein, et nous y avons travaillé, autant
« qu'il a été en notre pouvoir, nous ainsi que notre
« vénérable frère l'évêque de Meaux, à qui le sei-
« gneur pape avait, dans ce dessein, adressé les mê-
« mes injonctions; mais comme nous avions été très-
« souvent frustrés dans nos espérances, enfin nous
« étant rendus à Joigny, et y ayant traité de la paix
» pendant deux jours, sans pouvoir obtenir aucun ré-

« sultat, nous avons confirmé la sentence depuis long-
« temps promulguée par nous, d'après les ordres du
« seigneur pape ; et nous vous la notifions, de l'auto-
« rité du seigneur pape et de la nôtre, pour être la-
« dite sentence exécutée et formellement observée par
« vous, vous mandant de tenir lesdites personnes pour
« excommuniées, et de les proclamer telles incessam-
« ment, et sans autre délai, à la fête prochaine de saint
« Martin, les dénonçant publiquement comme excom-
« muniées dans toutes vos paroisses, et en outre pro-
« hibant la célébration des offices divins sur toutes
« leurs terres, à l'exception du baptême des petits en-
« fans et du sacrement de repentance pour les mou-
« rans. Vous aurez surtout à faire la même notifica-
« tion aux prêtres qui se disent particulièrement
« chapelains du comte, ou de la comtesse, sa mère, et
« à leur intimer qu'ils aient à s'abstenir de toute con-
« travention aux décisions apostoliques et aux nôtres,
« sous peine d'enfreindre les règles de leur Ordre. »

Tels furent les commandemens de l'archevêque.
Du reste, les évêques se mirent peu en peine de
faire exécuter à la rigueur la sentence qui leur fut
notifiée. Quant à l'abbé Guillaume, il entreprit de
visiter ceux de ses couvens qui étaient établis dans le
pays de Beauvais ; et étant entré sur le territoire de
Noyon, il arriva au monastère de Villers-Coterets.
C'était un jour de samedi de la première semaine
après la venue du Seigneur. Cette même nuit, un des
pages de l'abbé, nommé Giroud, arriva auprès de lui,
et lui fit un rapport sur l'état déplorable de l'église
de Vézelai.

Dans le même temps, il arriva dans cette église un

événement, présage de calamité future, et à la fois gage de consolation. Le feu prit par accident à la voûte qui s'élève au dessus du sépulcre de la bienheureuse Marie-Madeleine, amie de Dieu; et ce feu fut tellement violent que les supports mêmes, que les Français appellent des poutres, et qui étaient placés dans la partie supérieure, furent tout-à-fait consumés. Cependant l'image en bois de la bienheureuse Marie, mère de Dieu, laquelle posait sur le pavé même de la voûte, demeura entièrement à l'abri du feu, et en fut seulement noircie. Le phylactère en soie qui était suspendu au cou d'une image de l'enfant Jésus ne prit pas même l'odeur de la fumée, et ne changea nullement de couleur. Par où il apparut clairement que l'image elle-même n'eût point été non plus atteinte par la fumée, s'il n'eût été ordonné par une dispensation divine qu'à l'occasion du travail entrepris pour la restaurer, on trouverait caché dans son sein un trésor d'un prix inestimable. Ladite image ayant été en effet envoyée à un homme, pour être restaurée, celui-ci déclara qu'il lui semblait qu'il y avait entre les épaules une petite ouverture extrêmement bien cachée. Sur ce rapport, le prieur Gilon ordonna de porter l'image dans la sacristie; et appelant à lui Geoffroi, le sous-prieur, Gervais, le sacristain, Gérard, le surveillant des écuries, Maurice, qui chantait la basse, et Lambert lui-même, celui qui devait restaurer l'image, le prieur, ayant pris un couteau, commença par enlever lui-même les couleurs; et après avoir mis le bois à nu, ils ne purent trouver à la surface rien qui indiquât une coupure. Alors le prieur prit un petit marteau en fer, et essaya de chercher avec l'oreille ce qu'aucun d'eux n'avait pu trouver par les yeux; et ayant entendu un son comme celui que rend tout objet creux, animé d'une vive joie, dans sa pieuse audace, il enfonça de ses propres mains cette petite porte, et trouva en dedans des cheveux de cette vierge toujours pure, à laquelle nulle femme n'a jamais paru semblable dans le monde, ni avant, ni après elle; et en outre, un fragment de la tunique de cette même Marie, mère de Dieu, et l'un des os du bienheureux Jean-Baptiste. Il y trouva de plus des os des bienheureux apôtres Pierre, Paul et André, en un seul paquet; un ongle du pouce du bienheureux Jacques, frère du Seigneur; deux paquets des os de bienheureux Barthélemi, apôtre, et presque un bras entier de l'un des innocens; des reliques de saint Clément, et une touffe de cheveux de sainte Radegonde, reine; en outre, des vêtemens des trois enfans Lidrach, Misach et Abdénago, et enfin un morceau de la robe de pourpre que notre Seigneur Jésus-Christ portait le jour de la Passion. Pour chacune de ces reliques, on trouva des brefs destinés à en faire connaître les différences; tous ces brefs étaient déjà tellement anciens qu'on pouvait à peine les lire; il y en eut même trois qui étaient entièrement illisibles; mais qui est celui, ou quels sont ceux qui les ont écrits, c'est ce que Dieu seul peut savoir. Ceux que l'on put lire, on les fit recopier, et on rattacha les nouveaux avec les anciens, pour rendre témoignage de leur contenu. Après qu'ils eurent examiné tous ces objets bien soigneusement, ils les rétablirent dans la place où ils les avaient trouvés; et l'image même renfermant ces monumens saints, fut placée sur le grand-autel. Tous alors ayant revêtu leurs chapes, déployant les plus grandes bannières, et faisant sonner toutes les cloches, chantèrent les louanges du Créateur de toutes choses, qui avait daigné leur donner généreusement tant et de si précieux garans de leur propre sûreté et de la protection accordée à ce lieu. Alors les peuples, tant étrangers que des environs, étant accourus en foule, on se livra à des transports de joie extraordinaires, tant dans l'église que dans toute la campagne et dans les lieux environnans, et l'on arriva de tous côtés des champs et des bourgs du voisinage, pour prendre part à tant d'allégresse. Enfin Gilon étant parvenu, non sans peine, à modérer les clameurs de la multitude, commanda le silence d'un geste de la main, et exposa en peu de paroles les motifs de ces actions de grâces et des transports qu'ils éprouvaient. A ce récit, tous pleurèrent de joie; et lorsque ensuite on voulut rétablir sous la voûte le sépulcre de la bien-aimée de Dieu, il se fit un si grand concours de ce peuple, dont chacun s'empressait pour baiser son image, ou seulement la toucher, que l'on eut beaucoup de peine à la remettre à sa place, en présence d'une telle foule. Les moines ne permirent pas que l'on vînt toucher à l'image elle-même, de peur d'être accusés d'avidité. Ainsi le feu, envoyé par le ciel, fut le présage d'une tribulation prochaine; mais la découverte des saintes reliques annonça en même temps l'heureuse issue de ces tribulations. Ce fut en ces termes, que les moines de Vézelai en écrivirent à leur abbé, Guillaume, pour le consoler dans le pèlerinage qu'il accomplissait.

L'an du Verbe incarné 1165, le vingt-sixième jour

du onzième mois, et le jeudi, veille du jour de
la venue du Seigneur, Guillaume, comte de Nevers,
et Ida, sa mère, suivis d'une multitude d'hommes
armés, entrèrent dans le bourg de Vézelai, comme
pour le détruire de fond en comble. Le comte descendit à l'hôtellerie du monastère, qui est adjacente
à la maison d'aumône, située à l'entrée du cloître. Sa
mère, qui l'excitait à commettre tous ces crimes, descendit dans la maison de Simon de Souvigny, et aussitôt une grande terreur se répandit parmi tous les
habitans du bourg. Cette nouvelle parvint à Gilon le
prieur et à tous les frères, à l'heure où ils siégeaient
dans le chapitre; Gilon y porta toutes les clefs du
monastère, et donna ordre que personne n'en sortît.
Le comte demeura en repos ce jour-là. Mais le jour
suivant, ayant vu qu'aucun des frères ne sortait, il
demanda d'un ton moqueur si les moines solennisaient ainsi ridiculement la veille de la fête, ou si
par hasard, dans leur insolence accoutumée, ils dé-
daignaient sa présence. Il dit cela en riant, mais dans
le fait les frères solennisaient alors la veille de la
restauration prochaine de leur liberté : car de même
que la veille de la Passion du Seigneur avait préparé
la restauration de la dignité de l'homme, de même la
veille de l'exil qui menaçait tous les frères, en faisant
cesser une usurpation tyrannique, prépara la restauration complète de leur antique liberté. Le comte
manda aux frères qu'il voulait entrer dans leur chapitre, pour s'entretenir avec eux. Ils lui répondirent
qu'ils ne pouvaient communiquer avec un excommunié; mais que s'il avait des pensées de paix, il pou-

vait s'entretenir avec eux, par l'intermédiaire du prieur. Gilon ayant donc pris avec lui un petit nombre de personnes, alla se présenter devant le comte; celui-ci lança d'abord sur lui un regard farouche, l'accabla ensuite de beaucoup de reproches, et finit par demander que les détestables traîtres Pierre et Thibaut, et leurs complices, fussent reçus dans le monastère. Gilon lui répondit qu'il ne pouvait ni ne devait recevoir les excommuniés du pape. « Mais « ceux-là, lui dit le comte, ne sont pas excommuniés. « C'est parce qu'ils n'ont pas voulu, ces hommes sa- « ges, s'associer à vos basses flatteries, que vous les « avez expulsés loin de vous, quoique innocens. » Gilon lui répondit : « Nous sommes venus avec des sen- « timens de paix et pour l'amour de la paix. Or, tu « nous accables d'insultes bien injustes : sache donc « pour certain que nous ne nous présenterons plus « devant ta face, pour venir recevoir de tels dons. » Et ayant dit cela, Gilon retourna dans son cloître. Le comte, ayant envoyé son héraut, fit ordonner avec menaces à tous les bourgeois de se présenter devant lui. Quelques-uns d'entre eux, qui avaient si souvent éprouvé sa méchanceté, se retirèrent secrètement dans le monastère, en passant par des chemins détournés, car le comte avait placé des gardes, pour veiller sur les portes, afin qu'aucun bourgeois ne pût entrer dans le couvent. Quant à ceux qui pouvaient espérer quelque chose, ou de leur dévouement particulier, ou des services qu'ils avaient pu rendre furtivement au tyran, ils se présentèrent devant lui. Aussitôt il leur prescrivit de renoncer à la fidélité par eux jurée à l'abbé et à l'église. Mais ils lui répondi-

rent qu'ils voulaient tenir conseil entre eux à ce sujet.
« Que ce soit donc promptement, » dit le comte; et il
fit fermer soigneusement les portes de l'hôtellerie
et celles du monastère, et il envoya Étienne, son
chancelier, Étienne de Saint-Pierre, et Fournier de
Droie, et il manda à Gilon le prieur qu'il eût à lui
envoyer les clefs du monastère. Mais celui-ci répondit : « Le comte est-il donc l'abbé, ou le porte-clef
« de ce monastère ? — Ainsi l'ordonne le comte, lui
« dirent-ils. — Je parlerai de cela à mes frères, reprit
« le prieur. » Et étant entré dans le chapitre, où tous
étaient réunis, il leur parla en ces termes : « Voici,
« mes frères, voici le jour qui, dès long-temps, vous
« a été très-souvent annoncé par notre vénérable abbé,
« que nous avions aussi prévu nous-mêmes, et où il
« ne s'agit plus de disserter, mais plutôt de délibérer
« sur votre liberté et celle de votre église, sur le péril
« commun qui vous menace, vous et vos hommes. Ce
« jour est la limite placée entre la servitude et la li-
« berté, le repos et la fatigue, la lâcheté et la valeur,
« l'honneur et l'infamie : quelque parti que vous pre-
« niez, il sera constaté par un seing inviolable. Jus-
« qu'à présent, vous avez subi le pillage de vos biens;
« jusqu'à présent, vous avez supporté, avec une oreille
« patiente, les menaces et les insultes des impies, sem-
« blables à la fureur des vents. Dans les circonstan-
« ces où vous vous trouvez placés, tous les yeux sont
« maintenant fixés sur vous. Déjà votre corps tout
« entier est engagé dans la lice; et, soit que vous de-
« viez vaincre, ou que vous soyez vaincus, il n'y a
« plus lieu de différer, car il ne suffit plus au tyran
« de déchirer vos vêtemens, de vous arracher les

« poils, de vous pincer la peau; maintenant il fait
« en outre tous ses efforts pour vous arracher les
« dents. Il vous fait demander vos clefs, afin de se
« glorifier d'avoir enfermé votre liberté dans les chaî-
« nes de la servitude. » A ces paroles, tous les frères
se levèrent aussitôt; et d'une voix unanime, ils défendirent à Gilon, de la part du seigneur apostolique, et
de la part de leur abbé, de livrer au comte les clefs
du monastère. En même temps, ils proposèrent de
laisser un petit nombre de gardiens, et de se soumettre tous également à l'exil, pour l'amour de leur liberté. Mais Gilon leur répondit : « Il me paraîtrait
« imprudent d'abandonner cette maison, tant qu'elle
« conserve la disposition de ses revenus. »

Tandis que ces choses se passaient, Fournier de
Droie, faisant un détour, et ayant pris avec lui les satellites du comte, se rendit par dehors à la porte inférieure de la maison de l'abbé, et ayant fait sauter
le guichet qui en défendait l'entrée, il s'empara des
clefs, lesquelles étaient par hasard suspendues à la
petite porte attenante à l'un des deux grands battans,
et il prit alors possession de la maison, tant dans la
partie supérieure que dans la partie inférieure, en y
établissant des hommes impies, chargés de l'occuper
au lieu et place du comte, comme si le comte avait un
tel pouvoir de dominer dans le monastère, qu'il pût à
son gré y introduire ses hommes, après en avoir expulsé
ceux de l'abbé. Alors le comte faisant irruption, entra
dans le cloître, et Isnard, vicomte de Joigny, s'écria
aussitôt : « Empressez-vous, moines orgueilleux, de
« devenir les sujets de mon seigneur le comte. » Et
comme le comte s'avançait en hâte pour entrer dans

le chapitre des frères, quelques-uns se jetant à sa rencontre le contraignirent à rétrograder. Alors sortant promptement du chapitre, les frères se rendirent dans l'église pour y attendre l'issue de l'événement, et non pour y célébrer les offices divins, car la présence du comte s'y opposait; et tandis qu'ils y étaient, regardant autour d'eux, ils virent au-dessus de leurs têtes les satellites du tyran, qui déjà avaient envahi la tour de Saint-Michel, après avoir enfoncé la porte. Ainsi, préoccupés de l'arrivée subite de leurs ennemis, les frères ne purent résister à leur entreprise inattendue autant que criminelle; les plus sages jugèrent donc qu'il était plus prudent de céder que de résister, de peur qu'en provoquant la fureur du tyran, le monastère et le bourg tout entier ne fussent détruits de fond en comble. Après cela les frères étant entrés dans le réfectoire, mêlèrent leur pain à leurs larmes, leur boisson à leurs pleurs, et se donnant à peine le temps de prendre un peu de nourriture, ils sortirent le plus promptement possible pour aller répondre aux bourgeois au sujet de l'abjuration que le comte leur demandait, et ils leur dirent : « Si vous « pensez sagement, vous préférerez une pauvreté honorable aux richesses de l'infidélité ; car il vaut « mieux vivre honorablement dans la fidélité, que « richement dans le déshonneur de l'infidélité. Vous « verrez vous-mêmes ce qui sera le plus convenable. « Certes, c'est pour vous que nous sommes travaillés, « c'est votre cause que nous persistons à défendre. De « quel prix en effet peuvent être et cette bure et ce « capuchon noir que vous nous voyez? Ce sont vos « richesses que l'on désire, c'est précisément à **votre**

« tête que l'on en veut; si, à la manière des ser-
« pens, nous vous exposions aux coups, vous qui êtes
« nos membres, voici, nous, comme la tête lors-
« qu'elle est tombée, nous jouirions du moins d'un
« repos quelconque. Mais loin de nous de telles pen-
« sées, loin de nous l'idée de racheter en vous li-
« vrant une paix honteuse. En effet, nous ne nous
« glorifions point pour nous-mêmes dans vos tri-
« bulations, mais plutôt nous nous glorifions pour
« vous dans nos propres tribulations. Voici le mo-
« ment où il vous est donné de prouver, où il est né-
« cessaire que vous prouviez quelle fidélité, quelle
« alliance, quel amour vous ont jusqu'à présent unis
« à nous; maintenant celui qui est véritablement à
« nous ne se laissera arracher à nous sous aucun pré-
« texte. » Encouragés par de telles paroles, ceux qui
se montrèrent fidèles demeurèrent avec les frères dans
l'enceinte du monastère. Ayant appris cela, le comte
distribua ses satellites armés dans les maisons de chacun
des bourgeois, leur ordonnant de se borner à exiger la
nourriture de leurs hôtes assiégés. Quant aux traîtres
excommuniés et faux moines, savoir Pierre et ses complices, il leur livra la maison et les revenus d'Écouan :
il remit tous les autres revenus du monastère entre les
mains de Hugues Létard, prévôt de Château-Censoir,
lequel était serf de l'église, de la famille de Simon,
fils d'Eudes, prévôt de Vézelai, lequel Simon avait
donné la mort à son seigneur, l'abbé Artaud. Or Hugues livra toutes ces choses à Maurice de Saint-André,
de la même condition et de la même famille que lui.
Gilon en ayant été informé, envoya sur le soir des
serviteurs au four pour y prendre la fournée qui était

due : mais les satellites du comte étant survenus avec la femme de Maurice, attaquèrent ces serviteurs, leur enlevèrent leurs pains, et les renvoyèrent après les avoir accablés de coups. Le comte ordonna en outre de mettre en liberté les accusés qui étaient détenus dans la maison du prévôt. Alors ayant frappé sur la table, selon la coutume des moines, Gilon entra dans le chapitre avec les frères, et leur dit : « Ce que nous « différions de faire, et avec grande raison, mainte- « nant il devient nécessaire, et nous sommes forcés « de le faire. Nos maisons et celles de nos hommes « sont occupées par les ennemis; les revenus dont « nous avons besoin nous sont enlevés; et ce qui est « pire encore que la mort, des débauchés et des « femmes de mauvaise vie foulent de leurs pieds im- « purs le sépulcre très-saint de l'amie de Dieu. Il « n'est plus rien maintenant qui nous retienne, puis- « qu'on nous enlève et les vivres et l'honneur. Que « notre douleur cède à la raison, mais gardons-nous « en même temps d'un désespoir aveugle. Ce qui « nous arrive n'est en effet ni nouveau ni inattendu. « Il y a environ deux ans nous avions les mêmes « choses dans la pensée, ayant devant les yeux les « mêmes violences du tyran et un exil prochain, et « vous prédisant même tout cela; c'est pourquoi « vous-mêmes vous nous adressiez très-souvent vos « exclamations, nous suppliant de mettre à effet ce « que nous avions prémédité. Voici maintenant la « nuit de la tribulation s'approche; le temps nous « presse; il ne s'agit plus maintenant de parler, mais « d'agir. » Et il se fit alors de grandes plaintes et de grands gémissemens parmi les frères, les serviteurs et les bourgeois qui s'étaient réfugiés dans l'intérieur du monastère.

Gilon le prieur décida alors quels seraient ceux qui devraient rester, ceux qui devraient partir, et les serviteurs qui suivraient les partans. Et après qu'on leur eut donné à boire, ils veillèrent pour eux-mêmes durant toute la nuit, et ils déplacèrent les images, les croix, et tous les vases dans lesquels étaient enfermées les reliques des saints. Pendant cette opération, et tandis qu'ils considéraient avec attention l'image de la grande croix qui est suspendue au dessus de l'autel, au milieu de la basilique, ils y trouvèrent du lait de la vierge Marie, toujours pure et mère de Dieu. Or, au milieu de ce tumulte d'allans et venans, Gilon le prieur partit secrètement pendant la nuit ; il se rendit à pied au village de Saint-Pierre, et montant aussitôt à cheval, il alla de là au domaine appelé le Pont-d'Arbert, où survinrent, tandis qu'il se reposait un peu, Geoffroi le sous-prieur et Geoffroi l'hospitalier, tous deux arrivant de Givry. Ayant laissé là l'hospitalier, le prieur et le sous-prieur, après avoir fait de longs détours en Bourgogne pour sortir des terres du comte, arrivèrent à Joigny.

Le matin venu, le comte, ayant vu que les frères préparaient leurs paquets pour s'en aller, se retira dans la maison de Simon de Souvigny. Or les frères ayant terminé tous leurs préparatifs, se rendirent au chapitre, et ayant reçu la bénédiction ils se dirent adieu les uns aux autres en versant des larmes. De là étant entrés dans la grande basilique, où s'était rassemblé presque tout le peuple, ainsi que les femmes et les petits enfans, ils se jetèrent à genoux devant le sépulcre de leur bienheureuse patronne, et recommandèrent leur cause à sa protection. Alors on entendit les grands gémissemens de tous ceux qui pleuraient, se lamentaient et s'arrachaient les cheveux, tellement que leurs cris et leurs hurlemens s'élevaient jusqu'aux cieux. C'était un spectacle insupportable à la fois et horrible à voir, autant du moins que la douleur permettait de le voir, que celui de ces hommes qui, au milieu des cris et des lamentations publiques, frappaient le pavé même de leur tête ou de leur poitrine. Les élémens eux-mêmes semblèrent en quelque sorte compatir à cette grande calamité; l'air rembruni, l'éclat du soleil obscurci, les eaux gelées, la terre couverte d'une pluie continuelle de neige, tout semblait s'envelopper des voiles de la tristesse. Ainsi accompagnés par les pleurs et les gémissemens de toute la population, les frères sortirent enfin de l'église au nombre de soixante environ.

Déjà le comte s'était retiré de Vézelai, où sa mère était demeurée. Alors le traître Guillaume Pidet étant monté à cheval, et courant sur les traces des frères, leur dit que la comtesse leur ordonnait de s'arrêter où ils se trouveraient, et d'avoir à l'attendre. Mais eux, évitant de voir plus long-temps celui qui leur était odieux, traversèrent Écouan et arrivèrent, accompagnés par le peuple, à la croix de Mont-Joie. Là s'arrêtant quelque peu, et tournant leurs regards vers la basilique vénérée du monde entier et consacrée à la bienheureuse Marie-Madeleine, amie de Dieu, ils tombèrent la face en terre, chantant autant qu'il le pouvaient! O consolation du pécheur! nul ne saurait dire toutes les larmes, toute la douleur, et de ceux qui s'en allaient et de ceux qui suivaient leurs pas, hommes et femmes, tous dans l'excès de leur chagrin, roulant leurs têtes sur la neige ; mon poinçon même, quoique de fer, est presque tout trempé de larmes. Ce deuil, à dire vrai, surpassait même le deuil des funérailles : car le deuil des funérailles trouve une compensation dans la joie de l'héritier; mais là où est la destruction de l'héritage, là est aussi la désolation de l'héritier. O désolation inouie et de notre monde et de notre temps! Un prince catholique expulse d'un monastère des moines innocens, et le lieu que révère le monde presque tout entier qui porte le nom de chrétien, ses voisins mêmes le dévastent horriblement. Si l'on en demande les motifs, la liberté est accusée; si l'on veut faire valoir les droits de la raison, on y répond par des outrages et des dévastations.

Cependant, tandis que les frères et tout le peuple répandaient à l'envi des larmes et poussaient des gémissemens, la mère du tyran, la vipère Ida s'avançait sur les terres des fugitifs, et s'étant enfin approchée d'eux elle descendit de cheval, et demanda avec une feinte humilité à être écoutée par les frères. Mais eux, se souvenant de ces paroles de l'Apôtre : *Ne te laisse pas vaincre par le mal, mais remporte la victoire sur le mal par le bien,* se levant aussitôt, s'arrêtèrent. Elle alors, répandant les larmes de la dissimulation, leur représenta que leur départ était déraisonnable et dénué de fondement, attendu que son fils les chérissait très-tendrement eux et l'église de Vézelai, n'étant ennemi que de l'abbé seulement, lequel voulait le déshériter injustement, quoique lui, son fils, ne lui redemandât que ce qui lui appartenait de droit; qu'ils devaient donc se souvenir de ces paroles de l'Évangile : *Rendez à César ce qui est à César, et à Dieu ce qui est à Dieu.* Enfin, elle les supplia de revenir, disant qu'elle implorerait elle-même son fils, afin qu'il leur rendît dans sa compassion les revenus du monastère dont il s'était emparé, ajoutant que, si elle ne pouvait le fléchir, elle-même se chargerait de pourvoir à leurs dépenses de tous les jours, jusqu'à ce que le comte se fût réconcilié avec l'abbé. A ces paroles, les frères répondirent que ce n'était ni le temps ni le lieu de discuter les droits de son fils, puisqu'il était publiquement reconnu qu'il s'était également arrogé le juste et l'injuste; que quant à eux il leur paraissait imprudent de s'en retourner sur des espérances aussi vagues, et qu'ils jugeaient impossible de recevoir des secours étrangers sans l'autorisation de leur abbé, car il serait indigne d'eux, les prébendaires de la servante de Jésus-Christ, Marie-Madeleine, de devenir les stipendiés de celle qui avait dévasté le sépulcre de leur bienheureuse patronne. Ayant dit ces mots ils tournèrent le dos à cette femme, et allèrent passer cette nuit à Brèce.

Le jour suivant, comme ils se dirigeaient vers Auxerre, le vénérable Hardouin, abbé de Saint-Germain, accourut à leur rencontre, les suppliant de se rendre à Saint-Germain. Ils y consentirent, et l'abbé repartit aussitôt pour faire préparer l'hôtellerie. Les frères entrèrent dans la ville, marchant deux à deux et la tête couverte, déplorant leurs calamités dans le langage mélodieux du roi David. Et il se fit alors un grand concours du peuple de toute la ville, hommes, petits enfans et femmes, tous pleurant et s'écriant : « O douleur ! qui a jamais vu un tel spectacle ? Qui eût « cru que l'on pût faire de telles choses ? Quelle rage, « quelle folie a produit de tels effets ? O glorieuse et « bienheureuse dame Marie-Madeleine, pourquoi « supportes-tu de tels actes ? Quelle confiance pou- « vons-nous avoir désormais en toi, nous pécheurs, « si tu permets que tes serviteurs éprouvent de tels « maux ? Périssent et soient couverts de confusion « ceux par la volonté desquels de telles choses sont « survenues ! » Le tyran lui-même, étant monté à cheval, était arrivé aussi, et en voyant les frères, il riait et se moquait d'eux, disant : « C'est ainsi que de telles « gens doivent gagner leur pain. » Mais les frères ne faisant attention à aucun de ces propos, passèrent la tête baissée; et ayant été reçus honorablement, ils se reposèrent cette nuit dans le monastère de Saint-Germain. Le lendemain s'étant rendus à Joigny, dans la maison de Hugues, jadis prévôt, ils furent honorablement accueillis par Aimery du Puy et par Étienne, son frère. De là, se dirigeant vers la ville de Sens, ils envoyèrent en avant des commissaires. Or Simon, surnommé l'Enfant, étant sorti pour aller se promener, les rencontra par hasard, et ayant appris les motifs de tant de fatigues imposées à tant et de tels hommes, il s'en affligea profondément. Étant descendu vers eux, il les supplia alors très-vivement de se rendre dans sa maison, par amour pour lui. L'ayant obtenu, non sans peine, il les reçut chez lui et les traita fort honorablement. Le lendemain matin, il les conduisit à un bateau qu'il avait loué (car jusqu'alors ils avaient marché à pied); il mit lui-même beaucoup de foin sur ce bateau, et durant toute cette journée les frères travaillèrent à ramer; enfin la nuit étant survenue, ils descendirent dans une petite métairie qui s'appelle Méri, et comme on ne put trouver là de quoi loger tant et de telles personnes (car ils étaient au nombre de quatre-vingts environ), les frères entrèrent dans une certaine grange de paysan, toute remplie de fumier de bœuf. Après qu'ils eurent jeûné tout le jour, on ne put rien trouver dans tous les environs, si ce n'est un peu de pain ordinaire et deux bottes d'ail, et les frères les mangèrent toutes crues avec leur pain et en buvant de l'eau. Chose merveilleuse à dire ! Affligés comme ils étaient de tant de maux, ils supportaient tout joyeusement, et acceptant comme une patrie l'exil qui leur était imposé pour l'amour de leur liberté, ils charmaient la tristesse du voyage en chantant et se félicitant les uns les autres. De très-grand matin ils retournèrent à leur bateau, et allèrent débarquer à Chone. Ils y rencontrèrent tout d'abord Gilon le prieur et Geoffroi, son compagnon. De là ils se rendirent à pied à Moret, le second jour du douzième mois, et ils y demeurèrent le jour suivant et le troisième jour. Or ils envoyèrent Renaud, prieur de l'Arborée, auprès de Hugues, vénérable abbé de Paris, pour lui annoncer leur arrivée, et lui faire connaître les motifs de leur voyage auprès du roi. Celui-ci en ayant été informé s'en affligea vivement, et couvert de larmes, il courut en hâte auprès du roi Louis, lui raconta par quel horrible sacrilége le comte de Nevers avait envahi le très-célèbre monastère de Vézelai, et à travers quelles fatigues presque tous les frères de ce monastère venaient se réfugier aux pieds de la majesté royale. Le roi, ému à la fois de colère et de douleur, manda aussitôt au comte qu'il eût à abandonner ce qu'il avait injustement envahi, à rendre aux frères, dans le délai de huit jours, l'église, les tours, les maisons, la campagne, tous les revenus et toutes les possessions, dans le même état où ces diverses choses s'étaient trouvées huit jours avant le départ des frères, à rétablir aussi tout ce qui manquerait, et à lui donner satisfaction à lui-même, pour une insulte aussi grave, faite à son royaume tout entier. Sur cela, le comte répondit aux députés du roi : « J'ai fait du monastère de Vézelai comme de ce qui « m'appartient, et je ne dois aucun compte au roi pour « un tel fait. — Au contraire, lui répondirent-ils, tu « dois rendre compte pour des excès commis dans « un fief du roi. » Mais alors les menaçant, il leur défendit de se présenter de nouveau devant lui. Ils lui répondirent : « Nous sommes les serviteurs du « roi, et nous devons rapporter ta réponse au roi « notre seigneur. » Aussitôt le comte envoya au roi Jean d'Orléans, chargé de lui porter sa justification pour l'acte de tyrannie qu'il avait commis, comme s'il n'eût fait que pourvoir à l'intérêt public de ses domaines, attendu que l'abbé et les moines de Vézelai auraient traité avec son ennemi le duc de Bourgogne, et que, s'il ne les eût prévenus, ils eussent livré à celui-ci les tours de leur monastère.

Cependant, la nuit après laquelle devait briller le second dimanche qui suit le jour de la venue du Seigneur, les frères s'étant levés, se rendirent à leur bateau, et arrivèrent dans une propriété qui appartient au monastère du bienheureux Germain, évêque de Paris. Or, étant entrés dans la maison d'un certain homme, ils y furent très-bien accueillis par un envoyé de l'abbé de ce même monastère, lequel survint aussitôt. De là, s'étant levés, et se confiant de nouveau à leur voiture d'eau, ils arrivèrent enfin à Paris. Toute la ville en fut agitée; et tous, depuis le plus petit jusqu'au plus grand, accoururent en foule, versant des larmes. Les frères étant entrés dans l'église cathédrale, et ayant fait leurs prières, s'y arrêtèrent un moment, et le peuple accourait en foule, et les entourait de tous côtés. Or le roi Louis, ayant appris l'arrivée des hommes de Vézelai, laissa là une affaire qui regardait le monastère de Saint-Denis, vers lequel il se rendait, et revint sur ses pas. Les frères se dirigèrent donc vers le palais du roi. Et comme le roi se porta à leur rencontre, et s'arrêta sur l'escalier du palais, tous, versant des torrens de larmes, tombèrent à ses pieds. Le roi, de son côté, pleurant aussi, et touché de compassion, tomba à genoux, et se leva avec eux lorsqu'ils se relevèrent. Gilon le prieur, qui conduisait la marche, dit alors : « Tu « connais, roi mon seigneur, le motif de notre venue; « mais la douleur et l'affluence du peuple nous em- « pêchent en ce moment de t'exposer complétement « la cause de nos malheurs. Au lieu donc et au « temps qui nous seront fixés par toi, une portion « d'entre nous se rendra devant toi, et nous te racon- « terons avec détail tous les maux que le comte nous « a faits. En attendant, nous retournerons à notre « hôtellerie, et nous implorerons en commun votre « bienveillance et votre miséricorde; » et tous, à ces

mots, se prosternèrent la face en terre. Le roi leur répondit : « Avant que vous fussiez arrivés, et aussi-
« tôt que cette horrible nouvelle est parvenue à nos
« oreilles, j'ai envoyé mes députés au comte ; ce qu'il
« aura répondu, ou ce qu'il aura fait, je ne le sais
« point encore. Sachez cependant d'une manière cer-
« taine que, dût le comte avoir, en outre de son ter-
« ritoire particulier, autant de terre qu'en possède le
« roi des Anglais, je ne pourrais, à aucun prix, laisser
« une aussi grande insulte impunie. Je suis en effet
« le pèlerin de ma dame la bienheureuse Marie-Ma-
« deleine, et autant qu'il sera en mon pouvoir, je ne
« saurais manquer à ceux qui sont ses serviteurs.
« C'est pourquoi donc je vous prie de daigner demeu-
« rer dans ma maison, et je pourvoierai à tous vos be-
« soins. » Mais eux, lui rendant grâces très-hum-
blement, lui répondirent qu'il leur suffisait de son
secours dans une si grande nécessité. Puis, ayant vu,
à côté du roi, Simon, surnommé l'Enfant, qui avait
été leur hôte, ils lui rendirent grâces, en présence
du roi, de l'accueil qu'il leur avait fait, et le roi lui
en exprima beaucoup de reconnaissance. Les moines
de Vézelai étant alors sortis, et marchant suivis de
tout le peuple, les frères du monastère de Saint-Germain-des-Prés s'avancèrent processionnellement à
leur rencontre jusques au vieux Palais, et les reçurent avec des pleurs et de profonds gémissemens. Ensuite étant entrés, comme il est d'usage, deux à deux,
et ayant fait leur prière solennelle, ils se rendirent à
la maison de l'abbé, et l'on dressa des tables devant
eux.

Cependant l'abbé de Vézelai, Guillaume, ayant

appris les maux qu'avait soufferts sa maison, et l'arrivée de ses frères à Paris, gémit profondément, et tous ceux qui étaient avec lui en eurent le cœur consterné, d'autant plus qu'ils se trouvaient éloignés. S'étant levés la nuit même où les frères partaient de Moret, et chevauchant toute la journée à jeun, et malgré le froid et la neige, à travers les longues sinuosités de routes qu'ils ne connaissaient point, enfin, tristes, et accablés de fatigue, ils arrivèrent à Marlot, à la seconde veille de la nuit. Le jour suivant ils se rendirent à Paris, et trouvèrent leurs frères encore assis à table : ceux-ci voulaient se lever, mais l'abbé leur ordonna de se rasseoir. Alors, affectant beaucoup de fermeté, l'abbé retint ses larmes, et renferma courageusement sa douleur dans le fond de son ame. Mais ses compagnons furent saisis d'une si profonde affliction, qu'ils pouvaient à peine se reconnaître les uns les autres, et répondre à leurs frères exilés, lorsqu'ils leur offraient leurs salutations. Pendant ce temps, les frères exilés, encore tout accablés des fatigues de leur long voyage, et pressés de la faim, consolaient d'une manière admirable ceux de leurs frères qui avaient été en partie exempts de tant de souffrances, et les exhortaient à compter sur la miséricorde de Dieu et sur le secours que le roi leur avait promis.

Le lendemain matin, après qu'ils eurent invoqué l'assistance du Seigneur, l'abbé Guillaume et l'abbé Hugues se rendirent au palais du roi, avec Gilon et Geoffroi, Francon et Robert, Pierre et Vincent, Hugues et Thibaut, celui-ci parent du roi, ayant appelé encore à eux un petit nombre d'hommes témoins de tout ce qui s'était passé. Le roi s'étant assis, ainsi que les frères, Henri, archevêque de Rheims, le comte Robert, Pierre de Courtenay, et les autres grands du palais, Gilon se leva, et raconta dans leur ordre tous les détails de l'invasion du tyran et de l'expulsion de ses frères. Ensuite Jean d'Orléans répondit que l'abbé avait enlevé au comte les droits qu'il possédait sur la terre de Vézelai, comme fief royal, et qu'il avait refusé de se soumettre à la justice du comte pour les insultes qu'il lui avait faites. « S'il a sur « mon fief, reprit le roi, le droit qu'il réclame pour « lui, il aurait donc dû me porter ses plaintes sur « l'insulte faite à mon fief, au lieu de chasser les moi- « nes de leur monastère. » Et Jean répondit : « Le « seigneur comte n'a point chassé les moines, mais « ils sont partis volontairement, et par mépris pour « mon seigneur. » Robert, surnommé le Gros, l'un des frères de Vézelai, répondit alors : « Ne me « ferme-t-il pas suffisamment la bouche, celui qui vient « m'enlever la bouchée de la main? — Cela est vrai, « dit le roi. — Ainsi donc, poursuivit Robert, lorsque « le comte eut envahi notre monastère, y eut envoyé « ses satellites, et eut remis entre les mains de ceux- « ci la disposition de tous nos revenus, qu'il nous « enlevait, qu'avions-nous à faire d'y demeurer plus « long-temps? — Rien du tout, » répondit toute la cour. Et le roi dit alors : « J'ai envoyé mes dépu- « tés au comte; et plaise à Dieu qu'il se soit bien con- « duit! sinon, je ne manquerai point à l'Église, pour « tout ce qui est en mon pouvoir. » Et alors l'abbé, et tous ceux qui étaient avec lui, ayant rendu grâces au roi, retournèrent à leur hôtellerie. L'abbé et son frère demeurèrent trois jours à Saint-Germain, puis ils retournèrent à Moret, et y passèrent trente jours. Alors Hugues, archevêque de Sens, écrivit dans les termes suivans à Guillaume, abbé de Vézelai :

« Hugues, par la grâce de Dieu, archevêque de « Sens, à son très-chéri Guillaume, vénérable abbé de « Vézelai, salut et amour!

« Nous avons député auprès de la comtesse de Ne- « vers, au sujet des affaires de l'église de Vézelai et « des nôtres; et elle, comme une femme qui desire « beaucoup la paix, nous a donné une garantie de « cent livres en obligations d'or et d'argent; et si les « plaintes s'élèvent au-delà, elle nous donnera une « nouvelle garantie par de bons garans et répondans. « Nous vous mandons en conséquence, et vous con- « seillons de vous rendre à Sens jeudi prochain, « et vous obtiendrez restitution, selon ce que vous « aurez établi légitimement et par des preuves. Main- « tenant, si vous ne venez pas au jour fixé, la com- « tesse se tiendra pour offensée; et si elle en porte « plainte devant le tribunal souverain, nous ne pour- « rons lui refuser notre témoignage sur les offres « qu'elle fait. Adieu. »

A cette lettre, l'abbé répondit que le jour désigné lui semblait d'autant moins convenable, que, se trouvant très-éloigné de son monastère, et étant en inimitié avec la comtesse et son fils, il lui était absolument impossible, à lui, abbé, de se rendre au lieu indiqué; que si cependant la comtesse voulait donner un sauf-conduit pour l'allée et le retour à ceux de ses hommes qui fourniraient les preuves légitimes des dommages qu'il avait supportés, il se présen-

terait volontiers lui-même, si on lui désignait un jour convenable. En conséquence, il fut fait comme il le proposait, et des deux parts ils se réunirent. L'abbé demanda donc des dommages pour les pertes qu'il avait essuyées, et voulut en faire la preuve légitime; mais la comtesse repoussa la majeure partie des réclamations, en en rejetant quelques-unes sur son fils, et disant qu'elle ne devait pas être tenue de répondre pour lui. L'abbé répliqua que les malfaiteurs étaient précisément les hommes de la comtesse et les préposés de ses terres, et que par conséquent, il était bien fondé à lui redemander ce qu'il prouvait légitimement avoir été enlevé par ses hommes, pour une valeur de deux cents marcs. Ceux qui étaient du parti de la comtesse, et principalement l'archevêque lui-même et ses clercs, remplis d'étonnement, invitèrent l'abbé à mettre un terme à ses demandes d'indemnité, afin de ne pas exaspérer la comtesse par de si dures paroles. L'abbé répondit : « J'ai déjà subi les effets
« extrêmes de son exaspération, sans l'avoir mérité;
« maintenant donc, en quoi peut-elle être encore
« plus exaspérée? Cependant, et afin de recouvrer sa
« bienveillance, si toutefois il peut arriver qu'elle me
« soit assurée d'une manière quelconque, je lui re-
« mettrais *gratis* la moitié de l'indemnité pour les
« dommages dont je puis fournir la preuve, sauf, sur
« les autres points, l'exécution des ordres du seigneur
« pape. — De quels ordres voulez-vous parler ? lui
« demandèrent-ils. — Des ordres qui lui ont en-
« joint de donner satisfaction pour les insultes que
« j'ai reçues, et de fournir caution pour le main-
« tien de la paix. » Or on était au samedi avant le

jour de la Nativité du Seigneur. Ce jour même, Guillaume, évêque élu de Chartres, fut promu au diaconat. Il était frère du comte Henri, lequel était venu en ce moment dans le même lieu, à cause de son frère. Ce dernier, extrêmement ennuyé de son jeûne, se retira, rempli d'une vive indignation contre l'abbé, et l'on remit au lendemain la suite de la discussion. Après que l'on eut fait beaucoup d'efforts de l'un et de l'autre côté pour arriver à une composition, on se retira sans avoir pu rien terminer ; car la comtesse ne voulut ni accorder l'indemnité pour les dommages reconnus, ni fournir caution pour le maintien de la paix, et l'affaire fut en conséquence remise jusqu'au troisième jour après la Circoncision.

Cependant les députés du roi auprès du comte étant revenus, annoncèrent qu'ils n'avaient rien obtenu du comte, au sujet des ordres du roi, mais qu'en revanche, le comte les avait amplement accablés d'injures et de menaces. Aussitôt le roi, ayant appelé ses secrétaires, donna ordre de rassembler de toutes parts une armée, et prescrivit que tous les hommes d'armes eussent à se présenter devant lui vingt jours après la Nativité du Seigneur. Or le comte Thibaut et le comte Henri, après avoir obtenu la permission du roi, non sans beaucoup de peine, allèrent trouver le comte Guillaume, et le gourmandèrent pour les méchancetés qu'il avait faites ; puis, lui ayant fait promettre qu'il se rendrait aux ordres du roi, ils le conduisirent dans la ville de Sens, où le roi était allé pour d'autres affaires, au commencement de janvier. Le hasard y avait également amené l'abbé de Vézelai pour traiter, en présence de l'archevêque de Sens et de l'évêque de Meaux, d'une composition avec la comtesse. Mais celle-ci ayant refusé, soit de restituer les choses qu'elle avait fait enlever, soit de fournir caution pour le maintien de la paix, cette tentative d'arrangement avait échoué. La nuit suivante, le comte Thibaut envoya demander à l'abbé de ne pas partir le lendemain, et avant qu'ils se fussent entretenus ensemble de la même affaire. Le jour suivant, lorsque l'abbé se fut rendu à la cour du roi, le comte Thibaut et le comte Henri s'avancèrent vers lui, et entreprirent de l'amener à traiter de la paix. L'abbé leur répondit : « Je suis entre les mains du seigneur « pape et du seigneur roi, et je ne ferai absolument « rien sans leur approbation. » Ils entrèrent alors chez le roi, et lui présentèrent leur demande sur le même sujet. L'abbé, appelé devant le roi, fut sollicité par quelques individus, non tant pour qu'il consentît à faire sa paix, que pour qu'il rendît la paix au tyran. Dès lors l'abbé reconnut les artifices de ces hommes, qui s'efforçaient par toutes sortes de moyens à lui enlever la faveur du roi, en sorte que l'abbé prit à dessein le parti de remettre la conclusion de toute son affaire à la disposition du roi lui-même, prenant soin d'écarter ainsi de lui-même le blâme aussi bien que l'éloge. Le roi demanda donc à ceux qui portaient la parole pour le comte (car il ne parlait point à ce dernier, et ne voulait pas même le voir en face, tant que l'affaire était en suspens), le roi, dis-je, leur demanda si le comte s'en rapporterait à sa décision pour la conclusion de l'affaire. Mais celui-ci ayant refusé, le roi, vivement indigné, dit alors : « Comment donc ? l'abbé, qui a reçu l'offense,

« qui n'est tenu en rien de se soumettre à moi, se re-
« met tout entier à ma disposition; et le comte, qui a
« fait l'offense, qui est obligé envers moi, tant par
« son hommage propre que par le sujet même de l'af-
« faire, se méfie de ma sagesse, et refuse de recon-
« naître ma cour? Que l'abbé donc prenne garde dé-
« sormais à ne pas être trompé; quant à moi, je ne
« lui manquerai jamais. »

Enfin, après beaucoup de discussions et de paroles échangées, le comte, appelé en présence du roi, lui promit, en mettant la main dans la sienne, de rétablir l'église, les revenus, les maisons, et toutes les possessions du monastère entre les mains de l'abbé et des siens, dans le même état où elles étaient huit jours avant le départ des frères, tout en réservant les griefs qu'ils pouvaient avoir réciproquement à faire valoir, et sauf la sentence d'excommunication et d'interdiction par laquelle il était lié. En outre le comte s'engagea à restituer toutes les choses appartenant à l'église, qui seraient reconnues avoir été détruites ou perdues, de quelque manière que ce fût, à dater de trois jours avant le départ des frères; et enfin il promit de se maintenir en paix avec l'église et toutes ses propriétés, avec l'abbé, les moines et leurs vassaux, sous la réserve nouvelle que, s'il survenait par hasard quelque contestation entre le comte et l'abbé ou l'église, les bourgeois de Vézelai auraient, après la déclaration de guerre, un délai de quinze jours pour se retirer et transporter leurs effets en lieu de sûreté, l'église et toutes ses possessions directes demeurant également en paix durant le même temps. Quant aux dommages récens, dont l'indemnité devait être accordée selon ce que pourraient prouver les hommes de l'église, le comte donna pour cautions Anselme de Triagnelle, son frère, Garnier [1] . . . . . . comte, et Isnard, vicomte de Joigny. Ces quatre hommes s'engagèrent, chacun pour un quart, entre les mains du comte Thibaut, promettant, si, après quarante jours de la preuve légitimement fournie, le comte refusait de payer les indemnités établies par cette preuve, de se rendre eux-mêmes en otages dans la ville de Sens, quinze jours après la sommation qui leur en serait faite par l'abbé, et d'y demeurer en cette qualité jusqu'à ce qu'eux-mêmes ou le comte eussent donné satisfaction à l'abbé et à l'église. Les choses ainsi réglées, le roi, sur la demande de l'abbé, se rendit à Vézelai pour y passer le jour de l'Épiphanie, et ramena l'abbé dans son abbaye avec une grande joie. Les fils de Bélial furent chassés du monastère et des maisons des bourgeois, et tout le monde fut réjoui et transporté d'allégresse. En outre les faux moines, méchans et traîtres, sortirent de la maison d'Écouan, et après avoir dilapidé tous les objets qui tombèrent entre leurs mains, ils prirent la fuite.

Enfin, après une absence de neuf fois cinq jours, les frères revinrent de leur exil avec beaucoup de joie et une vive allégresse. Or l'un des excommuniés, nommé Guillaume Pidet, saisi de l'esprit diabolique, se mit à attaquer le monastère et à enlever du butin; et après avoir fait long-temps du ravage, il fut enfin poursuivi par un grand nombre de paysans, tant du bourg de Vézelai que du bourg de Champ-Mol, et ayant été atteint et frappé par eux, le misé-

---

[1] Il y a ici une lacune.

rable mourut. Ensuite l'abbé fit, en présence des chevaliers du roi et des cliens du comte, le calcul des dommages que le monastère avait eus à supporter de la part des hommes du comte, depuis le départ des frères jusqu'au moment présent, et ce compte se monta en somme à deux cent quarante livres. Après cela, des députés du comte vinrent demander à l'abbé les frais de son séjour à Vézelai pendant la fête de la bienheureuse Marie-Madeleine, et présenter quelques autres réclamations ridicules. L'abbé leur répondit : « Lorsque le comte, ayant fait accord avec moi, aura été reçu dans la communion de l'Église, alors je lui répondrai sur la demande qu'il présente. » L'archevêque de Lyon et l'archevêque de Cantorbéry se rendirent aussi à Crisnon pour essayer de conclure une composition entre l'abbé et le comte, ainsi que la comtesse; mais ils firent de vains efforts. En effet, comme ils mettaient en avant, dans toutes leurs réclamations, des dépenses excessives, l'abbé ni l'église ne voulurent admettre aucune composition qui n'eût fait qu'amener une paix plâtrée, beaucoup plus que véritable, à moins que le comte ne renonçât à ses prétentions de toute espèce, ou ne consentît à les limiter une fois pour toutes à une somme fixe.

Aux approches de la mi-carême, Guillaume de Marlot et Renaud, son frère, vinrent auprès de Guillaume, abbé de Vézelai, leur oncle paternel, pour essayer de le fléchir et de le déterminer à une composition. D'une part l'abbé, de l'autre le comte, se rendirent donc à Écouan, et là encore on fit de vains efforts pour amener une conclusion. Ensuite l'abbé s'étant mis en marche pour aller trouver le roi, il le rencontra à Sens. Il lui apprit comment le comte avait rompu la trêve convenue pour quarante jours. En effet, il avait été réglé, dans l'arrangement conclu à Sens, qu'après qu'ils auraient fourni la preuve de leurs pertes, l'abbé et l'église auraient un délai de quarante jours pour toutes les plaintes que le comte pourrait avoir à proposer contre l'abbé, et que de plus, si par hasard le comte ne voulait plus tenir ses engagemens, l'abbé aurait encore un délai de quinze jours après la déclaration de guerre. Or le comte, huit jours avant l'expiration de la trêve de quarante jours, avait provoqué l'abbé en ne lui donnant qu'un délai de huit jours, en sorte que ces huit jours avaient expiré en même temps que la trêve de quarante jours. Le roi ayant entendu ce récit en fut fort mécontent, et dit à l'abbé de retourner avec lui à Auxerre : là, le roi réprimanda le comte, et lui ordonna de rétablir la trêve qu'il avait rompue. Le comte en fut extrêmement attristé, tellement qu'il fut sur le point de pleurer ; il fut cependant contraint d'obéir, et donna un nouveau délai de quinze jours. Ce délai expira à la semaine des Rameaux. Alors Henri, comte de Troyes, Thibaut, comte de Blois, et Anselme de Triagnelle, vinrent trouver Guillaume, comte de Nevers, et Guillaume, abbé de Vézelai, et traitèrent longuement avec eux pour amener une composition de paix entre le comte de Nevers et le monastère de Vézelai. Les deux comtes étaient liés au comte de Nevers par une étroite parenté. Toutefois l'abbé déclara qu'il s'en remettrait, pour l'appréciation de tous ses griefs, à leur avis et à leur décision, excepté en ce qui touchait les deux redevances de logement par lesquelles le comte ruinerait entièrement l'église. Les hommes illustres ci-dessus nommés proposèrent alors que l'abbé payât soixante livres au comte pour chacune de ses redevances, de telle sorte cependant que le jour de la fête, si le comte ne l'honorait pas de sa présence, l'abbé ou l'église n'aurait absolument rien à lui payer. Et afin que cette composition fût agréée par le comte et convertie par lui en une convention perpétuelle, il fut en outre proposé que l'abbé donnât sept cents livres au comte. Mais l'abbé offrit de donner cinquante livres seulement pour chacune des redevances, et cinq cents livres pour la composition. On en écrivit alors au comte de Nevers. Mais celui-ci, influencé par Étienne, son clerc, et par Étienne de Saint-Pierre, refusa absolument toute composition, si l'abbé ne lui donnait quatre-vingts livres pour chaque redevance, et mille livres pour la composition. Cette demande parut trop dure à l'abbé, et le comte Henri approuva sa résistance et l'encouragea à ne pas donner plus qu'il n'avait offert. Le soir étant survenu, on se retira de part et d'autre sans avoir rien terminé.

Sur la demande de l'abbé, le roi écrivit au comte Henri pour le remercier, et le supplier d'employer tous ses soins pour amener la composition proposée. Le comte Henri donna donc rendez-vous à l'abbé dans la ville de Troyes, pour le jour du changement de lune après les Rameaux. Il envoya un exprès au comte de Nevers, l'invitant, comme son parent, à daigner se rendre à Troyes pour conclure un arrangement avec l'abbé. Mais le comte lui manda qu'il ferait mieux lui-même de se rendre à Auxerre, si par hasard il avait besoin d'y aller. Le comte Henri, dégoûté d'une si grande insolence, manda cette réponse au roi et à l'abbé. Celui-ci étant alors retourné auprès du roi, le trouva à Orléans le saint jour de la Cène du Seigneur. L'évêque Manassé invita l'abbé à célébrer avec lui la solennité de la confection du saint chrême; et après l'avoir fait, l'évêque envoya de ces saintes huiles à Vézelai, par l'entremise de Vincent le doyen. Lorsque l'abbé eut rapporté au roi la réponse que le comte Guillaume avait adressée au comte Henri, le roi en fut fort étonné, et envoya ordre au comte de Nevers de se rendre en sa présence à Moret, le mercredi après la Pâque, lui prescrivant en outre d'avoir à s'abstenir jusque là de tout acte d'inimitié contre le monastère de Vézelai, et d'accorder des sauf-conduits aux gens de Vézelai pour se rendre à la susdite conférence. L'abbé passa le saint jour de Pâques dans le monastère de Montivilliers. Le quatrième jour, le roi, le comte et l'abbé, suivis chacun des siens, se réunirent dans la forêt située au-dessus de Moret. Le roi demanda alors au comte de consentir à la composition, telle qu'elle avait été proposée par le comte Henri. A quoi le comte répondit : « Ce que je « possède dans le monastère de Vézelai, mes pères « l'ont reçu de tes pères en fief, et traiter ou consen-« tir une composition au sujet de ce fief plutôt que « sur tout mon héritage, me semblerait bien moins « une œuvre de paix qu'une œuvre de violence. » Le roi lui dit alors : « S'il en est ainsi, s'il est vrai que « mes pères ont donné ce monastère à tes pères en « fief, il est certain, et l'on n'en peut douter, que « cela a été fait dans l'intérêt de protection, et non

« de destruction. Or toi, à ce qu'il nous paraît, tu
« aspires de toutes tes forces à la destruction de ce
« monastère. » Le comte répondit : « Je respecte la
« parole du roi, mais je ne détruis point le monas-
« tère. » Et le roi lui dit : « En tant que tes œuvres
« le manifestent, cette destruction est imminente.
« Mais laissons là toutes ces discussions, et traitons
« d'une composition, si toutefois l'abbé y veut con-
« sentir. » L'abbé répondit alors : « Quant à ce que
« dit le comte, que tes pères ont donné à ses pères
« le monastère de Vézelai, voici, j'ai en main les
« priviléges que tes pères ont concédés, par les-
« quels les libertés de ce même monastère sont ap-
« prouvées, et qui excluent tout seigneur de toute
« espèce de droit de propriété ou de coutume. Toute-
« fois je remets entre tes mains et ces priviléges, tant
« apostoliques que royaux, et le monastère de Vézelai
« lui-même. Compose et dispose selon l'impulsion
« de ta justice. » Alors le roi demanda au comte s'il
s'en tiendrait à la composition proposée à Auxerre
par le comte Henri. Et le comte répondit : « Je ne suis
« convenu d'aucune espèce de composition avec le
« comte Henri. » Et le roi lui dit : « Certes, je l'avais
« entendu ainsi que je viens de le dire. Eh bien donc,
« maintenant, vois ce que tu veux faire pour moi. »
Et le comte reprit : « Je ferai pour toi tout ce que je
« pourrai, mais je ne composerai jamais sur ce qui
« est de mon droit. » Et le roi indigné, dit alors :
« L'abbé, qui n'est obligé envers moi à aucun titre,
« se soumet pour le droit qui lui appartient en pro-
« pre, et s'en remet entièrement à ma décision; et
« toi qui es lié envers moi par ton hommage direct,

« tu te méfies de moi, qui suis ton seigneur, et tu
« refuses de te soumettre à mon avis? Jusqu'à pré-
« sent, par égard pour ta jeunesse, j'ai supporté tes
« injustices, jusqu'à présent j'ai commis un grand
« péché en tolérant la destruction du sépulcre de la
« bienheureuse Marie-Madeleine. Dès ce moment, et
« sur les autres points, je ne manquerai point à la
« justice envers le monastère, si l'abbé vient à récla-
« mer et à demander justice. En attendant je te dé-
« fends, par mon autorité royale, de plus oser atta-
« quer le monastère de Vézelai, ou les hommes ou les
« propriétés qui lui appartiennent, sachant que dé-
« sormais tout ce que tu feras de mal contre ce même
« monastère tournera en insulte contre la couronne
« de ce royaume. Si tu as quelque chose à dire con-
« tre l'abbé, voici, je te le présente en justice. » Et
l'abbé, s'approchant alors du roi, lui demanda justice du comte. Le roi lui répondit : « Comme il s'est
« rendu ici, appelé par moi, pour traiter d'une com-
« position, il ne convient pas à la mansuétude royale
« de le traduire maintenant en justice. Permets donc
« qu'il se retire, et ensuite je vous désignerai, à toi
« et à lui, un lieu et un jour pour y suivre ton ac-
« tion. » Et le jour suivant ils se rassemblèrent de
nouveau dans une maison des frères de Vézelai, située sur la rivière de Loin, auprès de Moret.

Or il y avait avec Guillaume, abbé de Vézelai, Hugues, abbé de Saint-Germain; Étienne, abbé de Saint-
Remi de Sens; Étienne, abbé du château de Melun[1];...
abbé de Château-Landon; Mainier, jurisconsulte, et
Osmond, chanoine de Paris. Quelques personnes firent

---

[1] Le nom de l'abbé de Château-Landon est en blanc.

toutes sortes de tentatives pour parvenir à détourner le cœur du roi de l'abbé et de l'église de Vézelai ; mais tous les efforts de Satan furent vains, et les filets secrètement tendus par la cupidité furent rompus, car l'abbé ne s'écarta en aucun point de la volonté et de l'avis du roi. Or le comte continua de refuser obstinément de se soumettre au jugement du roi, et se plaignit que l'abbé retenait un de ses hommes en captivité. On lui demanda quel était son nom. Il répondit : « André du Marais. » Et l'abbé lui dit : « André du Marais ne t'appartient en aucune façon ; « il est à moi depuis la plante des pieds jusqu'au som-« met de la tête, en tant que serf appartenant direc-« tement au monastère de Vézelai. » Et le comte dit : « André ne connaît la condition d'esclavage que parce « qu'il y a été contraint. » L'abbé répondit : « Sur ce « point encore, je me soumets au jugement de la cour « du roi. » Et les grands et les conseillers du roi dirent alors : « Il est d'usage devant la cour du roi que, « si quelqu'un est interpellé par un autre au sujet « de la condition d'un esclave, celui-ci soit repré-« senté en état de liberté par celui qui l'a en sa pos-« session. Que si l'esclave reconnaît pour son maître « celui-là qui l'a en sa possession, le procès est fini, « et le plaignant n'a plus rien à prétendre sur l'es-« clave. Si au contraire ce dernier dit être l'esclave « du plaignant, il passe nu et de sa personne aux « mains du plaignant, et celui qui le possédait con-« serve ses effets tant mobiliers qu'immobiliers, et « n'est tenu d'abandonner que la nue propriété du « corps de l'esclave. » L'abbé répondit alors : « J'ap-« prouve ce mode de jugement et cet usage, et je

« m'y soumettrai volontiers. » Alors le comte, couvert de confusion, voulut faire retomber sur l'abbé la honte de sa conduite, et présenta une plainte au sujet de Guillaume, ce traître qui était mort d'une mort digne de lui, disant que ce moine était placé sous sa protection, de lui comte, et qu'il avait été tué par ordre de l'abbé. Toute la cour se récria contre une accusation aussi insensée que méchante, et l'abbé dit alors : « Quoique une telle plainte soit complétement
« fausse, je n'ai cependant rien à répondre au comte
« sur ce sujet. » Le roi, lorsqu'il eut été informé de l'histoire de ce faux moine, éclata de rire, et dit au comte : « C'est donc ainsi que sont faits tes moines? » Puis, lorsqu'on lui eut dit comment et pour quel motif cet homme de perdition avait été tué, le roi riant de nouveau très-fort et se fâchant, dit : « O ré-
« clamation bien juste et bien convenable de la part
« du comte ! O accusation bien digne d'être suivie par
« un très-noble prince! Que demande-t-il donc à ce
« sujet? Le traître moine a livré son corps à la terre
« et son ame au diable. »

Tandis que ces choses se passaient à Moret, Hugues Létard ayant pris avec lui les satellites du comte, entra sur les terres du monastère de Vézelai, et y enleva beaucoup de butin en gros et en menu bétail, et en toutes sortes d'effets ; il retira même, des fosses à fumier, des cuirs qui n'étaient pas encore tannés, et qui appartenaient aux habitans des métairies ; et toutes ces prises lui valurent en argent une somme de deux cents livres et même davantage. Puis étant remonté, il fit publier, par son héraut, sur la place publique, que tout homme, de quelque condition qu'il fût, qui viendrait dans la suite apporter quelque chose à vendre dans le bourg de Vézelai ou dans toute sa banlieue, s'exposerait, non seulement à perdre ce qui serait à lui, mais en outre à être maltraité dans sa personne ou réduit en captivité. A l'issue de la semaine de Pâques, Létard établit sur de certains points des hommes très-méchans et des brigands que leur misère même rendait plus intraitables, pour veiller sur toutes les avenues, et empêcher les hommes ou les femmes, les petits enfans ou les vieillards, de descendre pour aller puiser de l'eau ou pour faire moudre du froment. Il en résulta que des femmes et de jeunes filles, comptant sur le respect que l'on doit à leur sexe, descendirent de temps en temps, furent déshonorées et violées par ces hommes très-pervers, et reçurent en outre toutes sortes d'insultes. Contraints par l'urgente nécessité, les frères eux-mêmes descendirent pour puiser de l'eau ou pour cueillir des légumes, mais ils furent de même accablés d'injures et dépouillés, et ces scélérats n'eurent aucun respect pour la robe des moines, et ne rougirent point de s'attaquer à des hommes que leur habit mettait hors d'état de se défendre.

En outre Étienne de Bellai ayant reçu des frères une somme de cinq cents sous et une quantité considérable de poivre et de cire, sortit de Vézelai et se rendit vers l'abbé, qui demeurait alors au monastère de Montivilliers, pour échapper aux embûches du comte. Comme Étienne redoutait de rencontrer les satellites du comte, il prit avec lui son frère le chevalier, suivit une marche détournée à travers champs, et arriva à Puisieux, se confiant, pour être conduit, à Guillaume, prévôt de Droie, qui avait épousé sa sœur.

Quelquefois la trahison méconnaît même les liens du sang. Le chevalier ayant quitté son frère, Guillaume de Droie expédia aussitôt Guillaume de Lenseck sur les pas d'Étienne, qui poursuivait sa marche, et ce Guillaume enleva à Étienne son argent, ses chevaux et tout ce qu'il emportait. Étienne étant donc revenu, se rendit auprès d'Ida, la mère du comte, et lui demanda, de la part du roi, de lui faire restituer ce qu'on lui avait enlevé, attendu que tout cela appartenait à la maison du monastère de Montivilliers, lequel était dans la seigneurie et sous la protection du roi; mais elle, dédaignant le nom du roi, et alléguant que le monastère de Vézelai, lequel était aussi sous sa protection et celle de son fils, avait été pillé également par son ennemi et l'ennemi de son fils, ne céda qu'à grand'peine aux sollicitations des amis d'Étienne, et ordonna enfin de lui rendre ses chevaux et une partie de la cire qu'on lui avait enlevée. Lorsque cette nouvelle parvint aux gens de Vézelai, ils furent remplis de consternation dans le fond de leurs cœurs, déplorant la détresse de leur père, plus encore que leur propre infortune. Le bruit se répandit alors que le comte avait ordonné d'enlever les hommes les plus âgés et les plus considérables parmi les habitans de Vézelai, et de piller leurs propriétés ou de les confisquer. Ceux-ci, saisis de terreur, se retirèrent dans l'enceinte du monastère.

Geoffroi, Anglais d'origine, qui à cette époque occupait, après Gilon, la première place dans le couvent, écrivit à l'abbé, de concert avec les frères, pour lui faire connaître dans quel état d'affliction et de contrition se trouvait réduit le bourg de Vézelai, assiégé par les satellites du comte. Alors l'abbé se rendit à Beauvais, où le roi se trouvait par hasard avec un grand nombre de ses évêques et de ses grands. Le roi, lorsqu'il eut appris tout le mal que le comte Guillaume de Nevers avait fait de nouveau au monastère de Vézelai, lui fixa un jour pour se présenter devant lui avec l'abbé à Orléans, le dimanche qui précède la Pentecôte, lui faisant connaître qu'il aurait d'abord à donner satisfaction au roi pour avoir dédaigné et transgressé ses ordres en attaquant le monastère depuis qu'il en avait reçu la défense formelle. Le comte ayant reçu cet ajournement, fut saisi d'une grande colère, et se retira en proférant toutes sortes de menaces. L'abbé se rendit alors auprès du duc de Bourgogne pour le supplier de daigner prêter secours aux assiégés. Le duc écrivit aussitôt à Gontard, prévôt d'Avalon, lui ordonnant de faire conduire sans crainte à Vézelai toutes les denrées de ses terres, et, s'il était nécessaire même, de les défendre par la force des armes. Mais, enfant et d'âge et de cœur, séduit de plus en faveur du comte par l'astuce d'Ansèric de Mont-Réal, non moins ennemi que le comte de l'abbé et du monastère, le duc manqua à toutes les promesses qu'il avait faites, défendit de transporter des vivres, et ordonna de saisir tous les gens de Vézelai qui seraient trouvés sur son territoire. Le roi Louis ayant mandé ses secrétaires, écrivit à tous les préfets et princes de son royaume, leur ordonnant de rassembler une armée de chevaliers et gens de pied, et de se rendre auprès de lui à Sens, le dimanche qui précède la fête de la bienheureuse Marie-Madeleine. Or le comte, redoutant le jugement de la cour du roi, s'excusa pour le jour qui lui avait été fixé. Aussitôt le roi lui donna rendez-vous à Paris pour le premier dimanche après la Pentecôte; et comme le comte s'excusa de nouveau, le roi lui fixa un troisième rendez-vous à Laon pour le troisième dimanche après la Pentecôte. Le comte s'étant excusé une troisième fois, envoya Guillaume de Dampierre auprès du roi, pour le supplier de daigner une fois au moins entrer en conférence avec lui, promettant de se soumettre en tout point à la décision du roi, après qu'il aurait entendu les dires des deux parties. Cette nouvelle proposition fut agréée par le roi, à qui le repos était toujours agréable, et la guerre toujours odieuse.

Ce roi Louis était fils de Louis que l'on a surnommé le Gros, fils de Philippe, fils de Henri, fils de Robert, fils de Hugues Capet, qui fut le premier roi lorsque vint à manquer la descendance de Charles, dont la race a régné pendant deux cents ans environ. Depuis la première année du règne de Hugues jusqu'à la première année du règne de ce Louis, qui a régné cinq ans avec son père, il s'est écoulé environ cent quarante ans. Le roi Louis le Gros est celui qui a étendu de tous côtés les limites de son royaume, en donnant en mariage à son fils la fille du duc d'Aquitaine et comte de Poitou, par où il a acquis toute l'Aquitaine, la Gascogne, le pays des Basques, la Navarre jusqu'aux montagnes des Pyrénées et jusqu'à la Croix de Charles. L'autre roi Louis, dont nous parlons, partit pour Jérusalem la quinzième année de son règne; tandis que le pape Eugène siégeait à Rome, et emmena avec lui une grande armée qui portait la bannière de la croix vivifiante, afin de conquérir à la foi une race ennemie. Mais par un jugement secret de Dieu, le roi Louis perdit la plus grande partie des siens, revint sans avoir triomphé, et, entraîné par de mauvais conseils, il renvoya sa femme, et abandonna ainsi les territoires ci-dessus désignés, qui avaient pendant quelque temps fait partie du royaume; puis il épousa la fille de l'empereur des Espagnols; et celle-ci étant morte, il a épousé en troisièmes noces la sœur du comte Henri, de laquelle il a eu, dans la trente-troisième année de son règne, un premier fils, nommé Philippe, qui est né au moment où le pape Alexandre est parti des Gaules.

Le roi, le comte et l'abbé se réunirent donc à Moret. Lorsque les griefs eurent été exposés de part et d'autre, le roi voulut que les deux parties s'en remissent à la décision de Henri, archevêque de Rheims, et de Henri, comte de Troyes, et le comte promit de s'en rapporter à eux, engageant sa foi et donnant sa main à Pierre, frère du roi. L'abbé promit aussi la même chose, en toute sincérité. Lorsqu'ils demandèrent quel jour était fixé pour le jugement (car les arbitres n'étaient pas présens), le roi répondit qu'il désignerait un jour convenable, aux approches de la fête du bienheureux Denis; qu'en attendant, l'abbé n'avait qu'à retourner à son monastère et à jouir, lui et les siens, de la paix et de la sérénité qu'ils desiraient, jusqu'à ce que le procès fût définitivement terminé par les susdits arbitres. Le comte s'engagea par serment à maintenir cette paix. Chacun donc étant retourné chez lui, l'abbé Guillaume se rendit à Troyes, auprès du comte Henri, et de là à Clairvaux, où il espérait rencontrer le frère du roi, Henri l'archevêque; mais ne l'ayant pas trouvé, il revint dans son monastère, et y célébra la solennité de la fête de la bienheureuse Marie-Madeleine. Or le roi Louis conduisit son armée contre Guillaume, comte de Châlons, à cause de l'horrible carnage que son fils Guillaume avait fait des gens de Cluny. En effet, après qu'il se fut emparé du château de Lordon, qui appartient de droit au couvent de Cluny, les plus âgés et les jeunes gens sortirent imprudemment du bourg de Cluny, comme fait toujours le peuple inexpérimenté; et une troupe de chevaliers du comte, étant aussitôt sortie, les força à prendre la fuite, les détruisit et les mit à mort presque tous. Le roi donc, conduisant son armée, s'empara des châteaux et des forteresses du comte, et de la ville même de Châlons, ainsi que de tout son territoire sur le fleuve de la Saône, et, l'ayant dévasté, il le remit ensuite entre les mains de Hugues, duc de Bourgogne, et de Guillaume, comte de Nevers, jusqu'au moment où l'enfant, qui était la cause première de tous ces maux, se rendit avec sa mère à Vézelai, en présence du roi, et donna satisfaction au roi, autant qu'il fut en son pouvoir. Or, comme le comte de Nevers eut à supporter seul tout le poids de cette affaire, le roi lui donna un nouveau délai pour la conclusion des différends qui existaient entre lui et l'abbé, et remit le jugement à la fête prochaine du bienheureux Martin.

L'an 1166 du Verbe incarné, la deux cent quatre-vingt-sixième année depuis que l'on avait reçu dans le monastère le corps sacré de la bienheureuse Marie-Madeleine, amie chérie de Dieu, et en outre, la onzième année depuis la destruction de cette exécrable commune des bourgeois, le dixième jour du mois de novembre, se réunirent à Paris, en présence du roi, Guillaume, abbé de Vézelai, et Guillaume, comte de Nevers............[1] Gui, encore enfant, frère du comte .... sa sœur, non encore mariée, et son plus jeune frère....... Milon des Noyers.........

Le comte alors, feignant de ne pas comprendre la méchanceté des paroles de sa mère, se leva, et fléchit les genoux devant les saints Évangiles, devant la croix vivifiante et les saintes reliques. Et comme l'abbé voulut lui dicter la formule du serment : « Attends, lui dit le comte, et permets que je dise moi « seul ce que j'éprouve dans le fond de mon cœur, « et ce que je tiendrai, par ma foi. Si je dis quelque « chose de plus ou de moins, il te sera permis de me « répondre. » Et il ajouta : « Ainsi qu'on vient de « lire dans le présent écrit signé de ma main, et selon « que je l'entends, de bonne foi, et que vous tous, « qui êtes ici présens, l'entendez, ainsi je le tiendrai « et l'observerai, et le ferai observer aux miens. Que « Dieu donc et ces saintes reliques me soient en « aide ! » Et tous s'écrièrent : « C'est assez, c'est asssez, « il a parlé bien, et très-clairement. » Alors le comte, appelant son frère, Gui, lui ordonna de jurer à son tour de la même manière, ce qu'il fit, disant : « De « même que le seigneur comte, mon frère, a juré de « bonne foi, de même je tiendrai et j'observerai ce « qu'il a juré. Que Dieu donc et ces saintes reliques « me soient en aide. » Ensuite on appela le prévôt

[1] Il y a ici plusieurs lacunes..

d'Auxerre, nommé Jean; Colomb, prévôt de Tonnerre; Milon, prévôt de Mailly; Hugues Létard, prévôt de Château-Censoir, et les autres prévôts des territoires circonvoisins, qui tous prêtèrent le serment, ainsi qu'il était réglé par le même acte. Alors Ida, mère du comte, cherchant à s'échapper, entra dans l'oratoire de la vierge Marie, toujours pure, lequel était contigu au chapitre; et appelant auprès d'elle Milon et plusieurs autres, qu'elle espérait entraîner dans ses projets insensés, ils cherchèrent ensemble toutes sortes de moyens pour éviter que la comtesse prêtât le serment; mais comme ils ne purent trouver aucun prétexte décent, ils appelèrent le comte; et celui-ci étant venu, sa mère le supplia de ne pas la contraindre à prêter serment. Le comte lui dit : « Si tu veux me faire parjurer, ne jure pas. » Et elle lui dit : « Que je le veuille ou non, je consens, « sur ma parole, à tout ce que tu as juré selon ta « volonté. » Et le comte répondit : « Si cette parole « suffit à l'abbé, elle me suffit aussi. — Demande, « mon fils, demande à l'abbé, reprit la comtesse, qu'il « te remette ce serment. » Et le comte étant revenu auprès de l'abbé, lui dit : « Il serait honteux pour une « femme de jurer, et principalement pour ma mère, « qui est noble de race et de puissance, mais qui est « veuve : ménage-la, je t'en prie, et ne la contrains « pas à prêter serment; reçois son engagement sur sa « simple parole, et moi je me ferai fort pour elle « qu'elle y demeurera fidèle. » L'abbé répondit : « Garde-toi de rompre les liens de la paix, car je sais « que ta mère a été le principe et la cause de toute « ton inimitié, et il est certain qu'elle promet beau-

« coup de choses, et qu'elle tient fort peu de pro-
« messes. Toutefois, pour l'amour de toi, si, comme
« tu viens de le dire, elle s'engage, sur sa parole lé-
« gale, à observer les articles de notre composition, je
« consens à ce qu'un chevalier, légitimement dési-
« gné, se présente à sa place devant les saintes reli-
« ques, et prête le serment. « Il fut fait ainsi, et Baudouin, qui fut nommé pour remplacer la comtesse,
prêta le serment. Il y eut en ce jour-là une grande
joie et de grands transports d'allégresse dans tout le
peuple. Il s'établit une grande amitié et beaucoup d'u-
nion entre l'abbé et le comte, et il n'y eut plus aucune division entre l'un et l'autre, et l'un des deux
sentait tout ce que l'autre sentait. Tous ceux qui
avaient été les auteurs et les artisans de ces querelles vinrent se jeter aux pieds de l'abbé, et le supplié-
rent humblement de les réconcilier avec le comte,
qu'ils avaient offensé. Le roi Louis vint aussi à Vézelai; l'abbé, ainsi que ses frères, lui rendirent grâces du rétablissement de la paix, et le fils du comte
de Châlons se présenta aussi devant le roi, et fit sa
paix avec lui, par l'entremise de l'abbé.

Étienne, abbé de Cluny, qui haïssait la personne
de Guillaume, abbé de Vézelai, s'était rendu aussi à
cette conférence, mais il n'avait pas daigné entrer
dans le bourg de Vézelai, et s'était arrêté dans le domaine appelé Neuf-Fontaines. De là, il manda au roi
qu'il se présenterait devant lui au lieu qu'il voudrait
lui désigner, et le roi lui donna rendez-vous pour le
lendemain à Saint-Pierre inférieure, autre domaine
qui appartient au monastère de Vézelai. Aussitôt que
l'abbé Guillaume en fut informé, il envoya à Étienne

Renaud l'aumônier et Gaudri, prieur du Champ-Mol : ils furent introduits auprès de lui ; et Étienne les ayant à peine écoutés, et n'ayant pas même rendu un salut à Guillaume, les renvoya, disant qu'il conférerait avec ses frères sur les choses qu'on venait lui proposer. Or il y avait avec Étienne, abbé de Cluny, Bernard, prieur de Saint-Étienne de Nevers, Hugues de Souvigny, Thomas, Amblard, et plusieurs autres encore, qui tous, d'un commun accord, demandèrent à Étienne et le supplièrent de consentir à la requête de l'abbé de Vézelai. Celui-ci en effet faisait demander que l'abbé de Cluny se rendît à Vézelai, offrant de se porter lui-même à sa rencontre avec le duc de Bourgogne, le comte de Nevers, et tous les grands, qui étaient alors rasssemblés dans le même lieu ; de recevoir l'abbé en grande fête et en procession solennelle, à travers les places bien ornées, au milieu des fumées de l'encens, et au son de tous les instrumens ; promettant en outre que l'abbé de Cluny tiendrait un chapitre à son gré ; qu'il prendrait place, s'il le voulait, auprès de la cloche du réfectoire, ou que très-certainement il habiterait dans la chambre de l'abbé, autant de jours qu'il le voudrait. L'abbé de Cluny acquiesçant à l'avis des siens, envoya Hugues et Amblard à l'abbé de Vézelai, et lui manda qu'il satisferait à ses desirs. Aussitôt l'abbé donna ordre d'orner la basilique et toutes les places, et il envoya son héraut proclamer devant tout le peuple que tous eussent à décorer convenablement la façade et les vestibules de leurs maisons, et à se porter avec lui à la rencontre de l'abbé de Cluny, pour lui faire honneur. Alors Thibaut, prieur de Cluny (et qui

plus tard est devenu abbé du monastère de Molême),
étant survenu, blâma beaucoup la résolution de ses
frères. Il se rendit auprès de l'abbé de Vézelai, avec
Pons, alors prieur du monastère de Paray le Moinal,
et chercha à surprendre l'abbé Guillaume, lui demandant quels honneurs il se disposait à rendre à l'abbé de
Cluny. L'abbé lui répondit, disant : « Je prendrai
« avec moi les comtes, les grands et les chevaliers
« que vous voyez présens ici en grand nombre ; j'irai
« avec eux à la rencontre de l'abbé de Cluny, et je le
« recevrai en procession solennelle. Lorsqu'il sera
« entré ici, il occupera à son gré le chapitre ou le
« réfectoire, ou bien il habitera dans ma chambre
« même, aussi long-temps qu'il le voudra, et je lui
« rendrai tout honneur, en grains, en vins, en viande
« et en poissons. » Thibaut ayant murmuré tout
bas, Pons répondit : « Toutes les choses que tu pro-
« poses sont bien, sans doute, mais ne sont pas suffi-
« santes pour la personne de l'abbé de Cluny. — Que
« vous semble-t-il donc, reprit l'abbé Guillaume, que
« je doive faire de plus ? » Pons répondit : « Tu sais
« très-bien ce qui doit convenir à l'abbé de Cluny, et
« principalement dans ce monastère qui, en outre de
« l'hospitalité ordinaire, est tenu envers lui à de plus
« grands témoignages de respect. — Je sais très-bien,
« reprit l'abbé, ce qui doit lui convenir, et c'est pour-
« quoi je lui rendrai tous les honneurs qui lui sont
« dus. Mais si par hasard vous prétendez quelque
« chose au-delà, je veux que vous teniez pour certain
« que je ne lui céderai rien du siége qui m'a été con-
« féré. « Et ils lui dirent alors : » Ne te fatigue donc
« pas en vains efforts, car le seigneur abbé ne vien-

« dra point ici, et ne recevra point ton hommage. » Et l'abbé leur dit alors : « Qu'il voie lui-même ce « qu'il a à faire ; pour moi, j'ai fait mon devoir. » Le roi et ses grands entendirent cette conversation, qui leur déplut grandement, et ils dirent alors : « O combien est grande l'insolence de cet homme, « de dédaigner tant d'honneurs, et de prétendre que « le seigneur roi, et nous tous, nous allions à sa ren- « contre ! » Tandis qu'ils disaient cela, et que l'abbé Guillaume était encore en présence du roi, on vint lui annoncer qu'Étienne, abbé de Cluny, était déjà descendu auprès de l'escalier extérieur de la grande basilique, et qu'il se trouvait devant l'autel des apôtres Pierre et Paul : l'abbé étant descendu alors auprès de lui, le conduisit à la maison supérieure, en présence du roi. Là, l'abbé de Cluny étant demeuré toute la journée à jeun, sans obtenir davantage, au moment où le calme de la nuit s'approchait, il retourna dans le domaine ci-dessus nommé. Ce jour-là, l'abbé Guillaume se fit beaucoup d'honneur aux yeux du roi, du comte de Nevers et de tous les grands. Il gagna la faveur du comte de Nevers, et de jour en jour il pénétra plus avant dans son affection, en sorte que le comte en vint à se confier à lui en toutes choses, et à lui communiquer ses secrets.

A la suite de ces arrangemens, le comte de Nevers, Guillaume, fils de Guillaume d'Auxerre, fils de Guillaume de la Chartreuse, fils de Renaud de Mailly, fils de Guillaume de Nevers, fils de Renaud, lequel fut fils de Landri, premier comte de Nevers de la même race, reçut à la Charité la bannière de la croix vivifiante des mains de Hugues, archevêque de Sens, pour aller en pélerinage à Jérusalem.

En ce temps on se saisit à Vézelai de quelques hérétiques, de ceux qui sont appelés *télonaires* ou *poplicains*, et ayant été mis à la question, ils cherchèrent, par des détours et des circonlocutions, à dissimuler la honteuse hérésie dont ils étaient sectaires. L'abbé les ayant fait séparer, ordonna de les tenir enfermés jusqu'à ce qu'ils pussent être jugés par des évêques et d'autres honorables pasteurs, qui viendraient à cet effet : ils furent détenus pendant soixante jours environ, et peut-être davantage ; on les faisait comparaître fort souvent, et, tantôt avec menaces, tantôt avec douceur, on les interrogeait sur la foi catholique. Enfin, après que l'on eut pris beaucoup de peine, pendant long-temps et infructueusement, ils furent convaincus, avec l'aide de deux archevêques, savoir, l'archevêque de Lyon et celui de Narbonne, de l'évêque de Nevers, de plusieurs abbés, et d'autres hommes fort habiles, ils furent convaincus, dis-je, de ne confesser de bouche que l'essence divine, et de rejeter absolument tous les sacremens de l'église catholique, savoir, le baptême des petits enfans, l'eucharistie, les effets de la croix vivifiante, l'aspersion de l'eau bénite, l'efficacité des dîmes et des oblations, le mariage des époux, les institutions des moines, et tous les offices des clercs et des prêtres ; et comme la solennité de Pâques s'approchait, deux d'entre eux ayant appris qu'ils seraient exterminés bientôt par le jugement du feu, feignirent de croire ce que croit l'église catholique, et promirent de donner satisfaction par l'épreuve de l'eau, pour le maintien de la paix de l'Église. En conséquence, et pendant la procession solennelle de Pâques, ils furent conduits, en présence d'une très-grande multitude qui occupait toute l'enceinte du couvent, devant Guichard, archevêque de Lyon, Bernard, évêque de Nevers, maître Gautier, évêque de Laon, et Guillaume, abbé de Vézelai, qui tous avaient pris place sur leurs siéges. Interrogés sur la foi, article par article, ils dirent qu'ils croyaient ce que croit l'Église catholique. Interrogés sur le sens particulier de leurs exécrables erreurs, ils dirent qu'ils n'en savaient autre chose, si ce n'est l'infidélité où elles les entraînaient envers les sacremens de l'Église. On leur demanda s'ils consentaient à démontrer, par l'épreuve de l'eau, qu'ils croyaient selon la profession qu'ils venaient de faire, et qu'ils ne savaient rien de plus sur le secret de leurs erreurs; et ils répondirent qu'ils feraient ainsi, spontanément et sans qu'il fût besoin d'aucune espèce de jugement. Alors toute l'église s'écria d'une commune voix : *Grâces soient rendues à Dieu!* Et l'abbé répondant, dit à tous ceux qui étaient présens : « Que vous semble-t-il donc, mes frères, que l'on doive faire de ceux qui persévèrent encore dans leur endurcissement? » Et tous répondirent : *Qu'ils soient brûlés, qu'ils soient brûlés.* Le jour suivant on fit sortir les deux qui paraissaient revenus de leurs erreurs, pour subir l'épreuve de l'eau; l'un d'eux, au jugement de tous, passa sain et sauf par cette épreuve. Il y en eut cependant quelques-uns qui ne purent se faire une opinion certaine à ce sujet. L'autre, ayant été replongé dans l'eau, fut condamné, de l'avis de presque tout le monde. Ayant été en conséquence rétabli en prison, comme cependant quelques personnes, et même des prêtres, n'étaient pas du même avis à son occasion, il fut, sur sa propre demande, ramené de nouveau, et replongé dans l'eau une seconde fois; mais il ne put y tenir même un instant. Jugé ainsi à deux reprises, il fut condamné au feu par tout le monde. Mais l'abbé ayant égard à ce qu'il s'était présenté, ordonna de le mettre dehors, et il fut aussitôt mis à mort. Les autres, au nombre de sept, furent condamnés au feu par le public, et brûlés dans la vallée d'Écouan.

FIN DE L'HISTOIRE DU MONASTÈRE DE VÉZELAI,
PAR HUGUES DE POITIERS.

TABLE DES MATIÈRES

CONTENUES

DANS CE VOLUME.

                                              Pages.

NOTICE.   II

VIE DE BOUCHARD, COMTE DE MELUN ET DE CORBEIL.

PROLOGUE.   1

FRAGMENS DE L'HISTOIRE DES FRANÇAIS, DE L'AVÈNEMENT DE HUGUES–CAPET A LA MORT DE PHILIPPE Ier.

     29

CHRONIQUE DE HUGUES DE FLEURY.

DÉDICACE.   61

PROCÈS-VERBAL DU SACRE DE PHILIPPE Ier, A RHEIMS.

     87

HISTOIRE DU MONASTÈRE DE VÉZELAI, PAR HUGUES DE POITIERS.

NOTICE sur Hugues de Poitiers.   95
LIVRE SECOND.   99
LIVRE TROISIÈME.   129
LIVRE QUATRIÈME.   202

FIN DE LA TABLE DES MATIÈRES.

www.ingramcontent.com/pod-product-compliance
Lightning Source LLC
Chambersburg PA
CBHW060454170426
43199CB00011B/1203